国家哲学社会科学基金项目，

项目批准号：06BSH017，结题证书号：20110311

青年学术丛书·政治
YOUTH ACADEMIC SERIES-POLITICS

西部城镇社区自治组织研究

主编　荀关玉

撰写：荀关玉　李建新　许鲁州　陈　燕
杨小冲　顾永清　陈惠敏

人民出版社

目　录

绪　　论 1

第一章　西部城镇社区自治组织与构建社会主义和谐社会的关系 11

　　第一节　西部城镇社区自治组织建设的意义及价值........................ 11

　　第二节　社会主义和谐社会理念的推出及其重大意义..................... 23

　　第三节　西部城镇社区自治组织与构建社会主义和谐社会的关系....... 29

第二章　构建西部城镇和谐社区.. 34

　　第一节　构建西部城镇和谐社区是构建社会主义和谐社会的需要..... 35

　　第二节　西部城镇和谐社区的评价标准.. 41

　　第三节　构建西部城镇和谐社区的政策选择................................. 47

第三章　西部城镇社区自治组织的变迁.. 53

　　第一节　西部城镇社区自治组织的变迁.. 53

　　第二节　西部城镇社区自治组织变迁的特点................................. 61

第四章　西部城镇社区自治组织的现状.. 67

　　第一节　西部城镇社区自治组织发展与构建

　　　　　　社会主义和谐社会的现状... 67

　　第二节　西部城镇社区自治组织发展滞后的原因........................... 82

第五章 构建西部特色的城镇社区自治组织模式......88
第一节 构建西部特色的城镇社区自治组织模式的原则......88
第二节 西部城镇社区自治组织模式的类型及其存在的问题......94
第三节 构建政府支持型社区自治组织模式......102

第六章 西部城镇社区自治组织的功能......109
第一节 西部城镇社区自治组织的功能......109
第二节 发挥西部城镇社区自治组织功能的对策......124

第七章 西部城镇社区自治组织体制......128
第一节 西部城镇社区自治组织体制模式及其存在的问题......128
第二节 西部城镇社区自治组织体制存在问题的原因......137
第三节 加强和完善西部城镇社区自治组织体制的对策......139

第八章 西部城镇社区自治组织机构的构建......149
第一节 西部城镇社区自治组织机构的产生......149
第二节 西部城镇社区组织机构存在的问题......155
第三节 西部城镇社区自治组织机构的构建......161

第九章 西部城镇社区自治组织的运行机制......170
第一节 西部城镇社区自治组织运行机制的结构和功能......170
第二节 西部城镇社区自治组织运行机制的障碍因素......177
第三节 构建西部城镇社区自治组织高效互动运行机制的对策......184

第十章 西部城镇社区自治组织的制度创新......191
第一节 西部城镇社区自治组织制度安排存在的问题......191
第二节 西部城镇社区自治组织的制度安排的影响因素......200
第三节 西部城镇社区自治组织的制度创新及其实现途径......205

第十一章　西部城镇社区自治组织发展中政府职能的转变......217

　　第一节　西部地区地方政府与社区自治组织的关系............217

　　第二节　西部地方政府的社区职能的科学界定................222

　　第三节　西部城镇社区自治组织发展中政府职能的转变.......229

第十二章　西部城镇社区自治组织发展的主客体......235

　　第一节　西部城镇社区自治的对象............235

　　第二节　西部城镇社区自治组织的主体............243

　　第三节　充分发挥西部城镇社区主客体的作用............248

主要参考文献............255

后　　记............257

绪　　论

　　建立健全西部城镇社区自治组织是构建社会主义和谐社会的重要途径，构建社会主义和谐社会是建立健全西部城镇社区自治组织的重要目标。课题组深入研究揭示西部城镇社区自治组织与构建社会主义和谐社会的关系及其意义，从构建西部城镇和谐社区出发，深入研究了西部城镇社区自治组织的变迁，西部城镇社区自治组织发展的现状，构建西部特色的城镇社区自治组织模式，提出了发挥西部城镇社区自治组织功能的对策，提出了加强和完善西部城镇社区自治组织体制的对策；构建了西部城镇社区自治组织机构及其运行机制，对西部地方政府的社区职能的科学界定，提出了转变西部地方政府职能的对策，提出了充分发挥西部城镇社区主客体的作用等一系列研究成果，能丰富和发展社会学理论，更好地指导城镇社区自治组织建设，全面构建社会主义和谐社会。

一、西部城镇社区自治组织与构建社会
主义和谐社会研究的主要内容

　　1. 西部城镇社区自治组织与构建社会主义和谐社会的关系和社会主义和谐社区的构建

　　课题组深入研究了建立健全西部城镇社区自治组织与构建社会主义和谐社会的关系，提出了西部城镇社区自治组织是构建社会主义和谐社会的重要

途径，构建社会主义和谐社会是西部城镇社区自治组织的重要目标。系统研究了建立健全西部城镇社区自治组织对构建社会主义和谐社会的意义。结合西部地区的特点系统研究了构建西部城镇和谐社区的必要性、可行性，研究城镇社区工作的基本原则和方法；探索西部地区城镇社区自治组织建设的规律和构建西部地区和谐社会的关系。提出了构建西部城镇和谐社区的标准，提出了构建西部城镇和谐社区的对策。

2. 深入研究了西部城镇社区自治组织的变迁和西部城镇社区自治组织发展的现状

课题组从历史发展的视角研究了西城镇社区自治组织的形成、发展过程，揭示了西部城镇社区自治组织变迁的特点。研究了西部地区城镇地区治理结构的变迁，结合西部地区的特点，研究了在从传统政府管理体制向社区自治组织转轨过程中，西部地区城镇社区自治组织存在的问题，成因根源，提出了建立健全西部城镇社区的对策和措施。

3. 深入研究了西部城镇社区自治组织的模式及功能

课题组根据社会学、组织管理学和国家关于社区组织建设的精神，结合西部社区的实际，研究了构建具有西部特色自治组织模式应坚持的原则，西部城镇社区自治组织模式存在的问题，根据相关理论、结合西部实际构建了具有西部特色的政府支持型城镇社区自治组织模式。深入研究了西部城镇社区自治组织的功能、存在的问题，提出了发挥西部城镇社区自治组织功能的对策。

4. 深入研究了西部城镇社区自治组织的体制和组织机构及运行机制

深入系统地研究了西部城镇社区自治组织的体制模式以及存在的问题及其原因，提出了加强和完善西部城镇社区自治组织体制的对策。深入研究了西部城镇社区组织机构存在的问题，研究提出了构建西部城镇社区自治组织结构的原则，根据不同的社区类型，构建和完善了西部城镇社区组织机构。深入研究西部城镇自治组织运行机制存在的问题，提出了构建西部城镇社区自治组织的激励机制、制约机制、制衡机制、多元化投资机制、科学的考核机制等运行机制。

5. 系统研究了西部城镇自治的制度安排和创新

深入研究了西部城镇现有的社区制度安排存在正规制度不完善、非正规制度不完善等一系列问题，提出了西部城镇社区自治组织的制度创新及其实现途径。

6. 系统研究了西部地区政府职能的转变

深入研究了西部地区地方政府与社区自治组织的关系，科学界定了西部地方政府的社区职能，提出了转变西部地区地方政府职能的对策。

7. 深入研究了西部城镇社区自治组织的主客体

深入研究了西部地区城镇地区社会结构、社区自治组织的主体和客体以及它们之间的地位关系，作用功能和协调效应，研究了西部城镇社区自治组织的主客体存在的问题，提出了充分发挥西部城镇社区主客体作用的对策。

二、西部城镇社区自治组织与构建社会主义和谐社会研究课题的研究成果及创新

（一）阶段性研究成果及创新

课题立项后，课题组成员全面系统地开展研究工作，取得了以下阶段性成果：（1）《论社会主义和谐社会思想》，发表于《马克思主义与现实》2006年第5期；（2）《我国西部中小城镇社区自治与解决"三农"问题的两点思考》，发表于《社会主义研究》2006年第8期；（3）《构建我国社会主义和谐社区的制度创新》，发表于《理论探讨》2006年第6期；（4）《社会主义和谐思想的演进》，发表于《毛泽东思想研究》2006年第7期；（5）《政府的意愿能力与社区自治组织发展的对策》，发表于《理论前沿》2008年第10期；（6）《西部城镇社区自治组织发展的矛盾和对策》，发表于《曲靖师范学院学报》2008年第2期；（7）《西部地区社区职能的科学界定》，发表于《商场现代化》2009年3月下旬刊。这些研究成果比较系统地研究了社会主义和谐社会的提出、含义、基本内容及意义；提出了政府的意愿和能力，特别是地方政府的意愿和能力是影响社区自治的重要因素，提出应该增强政府推进社区自治的意愿，逐步减小政府治理社区的能力，形成"小政府、强政府，大社会"的治理模式，才能推进社区自治工作，建立健全城镇

社区自治组织；系统研究西部城镇社区的制度变迁、研究界定政府职能和社区职能，提出了一系列实现社区自治的对策等，其成果对指导西部城镇社区自治，建立健全西部城镇社区自治组织具有十分重要的指导意义。

（二）最终成果及创新

《西部城镇社区自治组织与构建社会主义和谐社会》这一专著，是"西部城镇社区自治组织与构建社会主义和谐社会研究"课题的最终成果。该专著的主要成果及创新表现在：

1. 系统论述了西部城镇社区自治组织与构建社会主义和谐社会的关系

通过研究提出了西部城镇社区自治组织的主要内容、建设目标、自治标准；提出了构建社会主义和谐社会的主要内容和目标，在此基础上研究了西部城镇社区自治组织与构建社会主义和谐社会的关系。研究成果显示，加快西部城镇社区自治组织建设，有利于深化西部地区的改革开放，构建社会主义和谐社会；加快西部城镇社区自治组织建设，有利于促进社会主义和谐文化建设，繁荣西部城镇社区文化生活，加强西部社会主义精神文明建设；加快西部城镇社区自治组织建设，是巩固西部城镇基层政权和加强社会主义民主政治建设的重要途径；加快西部城镇社区自治组织建设，有利于健全社会组织机制，实现社会管理完善，社会秩序良好，社区居民安居乐业，社会保持安定团结的新局面。能更好地促进西部地区经济发展、满足群众物质文化需求、巩固基层政权、发展基层民主、优化城镇发展环境、维护社会和谐稳定，是构建社会主义和谐社会的重要组成部分和重要途径。研究成果对西部城镇社区自治组织与构建社会主义和谐社会具有十分重要的指导意义。

2. 研究提出了构建西部城镇和谐社区的必要性、可行性，构建社会主义和谐社区的标准，提出了构建社会主义和谐社区的对策

构建西部城镇和谐社区是构建社会主义和谐社会的必然要求，研究成果揭示了构建西部城镇和谐社区的必要性、可行性；研究构建了西部城镇和谐社区的标准，研究提出了构建西部城镇和谐社区的对策，对于指导西部城镇和谐社区建设具有十分重要的理论意义和现实意义。通过研究，我们认为构

建西部和谐社区是完善西部地区社会主义市场经济体制的需要、是提高西部城镇社区居民生活质量的迫切要求、是加快西部地区城镇化进程的迫切要求、是调节和减少西部城镇社区社会矛盾的需要。西部地区党和政府高度重视社会主义和谐社区建设、西部城镇社区具有比较好的经济基础、驻社区单位和社区居民对社区的认同感和归属感进一步增强、社区内外关系在不断理顺，社区的制度建设在不断健全、西部城镇社区具有构建和谐社区良好的社会环境决定了构建西部城镇社会主义和谐社区又是十分可行的。因此，在借鉴发达地区构建社会主义和谐社区标准的基础上，结合西部城镇社区建设的实际和目标，认为西部城镇构建社会主义和谐社区的标准应包括共同标准和标准，共同标准主要包括各类组织健全、环境优美、社区稳定、服务优质、自治充满活力、居民参与率高、文化健康向上、道德素质高八个方面的标准，这八个标准与发达地区构建社会主义和谐社区标准既有区别，又有联系。特色标准主要包括社区经济发展、实现民族和谐和社区自治组织的民族性三个标准。根据构建社会主义和谐社区的标准，提出了完善社区自治、创新社区自治制度、健全西部城镇社区服务体系、健全社区自治组织、转变政府职能、改革社区管理体制和运行机制、充分发挥社区建设主体的职能等九项措施构建社会主义和谐社区。

3. 研究提出了西部城镇社区自治组织的变迁过程及特点

研究提出，根据西部城镇社区自治的程度，西部城镇社区自治组织的变迁可划分为五个阶段：1949 年至"大跃进"前是西部城镇社区组织的成立时期、从"大跃进"至 1978 年是西部城镇社区自治组织的破坏时期、1978 年至 20 世纪 80 年代中后期是西部城镇社区自治组织的恢复时期、20 世纪 80 年代中后期是构建西部城镇社区自治组织的探索时期、21 世纪以后是西部城镇社区自治组织的完善时期。提出西部城镇社区自治组织变迁具有滞后性、民族性、强制性、跨越性的特点，研究提出现阶段西部地方政府和社区组织应进一步建立和完善社区自治组织。

4. 深入研究了西部城镇社区自治组织发展与构建社会主义和谐社会的现状

在调查的基础上，研究总结出改革开放后，在西部地区党和政府的领导下，西部城镇社区自治组织在构建社会主义和谐社会的过程中，取得了许多成就，主要表现为西部城镇社区规模适度，构建了比较完善的社区组织体系，社区干部素质有较大的提高，社区办公条件得到进一步改善，社区自治组织功能得到较好的发挥，初步形成了良好的运行机制，建立健全了城镇社区自治制度，结合西部特点大力构建社会主义和谐西部，制定和完善了社会主义和谐社区的标准等9个方面的成就；研究总结了西部城镇社区自治组织发展与构建社会主义和谐社会存在社区组织经费短缺，城镇社区组织行政化现象十分严重，居民的社区意识、归属感、认同感较差，社区组织模式选择错位，社区自治组织功能得不到充分发挥，社区自治组织体制存在弊端，社区组织运行机制不顺，西部城镇社区组织制度不完善，政府和社区自治组织的职能定位不科学，社区主客体关系没有理顺等10个问题，系统分析了存在问题的原因。这些研究成果为加强西部城镇社区自治组织建设，构建社会主义和谐社会提供直接的经验和方向。

5. 研究构建了具有西部特色的城镇社区自治组织模式

系统研究了西部城镇社区自治组织的性质和特点，提出了构建西部城镇社区自治组织模式应坚持权责利一致、以社区居民为本、政党领导、政府支持、民族和谐四个基本原则。在其指导下，根据西部城镇社区自治组织模式存在的问题和相关理论构建了具有西部特色的政府支持型城镇社区自治组织模式，主要包括政府——提供支持和服务；社区党组织——负责社区党的建设；社区居民代表大会——社区的最高权力与决策机构；社区居民委员会——社区的管理和经营机构；社区监督委员会——社区的监督机构。这一模式的实践对于实现西部城镇社区自治，构建西部社会主义和谐社会，具有十分重要的理论意义和现实意义。

6. 研究提出了西部城镇社区自治组织功能发挥存在的问题及其对策

课题组结合西部地区经济、政治、文化、社会建设相对滞后，众多少数民族聚居，民族问题、宗教问题十分突出的特点，研究提出西部城镇社区自治组织的功能主要包括经济发展功能、社区服务功能、组织运行和协调发展的功能、民族和谐功能、协调解决宗教问题功能、构建和谐和维护稳定六大功能。根据西部城镇社区功能发挥存在的问题，提出深化和改革长期制约西部城镇社区自治组织治理能力提升的社区管理体制、正确处理好西部城镇社区自治组织六大功能的关系等发挥西部城镇社区自治功能的对策，对于加快和完善西部城镇社区自治组织体系建设，对于构建西部和谐社区和西部和谐社会具有重要的理论意义和实践价值。

7. 研究揭示了西部城镇社区自治组织体制存在的问题及对策

通过深入广泛的调查研究，目前西部城镇社区自治组织体制存在行政化倾向严重、管理体制滞后、自治组织体制障碍、自治组织工作人员自治意识和居民参与意识欠缺、中介组织发展比较虚弱、机构设置不科学等问题。其原因是自治观念滞后、政府职能转变不到位、单位制的困扰、社区中介组织发展滞后、居民参与率低。改革西部城镇社区自治组织体制的对策是创新西部城镇社区自治组织体制、转变基层政府职能、改革创新西部城镇社区自治组织体制模式、进一步完善西部城镇社区自治组织体制的治理结构、加强城镇社区党组织建设与自治组织建设和中介组织建设、推进西部城镇社区自治组织体制建设跨越式发展。

8. 研究构建了西部城镇社区自治组织机构

课题组从西部城镇社区自治组织机构的产生出发，深入研究了西部城镇社区组织机构存在的问题，主要表现为西部城镇社区自治组织机构设置行政化，与社区职能不匹配，社区关系不顺，组织机构不健全四个方面。研究提出了构建西部城镇社区自治组织结构的原则，根据不同社区类型，构建和完善西部城镇社区组织机构，对于实现社区自治，构建社会主义和谐社会具有十分重要的理论意义和实践意义。

9. 研究揭示了西部城镇社区自治组织运行机制的功能存在问题及良好运行机制的构建

研究提出了西部城镇社区自治组织运行机制的结构和功能，主要表现为促进西部城镇社会民主政治建设的发展，促进西部城镇社会服务和社会福利保障功能的发挥，促进社区居民的社区化功能，提高西部城镇社区的调控能力四个功能。根据社区功能，深入研究西部城镇自治组织运行机制存在角色定位不科学、激励机制不完善和压力不足、社会资源短缺、运行主体关系不顺、政社职能不分五个方面的问题。根据社区运行机制的功能和西部城镇社区自治组织区运行机制存在的问题，构建西部城镇社区自治组织的激励机制、制约机制、制衡机制、多元化投资机制、科学的考核机制，形成社区自治组织的良性运行机制，对于促进西部城镇社区自治组织的发展，构建和谐城镇社区，推进西部城镇社区民主政治建设进程，具有十分重要的理论和实践意义。

10. 研究了西部城镇社区自治组织制度安排存在的问题及制度创新

研究揭示了西部城镇社区自治组织的制度安排，存在正规制度不完善、非正规制度不完善一系列问题，不利于西部城镇社区自治组织的发展。因此，深入研究法律、制度变迁成本收益、社区社会意识形态和其他影响因素对西部城镇社区自治组织的制度安排的影响的基础上，创新西部城镇社区居民代表选举制度、创新社区居民委员会的选举制度、创新社区居民委员会的职能制度、完善西部城镇自治组织的正规制度和非正规制度，才能促进西部城镇社区自治组织的发展，构建社会主义和谐社区。

11. 研究揭示了西部城镇社区自治组织发展中政府职能的转变

研究提出了西部地区地方政府与社区自治组织的关系是主导主体关系、合作关系、支持关系。根据西部地区地方政府和西部城镇社区自治组织的关系，科学界定了西部地方政府的社区职能。地方政府的社区职能主要包括指导和组织协调职能、调控、监督和保障稳定职能、服务职能。根据政府的社区职能，提出了转变政府的社区职能必须转变西部城镇社区地方政府的社区职能观、提高西部城镇社区地方政府转变社区职能的意愿和能力、拓展西部地方政府管理模式三个对策，才能实现政府职能转变，建立和健全城镇社区自治组织。

12. 研究了西部城镇社区自治组织发展的主体客体

课题组从西部城镇社区公共产品的需求和供给出发，通过深入的调查研究，认为西部城镇自治客体存在西部公共产品短缺、社区公共产品和公共服务投资主体单一等问题。西部城镇社区自治的主体包括西部城镇社区自治组织、业主委员会、物业公司、社区居民、驻社区单位、社区非营利组织。与东部地区社区相比，西部城镇社区自治主体存在不能完全处理好社区主体的利益关系、驻社区单位参与性不足、社区中介组织发展滞后、社区居民的认同感与参与率低等问题。提出应建立西部城镇社区公共产品的多元投资体制、理顺西部城镇社区自治组织的主体关系、大力发展社区中介组织、提高驻社区单位和社区居民的参与率、构建解决社区矛盾的良好运行机制，更好地构建社会主义和谐社会。

三、西部城镇社区自治组织与构建社会主义和谐社会研究的价值和意义

（一）西部地区城镇社区自治组织与构建社会主义和谐社会的研究，能够开拓城镇社区自治组织研究的新视野，促进马克思主义社会学的创新。城镇社区自治组织建设既有世界性，也有地区性、民族性。构建西部地区城镇社区自治组织，必须结合西部地区的经济、政治、文化、社区发展的滞后性和西部地区城镇社区建设的民族性特点来构建西部城镇社区。通过研究，产生了一系列研究成果，能够提高政府领导及其工作人员对西部城镇社区自治组织与构建社会主义和谐社会的认识，开拓中国社区研究的新视野，丰富和发展了社区自治理论，丰富和发展了社会主义和谐社会理论。

（二）通过西部地区城镇社区自治组织的研究，产生了一系列研究成果，能更好地指导社会主义和谐社区的建设，能更好地构建社会主义和谐社区。

（三）通过研究，形成相关的理论，能更好地指导西部地区城镇社区自治组织建设，构建西部社会主义和谐社会，建立健全西部城镇社区自治组织建设。

四、西部城镇社区自治组织与构建社会主义和谐社会研究课题的研究方法

1.西部城镇社区自治组织与构建社会主义和谐社会研究课题的基本

思路

（1）在调查的基础上，结合西部地区特点，借鉴博弈理论和公司治理等理论构建西部地区城镇社会主义和谐社区的自治组织，研究西部地区城镇社区自治组织的制度安排和非制度安排。

（2）以云南城镇社区自治组织为个案，兼及西部其他省区的城镇社区自治组织的实地调查，研究西部地区城镇社区自治组织面临的问题，总结经验，探索在西部地区城镇社区自治组织，充分发挥其功能的可行性方案。为构建社会主义和谐社会，为党和政府在西部的相关决策提供科学的理论依据。

2. 西部城镇社区自治组织与构建社会主义和谐社会研究课题的研究方法

（1）本课题主要采用实证分析方法。主要采用访谈法对云南省的昆明市、曲靖市，新疆维吾尔族自治区的乌鲁木齐市、吐鲁番市，甘肃省的敦煌市、兰州市，陕西省的西安市，四川省的成都市、南充市，重庆市和贵州省的贵阳市、遵义市等省、市、区、街道办事处的民政组织、社区组织和社区居民对城镇社区建设的意见和建议进行调查研究。印制 3000 份调查问卷，采用抽样分析法对西部地区城镇社区自治组织和和谐社区建设进行调查分析。在调查的基础上，建立相关的模型。形成西部特色的社区自治组织运行模式。

（2）文献查阅与理论研究相结合的方法。系统掌握西部城镇社区自治组织建设和构建社会主义和谐社区的成就，存在的问题，提出相应的对策，系统掌握本课题的基本概念、基本理论和基本原则。

（3）比较研究的方法。主要是通过与我国东部、中部地区社区自治组织，与国外社区自治组织的比较研究，探索西部地区城镇社区自治组织与社会主义和谐社区建设的关系，形成有西部特色的城镇社区自治组织模式及其运行机制。

第一章　西部城镇社区自治组织与构建社会主义和谐社会的关系

深入研究，提出了西部城镇社区自治组织的主要内容、建设目标、自治标准；提出了构建社会主义和谐社会的主要内容和目标，在此基础上研究西部城镇社区自治组织与构建社会主义和谐社会的关系，对于促进西部地区经济发展、满足群众物质文化需求、巩固基层政权、发展基层民主、优化城市发展环境、维护社会和谐稳定发挥日益重要的作用，是构建社会主义和谐社会的重要组成部分和重要途径。社会和谐是中国特色社会主义的本质属性，是国家富强、民族振兴、人民幸福和西部城镇社区即西部和谐社区建设的重要保证。在目前经济、文化不断发展的基础上，我们要坚持发展西部城镇社区自治组织与构建社会主义和谐社会的有机统一，不断提高西部城镇社区自治组织建设的能力，以邓小平理论和"三个代表"重要思想为指导，全面贯彻落实科学发展观，构建社会主义和谐社会。

第一节　西部城镇社区自治组织建设的意义及价值

一、西部城镇社区自治组织

研究西部城镇社区自治组织，必须明确城镇、社区、自治、自治组织、城镇社区自治组织等相关概念。

（一）城镇

自从武汉大学辜胜阻首次使用城镇化概念后，许多学者使用了城镇化概念，中国共产党的十六大报告也使用了"城镇化"这一称谓。如"要逐步提高城镇化水平，坚持大中小城市和小城镇协调发展，走中国特色的城镇化道路"等等。深入研究西部城镇社区自治组织，必须科学界定城镇概念。城镇概念，有广义和狭义之分，狭义的"城镇""包括城市和建制镇"指的是城市，即国家按行政建制设立的直辖市、市、镇。广义的"城镇""含大、中、小城市，建制镇和集镇"。① 从社区工作的实际出发，我们认为西部城镇社区自治组织与构建社会主义和谐社会研究的城镇是狭义的"城镇"。

（二）西部城镇社区含义

社区是社会学的一个基本概念。最早使用社区这一概念的是德国社会学家腾尼斯，他在 1887 年出版的《社区与社会》一书中最先使用了"社区"（gemeinschaft）一词。在这本书中，腾尼斯以当时正在经历工业化和城市化转变的德国为背景，论述了从传统的乡村社会向现代城市社会的转变过程中各种社会关系的变化，把社区与社会作为两种完全不同的社会结构的类型，用社区和社会这两个概念来说明社会发展变迁的趋势。他认为，社区是由具有共同习俗和价值观念的同质人口组成的，关系亲密、富有人情味的共同体。这种共同体可以分为三类：地区社会、精神社会（主要指宗教团体）和血统社区（比如家族）。人们因为生长和生活在社区里，所以相互之间自然形成了紧密的、合作的和富有人情味的社会关系，人们依据自然意志结合，具有共同的情感和传统的价值观念。而社会是由分工和契约联系起来的，在社会里，人们更加关心自己的利益，互相之间缺乏感情，关系疏远。人们之间的关系是非人情化的和独立的。由社区向社会过渡，是社会发展的必然趋势。②

中文的"社区"概念是从英文"community"翻译过来的。1933 年，费孝通等燕京大学的一批青年学生，在翻译美国著名社会学家帕克的社会学论文时，第一次将"community"这个英文词译成"社区"。③ 社区是城市社会的细胞，是城市管理的基础，是党和政府加强基层政权建设的基础，也是城

---

① 周恭伟、刘志军：《城市化称谓分歧述论》，《人口与经济》2009 年第 5 期，第 66 页。
② 孔桂华：《社区建设》，中国劳动社会保障出版社 2008 年版，第 1 页。
③ 孔桂华：《社区建设》，中国劳动社会保障出版社 2008 年版，第 1 页。

镇政府行政管理和社会自我管理的衔接点和结合点。我国从 20 世纪 80 年代政府倡导社区建设以来，"社区"一词得到了越来越多的应用，现在已成为很普及的名词之一，也成为我国各学科广大学者广泛研究的对象

中共中央 2000 年 11 月 3 日转发《民政部关于在全国推进城市社区建设的意见》（中办发〔2000〕23 号）中比较明确地界定了社区的含义，指出社区是指聚居在一定地域范围内的人们所组成的社会生活共同体。目前城镇社区的范围，一般是指经过社区体制改革后作了规模调整的社区所管辖的区域。这一定义既体现社区的原有含义，又符合中国国情。

根据社区的定义，西部城镇社区是指聚居在西部地区的城市或乡镇的一定地域范围内的人们所组成的社会生活共同体。

（三）社区自治组织的含义

研究社区自治组织的含义必须先研究组织的含义，根据政治学原理，组织是指依据一定的目的，通过一定的结构形式，把人和事有机联系起来的集合体。其内容主要包括：组织是一个集合体；组织有较强的目的性；组织是一个过程；组织是责任的确定；组织是实现目标的途径；组织意味着协调。

国际上大多数学者研究"社区组织"这个概念时，一般认为社区组织是指根据社区需求，解决社区问题，满足社区居民的物质、文化、社会和自身需求，实现社会公正，为实现社区公共目标而开展活动的非营利组织。

要科学认识社区自治组织，必须首先科学认识社区自治。关于社区自治的定义，我国学术界有不同的看法，桑玉成从传统政治学的"自治理论"出发，认为城市社区自治就是"由社区居民自己管理自己生活在其中的社区事务"。[①] 就是居民通过自己选举产生的自治组织来管理社区公共事务。这种观点强调政府组织与社区自治组织的分权，以保证社区自治组织成为一个独立的治理主体，有利于实现社区自治。但这种观点忽视了政府的社区职能和社区作用，不利于社区的治理和发展。课题组在对西部城镇社区的访谈调查中发现，从西部社区治理的实践看，离开政府的支持，社区办公条件的改

---

① 桑玉成：《从五里桥街道看城市社区管理的体制建设》，《政治学研究》1992 年第 2 期，第 48 页。

善、社区公共产品和服务的提供、社区经费、社区队伍的建立等都无法满足，更谈不上社区自治了。为了保证社区治理目标的实现，云南省、贵州省、重庆市、四川省、陕西省、新疆维吾尔族自治区、甘肃省、青海省等省（自治区）都规定了社区办公设施、办公经费的标准、社区工作人员的工资和补助、人员编制等。如：新疆维吾尔族自治区民政厅就明确规定，每个社区的办公经费要达到每年6万元。因此，政府的社区管理机构工作人员、社区组织成员都认为，社区的发展离不开政府的领导、支持和指导。第二种观点认为"社区自治是政府、社区组织、居民合作治理社区公共事务的过程"。① 这种观点避免了政府与社区的冲突，但必然会导致政府的过多介入，甚至导致社区行政化，不利于实现社区自治。课题组在对西部城镇社区自治的访谈调查中发现，许多县（区）、乡（镇）部门往往以合作治理的名义把大量的行政工作下放到社区，社区组织80%的时间和精力都在从事政府的行政工作，而无法从事社区工作，不能满足社区居民的需求，不能体现社区居民的利益，不利于实现社区自治，即使政府与社区建立一种"契约关系"，但是，由于政府与社区组织的地位不平等，社区组织在博弈过程中处于不利地位，因此，很难实现社区自治。实现社区自治既要发挥地方政府的作用，又要充分发挥社区自治组织的作用。

既要充分发挥地方政府的作用，又要充分发挥社区自治组织的作用，我们认为，西部城镇社区自治是指在党和政府的指导和支持下，通过社区居民选举产生的自治组织来管理社区公共事务，为社区居民提供公共服务，实现社区和谐。这种定义明确了党和政府的地位和作用是指导地位和支持关系，包括经费支持、政策支持、队伍建设，既保证党和政府的路线、方针和政策的宣传和贯彻执行；同时又有利于实现社区自治。

西部城镇社区自治组织就是在西部地方党组织和政府的指导和支持下，通过社区居民选举产生的自治组织来管理社区公共事务，是社区居民自我管理、自我教育、自我服务的基层群众自治性组织。并且有指导成员活动的一

---

① 陈伟东：《社区自治——自治组织网络与制度设置》，中国社会科学出版社2004年版，第127页。

套明确的规定、纪律和程序。

从这个定义出发，我们认为社区自治组织应包含以下内容：

1. 社区自治组织是一个集合体或一个系统，是由社区党组织、社区居民委员会、社区居民代表大会、社区议事会组成的一个集合体，是一个通过社区治理实现社区居民利益、满足社区居民意愿，同时实现政府的社区治理目标与工作任务结合起来的集合体。

2. 社区自治组织具有非常强的目的性。社区自治组织是一种群众性的基层自治组织，但它是在中国共产党领导下、各级政府指导和支持下的群众性的基层自治组织，目的是宣传和贯彻执行国家法律法规和党的路线、方针和政策，协助政府维护社会治安，协助政府做好社区的公共卫生、计划生育、社区社会保障、青少年教育等工作，构建社会主义和谐社区。同时，社区是群众性的基层自治组织，其目的就是要从社区居民的需求出发，为社区居民提供公共产品，满足社区居民的需求。只有目的明确，才能做出正确的决策和采取正确的行动。

3. 社区自治组织是一个过程。是为社区提供公共产品、半公共产品，满足社区居民的需求，为构建社会主义和谐社会的目标，而进行计划、协调和实施的过程。

4. 社区自治组织是责任的确定。是根据社区治理目标而确定的社区内部的各项专门性质的工作并配备以专门的人选，明确各自的责任，形成合理有效的分工和协作的组织。

5. 社区自治组织是实现社区治理目标的途径。是通过社区自治组织的工作，实现社区治理目标，构建社会主义和谐社区。

6. 社区自治组织意味着协调。是把为实现社区治理目标而从事不同活动的社区居民联系起来的纽带。

二、西部城镇社区自治的内容

西部城镇社区自治组织是在西部经济和政治体制发生深刻变化，社会处于整体性结构变迁的大背景下产生和发展的。它的兴起既是西部社会、经济、政治和城市化发展到一定阶段的必然要求，也是政府为解决社会转型过程中出现的种种社会问题而采取的应对举措。一方面社区自治组织的兴起源于社会发展的客观需要。社会主义市场经济体制的建立和发展，社会职能的逐步分化，西部城镇化进程的加快，人民生活水平的不断提高，使得社会利益和社会需要呈现出多元化和多样化的发展趋势。这就必然要求要打破"单位制"的樊笼，实现由"单位人"向"社会人"的转变。另一方面社区自治的提出又是改革政府管理体制的需要。从我国西部的实际情况来看，社区很大程度上还在社会整体结构的转型过程中，作为"单位"的替代物出现的。社区自治组织是在"单位"体制瓦解之后，西部地方政府为寻求城镇居民的政治认同，解决社会转型时期出现的种种社会问题，缓解社会矛盾和管理压力，应对控制社会秩序，维护社会稳定的政治诉求而成立的，是政府自上而下推动的。社区治理的目标是实现社区自治，健全社区自治组织，充分发挥社区自治功能，实现居民的"自我管理、自我教育、自我服务、自我监督的居民自治功能"。① 实现社区和谐，构建社会主义和谐社会。

20 世纪 80 年代以来，在西部地区各省、市、自治区各级党委和政府的高度重视下，按照"议行分离，突出自治"的原则，普遍建立了社区党支部、社区居民代表大会、社区居民委员会和议事协商委员会等相对完善的组织体系，制定了《社区自治章程》、《社区居民公约》、《社区成员代表会议制度》，初步制定了民主评议、财务管理、干部考核等规章制度，形成了比较规范的运作机制。各省、市、自治区成立了社区建设指导委员会，各地、州、市，各区、县成立了社区建设指导委员会，主要是做好指导、协调、督促、检查社区建设和发展工作；由街道办事处成立的社区建设工作委员会，负责研究部署、综合协调街道办事处和乡镇范围内的社区建设和发展工作，各省、市、自治区，各地、州、市，各区、县，各街道办事处比较重视社区的自治组织建设，发挥社区的自治功能，在社区内制定选举方案，普遍进行民主选举、民主决策、民主管理、民主监督。重庆市人和街道办事处的和睦路等社区还认真调查研究社区居民需求，主动为居民服务。党委、政府、社区组织、社会和市场的关系在社区建设和发展过程中向和谐协调方面发展，

---

① 李学举：《社区建设工作谈》，中国社会出版社 2003 年版，第 172—175 页。

自治功能逐步得到发挥。随着社区自治组织的发展，必须进一步明确社区自治组织的内容。根据社区自治的要求，新时期西部社区自治的内容主要表现为：

1. 人事自治。人事自治是实现西部城镇社区自治的前提，要实现社区自治，必然要求实现人事自治。社区领导及其工作人员必须由社区居民选举产生，即社区居委会工作人员，应由社区成员代表大会通过公选选举产生，居委会主任、副主任应由社区居民直选产生，社区成员大会或社区成员代表大会具有依法随时补选因故出缺的社区居委会组成人员，具有随时罢免、撤换不代表社区成员的社区居民委员会的组成人员的权利，政府只能制定标准和要求，而不能由政府公开招聘，由社区成员代表大会通过，否则，必然导致"行政化"。

2. 教育自治。社区教育，主要是以社区居民的自我教育为目标，重点是推行社区公众教育，培育社区居民对社区的认同感和归属感。由于社区教育目标和教育主体的特殊性，决定了教育的自治性。就是致力提升社区居民的精神文化素质与伦理道德水平，使居民接受自治的基本理念，包括自治和自律的价值观，以及对公共福利和公共目标的共同观，熟悉和掌握自治的规则，并具备相应的行为能力和习惯，体现以社区居民发展为中心的人本主义精神，同时通过教育进一步形成社区居民对社区的认同感和归属感，提高其参与意识。

3. 服务自治。社区最重要的职能就是要以解决社区居民最关心、最迫切、最现实的需求为内容，不断拓展社区服务领域和服务内容，提高社区服务水平和质量，逐步形成社区公共服务、救助和保障服务、便民利民服务相结合的多类型、多层次、覆盖广的社会服务体系，完善社区服务功能。社区服务主要包括协助城镇政府提供社区公共产品的服务；组织社区成员开展自助和相助服务；为其他组织到社区开展服务搭建平台，提供便利条件。为实现上述职能，社区自治组织必须以社区居民利益为出发点，激励居民参与和将居民个体需求整合为集体需求。利用社区自治组织来维护社区居民自身的利益，主动参与影响基层政府和社区居民委员会的决策，产生对社区的认同感、归属感和对基层政府权威的基本认同，实现服务自治。

4.财产自治。财产方面，在西部地区各级政府的支持下，西部城镇社区普遍建立了办公室和社区活动室，有的社区还建立了社区图书馆，普遍配备了办公设施等财产，有的社区，特别是城市边缘社区和城镇社区还有一定的房屋、管理一定的市场、有一些服务企业等财产，为实现社区自治奠定了物质基础，要实现财产自治，必须保障社区自治组织有高度的财产自治权。

5.财务自治。从对西部城镇社区的调查看，西部地区城镇社区大多数社区居委会的工作经费由政府财政拨款、社区物业收入和社区自筹三部分组成，其中80%以上的经费是政府财政补贴。要实现社区自治，首先必须要实现财务自治。因为社区财务是否自治的依据并非是由政府拨款决定的，而是由政府的社区治理目标决定的，在市场经济条件下，政府的目标是实现社区和谐，向城镇社区提供经费是政府应尽的职责，而不是借以领导社区的资本，这些经费应该由社区自治组织根据规定自主使用。不能由街道财政所设立社区账户，统一做账、统一管理，社区居委会平时工作经费的缺口，也不能由街道承担。社区经费由市区下拨到街道，由街道统一收支的方式，必然会造成"端谁的饭碗归谁管"，从而导致社区经费行政化。

6.管理自治。在日常决策权方面，作为社区自治权力的社区居民会议或居民代表大会，应该形成日常性的召集和会议机制，行使其法定的社区重大事项决策权。社区自治组织应根据社区主体的需求，向社区主体提供各种服务，同时进行社区党建管理、精神文明建设管理、文化管理、服务管理、经济管理、治安管理、社会保障管理等。社区管理是在党和政府的领导下，由社区主体进行群众性的自我管理、自我服务、自我监督的行为，因此，必须实现管理自治。社区管理不能形成根据对方基层政府的意志和要求进行管理的局面。

7.考核机制和评价体系自治。考核机制自治是实现社区自治的核心，关系到社区目标是否能够实现，关系到社区自治组织能否代表社区居民的利益，体现社区居民的意志。实现考核机制自治，就是要实现由社区居民民主评议社区居委会的考核监督机制。因为，只有实行社区居民民主评议社区居委会的考核机制，才能使社区居委会代表社区居民利益，体现社区居民意志，处理好社区的各种关系，构建社会主义和谐社区。目前西部地区对社区居委会的监督考核有两种形式：一种是居民民主评议社区居委会；另一种是由街道和政府有关职能部门对社区进行考核评比。但在两种监督考核形式中，从理论上讲，社区居民代表大会是社区的权力机构和监督机构，但由于街道及政府职能部门的考核占据着绝对的主导地位，左右着社区自治组织的工作取向。因为其考核结果与社区的工作经费、人员任免等挂钩，比较而言，居民群众的考核所具有的效力则显得软弱无力。

三、城镇社区自治组织的建设目标

西部城镇社区组织大目标是实现社区和谐与发展，全面提高社区经济效益和社会效益，实现社区经济、政治、社会、环境和资源相互协调发展，全面构建社会主义和谐社区。主要是因为：（1）随着城镇化的迅速发展，特别是在土地征收过程中，社区矛盾和社会问题增多；（2）与东中部地区相比，西部城镇社区发展相对滞后，主要表现在社区建设相对落后，资金不足，社会保障的低收入群体面大；（3）西部城镇居民收入差距大，社会矛盾、社会问题多；（4）西部城镇民族问题、宗教问题复杂，容易产生民族宗教问题。这些问题如果处理不好，必然影响和制约西部城镇经济、政治、文化和社会的全面发展，因此，西部地区各级政府都提出构建社会主义和谐社区的目标。构建西部城镇和谐社区的建设目标主要包括：（1）加快社区经济发展。通过加快西部地区社区的经济发展，可以提高社区的经济发展水平和增加居民收入，提高社区居民的生活水平，解决社区矛盾，提高社区居民对社区的利益认同。（2）构建和谐社区。构建良好的社区内部人际关系和合理的社区结构，实现社区和谐。（3）发展社区组织，即发展社区居民的民间团体组织，培养居民的民主意识和自治、互助能力。（4）发展社区文化，提高社区居民的伦理、道德和科学、教育、文化水平，提高社区居民的文化认同，"使社区居民在价值观、思想方法和生活方式上找到同一的感觉"①，才能提高社区居民的参与意识。

---

① 费孝通：《居民自治：中国城市社区建设的新目标》，《江海学刊》2002 年第 3 期，第 17 页。

总之，通过社区建设，培养社区居民对社区的认同感，就是形成社区居民与社区组织提供的经济、政治、文化和社会利益需求方面的一致性和统一性。主要包括利益认同、情感认同、价值认同。

利益认同就是指人的物质、精神利益需求方面的一致性和统一性。社区自治组织把利益认同作为社区工作的基础和起点，就是要尊重和关心社区居民的利益需求，满足社区居民正当的合理的利益要求，并注重从根本上帮助其实现自身的利益，从而达到社区居民的"利益认同"。

情感认同就是指社区居民根据社区组织的自治状况在情绪体验方面的一致性和统一性。如果社区组织真正代表社区居民的利益，社区居民就真正支持社区组织，就喜欢参与，就乐于参与。

价值认同就是指社区居民对社区发展的价值理想、价值取向、价值标准等方面的一致性和统一性。在社区发展中表现为：寻求社区发展基本思想、信念的归属感和认同感；对社区组织的行为方式、价值追求、道德规范的依赖、忠诚和践行。价值认同是社区内部凝聚力的源泉。价值认同是提高社区居民实效性的关键环节。

要提高社区居民的广泛参与，必须实现社区居民对社区的利益认同到情感认同、价值认同的转化。社区居民只有在价值观、思想方法和生活方式上找到共同的感觉，才可能自觉地参与。

四、判断城镇社区自治的标准

衡量社区是否自治必须依据一定的标准，根据社区组织的目标，结合西部地区的实际，西部城镇地区社区自治的标准是：社区自治组织健全，机构设置合理，职责明确，民主制度、民主参与机制和社区公共管理体系完善，自治制度完善，社区居民的主体作用和各类组织的优势充分发挥，对社区的认同感、归属感较强，参与率高，能够做到思想上达成共识、规划共商、资源共享、软硬件共建、规章制度共同遵守、社区环境共治，形成社区各方面力量广泛参与、共建共享的良好氛围。具体包括：

1. 健全的社区组织

健全的城镇社区自治组织是实现自治的组织保障，要实现自治，必须有健全的自治组织，包括社区党组织、社区居委会、社区代表大会、社区议事会、社区居民小组、楼门小组。社区党组织的战斗堡垒作用得到充分发挥；社区居委会及内设委员会机构健全、职责明确、人员落实，能充分发挥自我管理、自我教育、自我服务和自我监督作用；充分发挥社区居委会各职能委员、居民小组、楼门小组在和谐社区建设中的作用。

2. 社区中介组织健康发展

社区自治组织能根据社区发展需要、居民共同利益和不同利益集团，大力培育和发展居民自我管理、自我服务、自我教育的专业性社区中介组织；社区各类中介组织能根据居民需求，充分发挥其联系、沟通、组织、服务广大社区居民的作用；社区自治组织能掌握社区中介组织基本情况，加强监督并引导其健康发展。

3. 社区制度健全，居民自治制度完善

城镇社区自治组织有健全完善的社区居民会议和社区协商议事会议制度，在社区自治实践中能较好地发挥民主决策和监督作用；社区组织能够根据社会发展要求，结合社区特点及时修改完善《社区自治章程》、《社区居民公约》；建立与群众利益相关和社区重大事项决策和实施过程的公示、听证制度，做到社区重大决策公开、公正、公平。

4. 健全工作制度

形成完善社区事务、财务公开制度，建立完善的社区事务通报制度，形成良好的决策、运行和监督等各项工作制度；建立良好的社区调研制度，及时了解社区居民的各项需求，全面提高社区居民的生活水平。

5. 居民参与机制完善，民主选举依法规范

社区自治的基础是社区居民的广泛参与，没有社区居民的广泛参与，必然失去社区自治的群众基础。社区居民的广泛参与包括社区居民依法选举居民代表和推选居民小组长；依法选举社区党组织领导班子和社区居委会成员，并依法进行罢免、辞职和补选；社区居民积极参与社区重大事务的决策，积极参与社区的各项事务。

6. 民主决策公开透明

为了更好地体现以社区居民为本的原则，社区自治组织应定期召开社区

居民代表大会、社区居民会议和协商议事会议，协商、研究决定和谐社区建设的重大事项、公共事务和涉及居民切身利益的事项，实现民主决策；定期通过社区听证会、社区论坛等不同形式，深入了解民情，广泛听取居民意见，了解社区居民的公共需求，创造条件，向社区居民提供公共产品，搞好公共服务；同时，要创造条件，保障居民知情权。

7.民主管理科学有序

社区组织内部各组织机构及其社区成员能自觉遵守并按照《社区自治章程》《社区居民公约》参加社区建设和管理；社区全体成员能积极主动关心、支持、参与社区事务和管理，对社区认同感、参与率和满意度比较高；能够通过各种渠道科学管理社区公共事务，管理的效率高。

8.民主监督渠道畅通

社区居委会能定期向社区居民代表大会和社区协商议事会议报告工作，接受社区居民代表大会和社区协商议事会的监督和评议；不断改进社区体制，服务社区居民。大力推进居务公开制度和社区事务通报制度，居民群众的知情权得到了有效保障；居民、社区居委会对政府职能部门的评议和监督渠道畅通，社区民主监督评议结果作为政府行政监督评议的重要内容。

9.社区居民需求收集表达机制健全

建立定期集中收集和及时分散收集社区居民需求和意愿的长效机制；能及时掌握社区居民的需求，切实开展满足社区居民公共需求的活动，提高社区居民的生活水平。建立了社区居委会向街道办事处或政府职能部门派出机构反映居民利益和诉求的机制，实现社区居民与政府的中介作用；建立了经常性、规范化的群众利益表达机制，社情民意能得到及时有效的协调、解决和反馈。

10.社区管理规范有序，社区共建共享

建立了社区全员共建共享机制，社区内各种组织关系融洽，达成社区全体成员思想共识、规划共商、资源共享、设施共建、规章制度共同遵守、社区环境共治的良好局面；社区内各有关单位能共同协调处理和谐社区建设和管理中的重大问题，共同实现、维护、发展居民在社区的共同利益。

11.流动人员管理规范

有完善的流动人员、出租房屋台账登记制度；能及时、准确掌握社区流动人员和出租房屋基本情况，能对流动人员实现有效管理，并提供良好服务，实现流动人口在子女入学、就业等各方面的公平，比较好地解决流动人口的后顾之忧。

第二节　社会主义和谐社会理念的推出及其重大意义

一、构建社会主义和谐社会的基本内容

"构建社会主义和谐社会"概念的首次提出，是党的十六届四中全会《中共中央关于加强党的执政能力建设的决定》，《决定》把"提高构建社会主义和谐社会的能力"作为党执政能力的一个重要方面明确提出，这在我们党的历史上还是第一次。这一思想，在此前的党的十六大报告全面论述"三个代表"重要思想时提出，随着改革开放的深入，我们要建立起"各尽所能，各得其所，和谐相处"的社会关系，报告在论述全面建设小康社会时，把"社会更加和谐"作为全面建设小康社会的目标之一提出来。党的十六届六中全会审议通过的《中共中央关于构建社会主义和谐社会若干重大问题的决定》，第一次在党的文件中提出"要建设富强民主文明和谐的社会主义现代化国家"。将"和谐"列在"富强民主文明"之后，比党章中的表述更加丰富，表明构建社会主义和谐社会被提到了前所未有的高度，成为我们党新的战略追求，成为我国社会主义现代化建设新的战略任务和奋斗目标。这一重要论断的提出，是对马克思主义理论的丰富和发展，是我们党对什么是社会主义、怎样建设社会主义的又一次理论升华。深刻理解和把握构建社会主义和谐社会的丰富内涵，对我们全面落实科学发展观，促进我国经济社会协调发展全面进步，实现全面建设小康社会的宏伟目标，具有重大的指导意义。

构建社会主义和谐社会是社会主义发展规律的客观要求，是社会主义社会本质的重要体现，是在社会发展客观规律基础之上的和谐。所谓和谐社会，就是指社会各个群体能够实现良性的互动，整个社会能够表现出一种公正的状态，社会能够实现安全的运行和健康的发展。所谓社会主义和谐社会是指在社会主义总体框架下，既拥有丰富的物质资源，又不缺乏深厚的精神

财富的社会，这个社会的各成员之间，彼此关系融洽，互敬互爱，遵守共同的社会法纪秩序和道德规范，追求国家持续协调发展的共同目标，同时又在各自的岗位上发挥其所能。社会和谐是一个十分复杂的动态系统概念，因此，我们致力构建的社会主义和谐社会的目标，应该是社会全面系统的和谐，它包括人与人的和谐、人与自然的和谐、人自身的和谐、社会内部环境的和谐、外部环境的和谐等几个方面。总之，社会主义和谐社会是一个"民主法治、公平正义、诚信友爱、充满活力、安定有序、人与自然和谐相处的社会主义和谐社会"。表现为：一是社会基本矛盾的和谐，即生产力与生产关系、经济基础与上层建筑的矛盾运动过程的和谐，其中生产力与生产关系之间的和谐和互动处于核心地位。二是指人与自然的和谐。根据马克思提出的"两种生产理论，物质资料生产与人类自身的生产是有机联系在一起的，表现了人与自然和谐的真谛。三是社会经济、文化、政治文明发展之间的和谐，这是社会基本矛盾和谐的主要体现，是社会基本矛盾和谐的制高点。四是社会生产与社会需要之间的和谐。五是社会成员、阶层之间的利益和谐。这五方面的和谐既构成了社会基本矛盾的和谐系统，同时也是胡锦涛和谐发展思想的基本内涵。没有社会各个方面、各种因素的相互配合、和谐互动，就不可能有社会的持续、健康发展。

二、构建社会主义和谐社会的基本途径

根据社会主义和谐社会的基本内容，构建社会主义和谐社会必须解决好目前经济社会发展中比较突出的不和谐因素，特别是要加强城镇社区和乡村等基层薄弱环节，形成基本制度，才能实现构建社会主义和谐社会的目标。归纳起来，主要是着力解决好六个方面的和谐问题：

（一）解决好社会基层的不和谐问题

和谐社会，是整个国家的和谐，是建立在整个社会和谐基础上的，城镇社区和乡村是和谐社会的基础，是和谐社会的细胞，是社会矛盾的焦点，是社会不和谐因素的集中体现，如社会差别问题、贫富差距和社会贫困问题、社会成员分化和流动问题、社会就业问题、群体事件问题、腐败问题、民族宗教问题都集中在社区和乡村，因此，构建社会主义和谐社会必须从构建和

谐社区和和谐农村入手，解决社会基层的不和谐因素。因此，胡锦涛同志在党的十七大报告中十分强调要建立基层党组织领导的充满活力的基层群众自治机制，扩大基层群众自治范围，完善民主管理制度，把城乡社区建设成为管理有序、服务完善、文明祥和的社会生活共同体。因此，解决好社会基层的不和谐问题，是构建社会主义和谐社会的基础，是构建社会主义和谐社会的出发点，也是构建社会主义和谐社会的重要途径。

（二）解决好民主法治方面不和谐的问题

民主法治是现代和谐社会的基石。社会主义和谐的第一个特征就是民主法治，民主法治是构建社会主义和谐社会的保障。我们党历来高度重视民主法治建设，改革开放以来，积极稳妥地推进了政治体制改革，进一步扩大了社会主义民主，健全了社会主义法制。但是，相对于整个经济建设来说，民主法治建设仍然是一个薄弱的环节，特别是在基层，还面临很多新情况、新问题，制约社会主义和谐社会的构建，因此，要积极加强社会主义民主建设，提高广大人民群众的参与热情和提高人民群众的参与能力。就我国基层来说，主要是加强两个方面的工作。一方面，在重大决策中特别是在关系到群众切身利益的决策中，保障群众的知情权，扩大群众的参与权，尊重群众的意见。另一方面，是规范执法行为。从制度上落实行政执法与利益脱钩、与责任挂钩。同时，要建立健全基层自治组织，维护基层群众的利益，体现基层群众的意志。

（三）解决好社会公平方面不和谐的问题

构建和谐社会的公平，是一种内容更广泛、更深刻的公平。是以权利公平、机会公平、规则公平、分配公平为重要内容的社会公平保障体系。如何实现公平，有三个现实的途径：

第一，运用好税收杠杆。包括征收个人所得税、调整增值税的征收环节等，从税收上来调节不同群体、不同区域收入差距过大的问题。

第二，完善公共财政政策，增加广大人民的公共产品，提高广大人民的生活水平，要努力解决困难群众的基本生活，真正使全体人民特别是那些弱势群体，都享受到改革发展的成果。解决好城镇低保、农村五保、困难群体的就业、再就业问题。

第三，发展好教育事业，加大教育投资力度，创造公民受教育的平等机会，为实现社会公平创造条件。

（四）加强社会管理，努力解决社会管理方面不和谐的问题

和谐社会是一个有序的社会，有序就是有管理。随着我国体制转轨、社会转型，随着劳动者就业结构和方式不断变化，人员流动加强，越来越多的"单位人"变成"社会人"，社会组织和管理出现许多新问题。一是政府的社会职能定位不科学；二是城镇社区自治组织不健全，社区功能还没有充分发挥；三是社会中介组织发展还比较滞后。因此必须充分发挥基层党组织和共产党员服务群众、凝聚人心的作用，发挥城乡基层组织协调利益、化解矛盾、排忧解难的作用，发挥社团、行业组织和社会中介组织提供服务、反映诉求、规范行为的作用。按照这一要求，解决好当前社会管理方面存在的一些不和谐因素。

（五）正确处理好发展与生态环境的关系，解决好生态环境方面不和谐的问题

人与自然环境是相互依存、相互影响、不可分割的对立统一的整体。胡锦涛总书记、温家宝总理强调指出，要抓紧解决严重影响人民群众健康安全的环境污染问题，通过加强环境保护和生态建设，让人民群众喝上干净的水，呼吸上清洁的空气，吃上放心的食品，有更好的工作和生活环境。这给我们解决生态环境方面不和谐的问题提出了最具体、最实在、最具人文关怀精神的标准和要求。

（六）切实解决各种矛盾，构建稳定和谐的社会

邓小平同志曾经指出："中国的问题，压倒一切的是需要稳定。没有稳定的环境，什么都搞不成，已经取得的成果也会失掉。"当前，我们国家的人均GDP已超过了1000美元。根据世界上一些国家的发展经验，在人均GDP 1000—3000美元，是社会矛盾的多发期、高发期。在构建社会主义和谐社会的过程中，如，社会治安的问题、公共安全问题、因人民内部矛盾引发的一些群体性事件问题等，严重影响社会稳定。这些问题具有阶段性的特征。解决好这些社会稳定方面的不和谐因素，一要靠发展，二要靠工作。发展中的问题最终还是要靠经济社会的发展来解决，但从工作的角度来

说，我们也不能等发展起来以后才去解决这些问题，还是要在现有的条件下，积极做好工作，化解各种矛盾。主要是建立健全各种机制，要建立和完善社会治安综合治理的防控机制，建立健全突发公共事件预警机制、应急机制和社会动员机制，建立健全人民内部矛盾的调处机制。特别是在处理人民内部矛盾上，要把落实政策放在首位，切实做到情为民所系，权为民所用，利为民所谋。

总之，构建社会主义和谐社会，必须做到：

1. 以发展促和谐

以发展生产力为基础，全面解决社会发展尤其是经济社会和谐发展问题，既是胡锦涛和谐发展思想的核心，也是这一思想的重要特点。马克思强调：人们所达到的生产力的总和决定着社会状况，物质生产是人类存在的第一个前提，是一切历史的基本条件。邓小平把这些观点简要地概括为：马克思主义的基本原则就是要发展生产力，社会主义必须大力发展生产力。在大力发展生产力的同时，又特别关注稳定和和谐问题。"对于我们这样发展中的大国来说，经济要发展得快一点，不可能总是那么平平静静、稳稳当当。要注意经济稳定、协调地发展，但稳定和协调也是相对的，不是绝对的。发展才是硬道理"。胡锦涛进一步指出，解决构建社会主义和谐社会面临的许多矛盾和问题，关键还是要靠发展。必须以发展促和谐，在发展中求和谐。

2. 以创新促和谐

构建社会主义和谐社会，必须最广泛、最充分地调动一切积极因素，发挥各方面的创造合力，不断推动经济社会发展。如何发挥各方面的创造合力，邓小平把改革当做调节和解决社会主义社会矛盾的基本手段，以及推动经济社会发展和社会进步的动力，这是邓小平经济发展思想的鲜明特色之一。"通过改革，要取得长期持续稳定发展的条件。"[1]"没有改革就没有今后的持续发展。"[2]胡锦涛则进一步指出，要"不失时机地推进改革开放，力争在一些重点领域和关键环节取得新的突破，进一步解放和发展生产力……为

---

[1]《邓小平文选》第3卷，人民出版社1993年版，第160页。

[2]《邓小平文选》第3卷，人民出版社1993年版，第131页。

经济发展和社会进步注入活力。"①"支持人们进行理论创新、制度创新、科技创新和其他方面的创新，使我国经济社会发展始终充满蓬勃的创造活力。"促进社会主义和谐社会的发展。回顾党的十一届三中全会以来的所有改革，包括经济体制改革、政治体制改革和其他方面的改革，几乎无一例外地伴随着一场场思想解放和观念更新。所有发展中的不和谐问题，都是通过理论创新和体制创新迎刃而解的。

3. 以制度促和谐

政治民主化和完备的法制是现代化过程中影响社会稳定和和谐发展的两个重要因素。胡锦涛一方面把民主看做是政治体制改革和社会主义现代化的重要目标，认为没有民主就没有社会主义，就没有社会主义现代化。发扬民主，可以化消极因素为积极因素，团结可以团结的力量，同心同德，群策群力，维护和发展安定团结的政治局面，是促进党和人民群众以及执政党和参政党、中央和地方、各阶层之间、各民族之间等方面关系的和谐，是构建社会主义和谐社会的重要保证。另一方面，强调民主必须制度化、法制化。认为制度更带有根本性、全局性、稳定性和长期性。因而，要从制度上保证党和国家政治生活的民主化、经济管理的民主化、整个社会生活的民主化。同时，胡锦涛又特别强调法制对经济社会和谐发展乃至中国整体发展的保证作用。

4. 以价值导向促和谐

构建社会主义和谐社会既是社会主义的一个根本原则，也是社会发展的最重要的价值目标。深入推进构建社会主义和谐社会的实践，将使我国改革开放面临的重大现实问题得以顺利解决。使人的主体价值得到充分尊重，人的主体作用得到充分发挥，人人各尽其能、各得其所而又和谐相处。使我国能够利用前所未有的发展机遇和发展条件，今后 10—15 年，有可能出现一个"黄金发展时期"。社会主义和谐社会思想将引领我们克服改革开放中诸多波折、起伏、风险和动荡，保证我国经济社会的稳定、和谐和持续有序发

---

① 胡锦涛：《在省部级主要领导干部提高构建社会主义和谐社会能力专题研讨班上的讲话》，人民出版社 2005 年版，第 23 页。

展。我们相信，在社会主义和谐社会思想引领下，我国社会主义现代化建设将进入高速发展时期，经济社会发展进入一个更加美好的社会。

第三节　西部城镇社区自治组织与构建社会主义和谐社会的关系

西部城镇社区自治组织与构建社会主义和谐社会是辩证统一的关系，西部城镇社区自治组织是构建西部和谐社区，是构建社会主义和谐社会建设的基本途径和重要组成部分，社会主义和谐社会是中国特色社会主义的本质属性，是西部城镇社区自治组织的奋斗目标，二者相互促进、相互依存；是目的和手段的关系。主要表现为：

一、加强城镇社区自治组织建设能有效促进社会主义和谐社会建设

改革开放以来，尤其是 21 世纪初以来，西部各省（市、自治区）党委、政府高度重视城镇社区自治组织建设，积极吸收借鉴国外和我国东、中部地区城镇社区建设的经验，认真贯彻落实《城市居民委员会组织条例》、《民政部关于在全国推进城市社区建设的意见》、《国务院关于加强和改进社区服务工作的意见》等文件精神，按照构建社会主义和谐社会的要求，从西部实际出发，采取有力措施，创造性、跨越式地推进工作，把加强城镇社区自治组织建设作为城市基层基础建设的头等大事来抓，西部各省（市、自治区）城镇社区自治组织体制体系基本建立，社区基础设施逐步完善，社区服务功能得到显著发挥，社区活动丰富多彩。已经实现社会转型，构筑了构建社会主义和谐社会的基础工程，有力地促进了西部地区的精神文明建设，大大推进了西部地区的基层民主政治建设，为西部地区的改革、发展和稳定发挥了积极作用。其价值意义主要表现在以下几个方面。

（一）加快西部城镇社区自治组织建设，有利于深化西部地区的改革开放，构建社会主义和谐社会。在新的形势下，随着西部地区改革开放的深化，尤其是中央实施西部大开发战略以来，西部城镇化迅速发展，社会成员

固定地从属于一定单位的管理体制已被打破，大量的"单位人"转化为"社会人"，同时大量农村人口涌入城市，社会流动人口增加，加上教育、管理工作存在一些薄弱环节，致使西部城市社会人口的管理相对滞后，迫切需要建立一种新的社区式管理模式。随着西部城镇数量的不断增加和城市化进程的加快，基础设施日趋完善，现有城市的管理和服务不相配套，尤其是城镇基层社会管理比较薄弱。因此，大力加强和完善西部城市管理水平，提高居民素质和文明程度显得十分紧迫。随着国有企业深化改革、转换经营机制和政府机构改革、转变职能，企业剥离的社会职能和政府转移出来的服务职能，大部分要由城市社区来承接。建立一个独立于企事业单位之外的社会保障体系和社会化服务网络，也需要城市社区发挥作用。同时，随着人民群众生活水平的不断提高和住房、医疗、养老、就业等各项制度改革的深入，城镇居民与所在社区的关系越来越密切。他们不仅关注社区的发展，参与社区的活动，而且对社区的服务和管理、居住环境、文化娱乐、医疗卫生等方面提出多层次、多样化的要求。推动社区建设，拓展社区服务，提高生活质量。因此，加强社区自治组织建设，全面履行社会职能，有利于深化西部地区的改革开放，有利于进一步推进政府机构改革，构建"小政府、强政府，大社会"的城镇治理结构，有利于深化企事业单位的改革开放，切实有效地解决改革开放带来的一系列矛盾，构建社会主义和谐社会。

　　（二）加快西部城镇社区自治组织建设，有利于促进社会主义和谐文化建设，繁荣西部城镇基层文化生活，加强西部社会主义精神文明建设。改革开放以来，特别是党的十四届六中全会以来，西部城镇社区自治组织以社区建设为载体，活跃基层文化生活和加强社会主义精神文明建设的工作呈现出扎实推进、持续发展的良好态势。随着创建文明社区活动的深入开展，社区面貌明显改观，社区风气逐步好转，文明楼院、文明小区数量不断增多，对促进改革、发展、稳定发挥了积极作用。实践证明，大力开展社区教育，引导居民爱祖国、爱城市、爱社区，可以形成崇尚先进、团结互助、扶正祛邪、积极向上的社区道德风尚；经常组织具有社区特色的群众性文体活动，丰富居民精神文化生活，可以增强社区的凝聚力，形成科学文明健康的生活方式；紧紧抓住社区居民关心的热点、难点问题，有针对性地开展思想政治工作，并坚持把解决思想问题同解决实际问题结合起来，加强社区服务与管理，可以进一步密切党同人民群众的联系，广泛调动社区居民"讲文明、树新风、共建美好家园"的积极性。通过城镇社区组织根据社区实际开展的一系列社区文化建设，使社区形成互帮互助、诚实守信，社区居民平等友爱、融洽相处的和谐社区。

（三）加快西部城镇社区自治组织建设，是巩固西部城镇基层政权和加强社会主义民主政治建设的重要途径。长期以来，西部各省（市、自治区）受计划经济体制的影响，城镇社区居民委员会不同程度地存在行政化管理的现象，居民参与社区建设的程度还不太高。随着改革的深化和居民对社区事务的日益关注，西部城镇社区居民委员会原有的管理方式很难适应形势发展的需要。面对流动人口、下岗职工、老龄工作、社会治安、计划生育等各种问题，西部城镇社区自治组织在管理和服务上力不从心，存在着责权利不统一、职责任务不明确、管辖范围过小、人员老化、工作条件差等问题。推进西部城镇社区自治组织建设，发挥西部城镇社区居民自治组织的作用，保证社区居民依法管理自己的事情，有利于解决上述问题，促进社会主义民主法制建设，构建社会主义和谐社会。

（四）加快西部城镇社区自治组织建设，有利于健全社会组织机制，实现社会管理完善，社会秩序良好，社区居民安居乐业，社会保持安定团结的新局面。社区是和谐社会下居民生活的重要场所，是百姓安居乐业的基础，是我国经济和社会发展的重要领域，是政治文明建设和精神文明建设的重要内容。同时，社区建设还是城乡居民生活质量的重要标尺，是全面建设小康社会的重要组成部分。社区是社会的基本单元，是人们社会生活的共同体和人居的基本平台，社区和谐是社会和谐的基础。加强社会管理的重心在社区，改善民生的依托在社区，维护稳定的根基在社区。和谐社区建设是社会主义和谐社会的重要组成部分。胡锦涛总书记指出："要加强城乡基层自治组织建设，从建设和谐社区入手，使社区在提高居民生活水平和生活质量上发挥服务作用，在密切党和政府同人民群众的关系上发挥桥梁作用，在维护社会稳定、为群众创造安居乐业的良好环境上发挥促进作用"。党的十七大要求"把城乡社区建设成为管理有序、服务完善、文明祥和的社会生活共同体"，这一要求指出了我国社区建设的方向，也是和谐社区建设的基本目标。实践证明，和谐社区建设事关党和国家大政方针的贯彻落实，事关人民群众的切身利益，事关城乡基层的和谐稳定。西部地区由于历史性、民族性、宗教性、地域性以及经济和观念落后等因素一直是民族分裂主义、宗教极端主义以及恐怖主义主要渗透的地区，其中广大藏区还是达赖集团搞分裂破坏的重点地区，近年来尤为猖獗。可见，西部地区的宗教，与地域的广袤、环境的恶劣、经济的落后特别是民族问题和境外渗透等交织在一起，从而对西部社会稳定、经济发展、国家安全、社区自治建设等产生巨大影响。因此，认真贯彻落实党的十七大精神切实加强西部城镇社区自治组织即西部和谐社区建设，不仅是构建和谐西部的迫切需要，也是构建社会主义和谐社会的需要。

二、构建社会主义和谐社会的目标能更好地指导西部城镇社区自治组织建设

中国共产党提出构建社会主义和谐社会，实际上是回答了建设什么样的社会主义的重大理论问题，进一步明确了新时期我国社会主义建设的目标，是我们党全心全意为人民服务的根本宗旨所决定的，它既体现了广大人民群众的"近期目标和利益"，也体现了广大人民群众的"长远目标和利益"；它既体现了广大人民群众的整体利益，也体现了城镇社区居民的部分利益。它完全符合"三个代表"重要思想的要求，是贯彻落实科学发展观的必然结果，是中国特色社会主义的本质属性，是对中国特色社会主义理论的丰富和发展。社会主义和谐社会对城镇社区自治组织的指导作用主要表现在：

（一）进一步明确了西部城镇社区自治组织的方向。社会主义和谐社会是整体，社会主义和谐社会是由各地方区域组成的相互联系构成的有机统一体及其发展的全过程，在这个统一体中，西部城镇社区和乡村是最基层的组织。西部城镇社区是部分，是构建社会主义和谐社会的一个方面，社会主义和谐社会居于主导地位，统率着城镇社区自治的发展过程和运行方向。同时，社会主义和谐社会与社区自治是不可分割的，构建社会主义和谐社会离不开构建社会主义和谐社区，没有西部城镇和谐社区，就不可能构建社会主义和谐社会。我们要从构建社会主义和谐社会出发，根据社会主义和谐社会的目标，构建社会主义和谐社区，构建西部城镇社区自治组织及其运行机制。

（二）构建社会主义和谐社会是西部城镇社区自治组织的目的，西部城镇社区自治组织是构建社会主义和谐社会的手段。构建社会主义和谐社会是我们追求的理想社会，是我们的奋斗目标，构建社会主义和谐社区是构建社会主义和谐社会的基础，规定着城镇社区自治组织的构建依据和方向，健全和完善社区自治组织是实现构建社会主义和谐社区的手段，是构建社会主义和谐社区的过程、方法和途径，没有健全和完善的城镇社区自治组织，就不可能构建社会主义和谐社区，不可能构建社会主义和谐社会。因此，我们必须坚持社会主义和谐社会的目标，在构建社会主义和谐社会的总体目标指导下，健全和完善城镇社区自治组织，实现手段和目标的一致，全面构建社会主义和谐社会。

第二章　构建西部城镇和谐社区

　　构建西部城镇和谐社区是构建社会主义和谐社会的必然要求，认真研究构建西部城镇和谐社区的必要性、可行性，研究西部城镇和谐社区的标准，研究构建西部城镇和谐社区的对策，对于指导西部城镇和谐社区建设具有十分重要的理论意义和现实意义。构建西部和谐社区是完善西部地区社会主义市场经济体制和调节和解决西部城镇社区社会矛盾的需要、是提高西部城镇社区居民生活质量和加快西部地区城镇化进程的迫切要求。西部地区党和政府高度重视社会主义和谐社区建设、西部城镇社区具有比较好的经济基础、驻社区单位和社区居民对社区的认同感和归属感进一步增强、社区内外关系在不断理顺，社区的制度建设不断健全。总之，西部城镇社区具有构建和谐社区良好的社会环境。因此，在借鉴发达地区构建社会主义和谐社区标准的基础上，结合西部城镇社区建设的实际和目标，研究制定了西部城镇构建社会主义和谐社区的标准应包括共同标准和特色标准，共同标准主要包括各类组织健全、环境优美、社区稳定、服务优质、自治充满活力、居民参与率高、文化健康向上、道德素质高八个方面的标准，这八个标准与发达地区构建社会主义和谐社区标准既有区别，又有联系。特色标准主要包括社区经济发展、实现民族和谐和社区自治组织的民族性三个标准。根据构建社会主义和谐社区的标准，提出了完善社区自治、创新社区自治制度、健全西部城镇社区服务体系、健全社区自治组织、转变政府职能、改革社区管理体制和运行机制、充分发挥社区建设主体的职能等九项措施构建社会主义和谐社区。

第一节 构建西部城镇和谐社区是构建
社会主义和谐社会的需要

构建社会主义和谐社会是一个宏大的社会系统工程。从横向看，包括经济、政治、文化、社会、生态环境和人自身的发展与和谐；从纵向看，涉及宏观、中观和微观。宏观和谐指整个国家、整个社会的和谐；中观和谐指各地区的和谐；微观和谐指基层和谐，主要包括农村和谐和城镇社区和谐，城镇社区是社会的细胞，构建城镇和谐社区是构建社会主义和谐社会的基础。建设社会主义城镇和谐社区必须构建城镇社区自治组织，为构建城镇和谐社区提供组织基础。正因为如此，胡锦涛总书记指出，建设社会主义和谐社会，"要加强城乡基层自治组织建设，从建设和谐社区入手，使社区在提高居民生活水平和生活质量上发挥服务作用，在密切党和政府同人民群众的关系上发挥桥梁作用，在维护社会稳定、为群众创造安居乐业的良好环境上发挥促进作用"。要坚持以服务群众为重点。因此，我们必须坚持城镇社区居民自治方向，以维护社区稳定为基础，以文化活动为载体，以党的领导和党的建设为关键，努力把社区建设成为和谐社会的坚实基础。深入研究构建西部城镇社会主义和谐社区的必要性、可行性，在此基础上探讨西部和谐社区的标准，提出构建西部和谐社区的对策，为党和政府构建西部和谐社区提供政策依据。

一、构建西部和谐社区的必要性

西部城镇和谐社区的发展目标是实现人与人的和谐，人与自然的和谐，人与社会的和谐和社区内部结构的和谐，其特征是民主法治、公平正义、诚信友爱、充满活力、安定有序、人与自然和谐相处。构建西部城镇和谐社区对于完善西部社会主义市场经济的发展，提高西部城镇社区居民的生活质量，加快西部城镇化进程具有十分重要的指导意义。

（一）加快西部城镇和谐社区建设是完善西部地区社会主义市场经济体制的需要

加快西部城镇和谐社区建设，是完善西部地区社会主义市场经济发展的迫切要求。从西部城镇社区来看，一是随着社会主义市场经济的发展，社会成员的流动性加剧，企业成为市场经济的主体，社会成员的"单位"、"组织"属性逐渐减弱，大量的"单位人"转化为"社会人"；大量的农村人口涌入城市，打破了人人都在"单位"之中的格局；随着住房市场化的发展，不同单位的居民居住在不同的社区，原有的单位属性进一步被打破。大量"社会人"的产生使西部城镇社区特别是城乡结合部社区流动人口逐渐增多，已经形成了一个比较大的群体，随着企业改革，特别是国有企业的改革，产生了大量下岗职工，待业人员数以千万计，还有大量从事个体、私营企业人员和外资人员处于松散的管理状态。为有效解决这些社会问题，西部城镇社区随之产生。二是从西部城镇社区的现实来看，西部地区的企事业单位特别是经济效益比较好的单位性质仍然很强，单位内居民的住房、社会治安、医疗卫生、文化娱乐、社会福利等仍然由企事业单位负责，大量的社会职能仍然由企事业单位负责，社区居民有事是找企事业单位而不找社区，形成企社不分，严重制约西部地区社会主义市场经济的发展和完善。因此，要完善西部地区社会主义市场经济体制，必须进一步加快改革，转变企事业单位办社会的职能，特别是企业退休职工的管理、企业下岗职工的再就业和社会保障等职能，都将剥离到社会，由社区这个载体来承接。三是随着政府机构改革，政府职能转变，建立"小政府、大社会"，政府的许多社会治理职能、服务职能，将通过推动社区建设去承担。因此，只有加强西部城镇社区建设，由城镇社区自治组织履行社会职能，才能使企业真正成为市场经济的主体，才能转变政府职能，进一步完善社会主义市场经济体制。

（二）加快西部城镇社区建设是提高西部城镇社区居民生活质量的迫切要求

随着西部经济、政治、文化和社会建设的发展，西部城镇社区居民的生活水平逐步提高，越来越多的居民需求不断得到满足，一部分人的需求不断由低层次向高层次需求转化，另一部分人还只能满足低层次的需求，从而产生需求的多样性。随着经济体制改革的深化，住房商品化、医疗保障、养老保障、就业等体制的改革，城镇居民的需求必须通过社区才能得到满足。因此，西部城镇社区居民与城镇社区的关系越来越密切，社区服务、居住环境、文化娱乐、医疗卫生、社会保障等方面都离不开社区，社区居民的政治需求、文化需求以及自我实现的需求都离不开社区。只有城镇社区自治组织健全和完善，社区经济、政治、文化发展，才能提供越来越多的社区服务，满足社区居民的多样化需求，全面提高社区居民的生活质量。但是，目前西部城镇社区组织主要从事大量的政府行政工作，行政化率达 80% 以上，社区组织很少也没有精力研究了解社区居民的需求；社区设施差，不能满足社区居民的文化需求；社区工作人员素质比较低，缺乏社区工作经验，不能满足居民多方面、多层次的需求；社区经济发展相对滞后，不能提供更多的公共产品，不能满足城镇社区居民的多样化需求。因此，提高城镇社区的居民生活质量，为社区居民创造一个安全、舒适、整洁、方便的生活环境，必须加强城镇社区经济、政治、文化和社会建设，拓展社区服务。

（三）加快西部城镇社区建设是加快西部地区城镇化进程的迫切要求

改革开放以来，特别是西部大开发以来，我国西部城镇化进程大大加快，城镇数量和城镇人口快速增长，城镇基础设施日益完善，但随着城镇化的发展，城镇人口的需求多样化、城镇人口素质参差不齐，城镇问题复杂多变，民族问题不断产生。解决这些问题，必须加强城镇社区管理，才能进一步促进西部城镇化的发展，而城镇管理的重点在基层，即城镇社区。见表 2—1。

表 2—1　构建和谐西部的微观基础表

农村和谐	城镇社区和谐	单位内部和谐
27.3%	49.5%	23.2%

从表 2—1 中我们可以看出，认为构建和谐西部的微观基础是城镇社区和谐和单位内部和谐的占 72.7%。但是，目前西部城镇社区普遍存在社区居委会管辖范围过小，不能形成"规模效益"，造成社区管理不顺和社区资源难以共享等弊端；城镇管理手段、管理政策和市民素质离现代城镇化的要求相差甚远，一些陈旧的、落后的观念，自觉或不自觉地在阻碍着西部城镇现代化水平的提高，特别是一些农转非城镇居民还没有真正完成从农民向城镇居民的转变。因此，只有加强城镇社区建设，才能提高西部城镇的管理水平，提高城镇居民的整体素质和文明程度，从而加快西部地区城镇化的

步伐。

（四）加快西部城镇和谐社区建设是调控西部城镇社区社会矛盾的需要

当前西部城镇社区正处于行政管理向社会管理的社会转型时期，社会转型发展时期一个重要的特点就是社会矛盾突出。进入新世纪后，随着西部大开发战略的实施，西部地区进入了经济发展的黄金发展期，又进入了各类社会矛盾和社会问题的凸显期。社会转型必然要造成利益的重新分配和社会阶层和社会地位的变化。地位的下降必然引起人们心理的不平衡，收入差距扩大必然导致社会矛盾尖锐，会激发人们的不满情绪，工作的紧张会增加人们精神的压力，价值观念和生活方式的变化会给人们带来许多的不适应，人口流动频率的加快会使城镇社区管理的难度越来越大，社会上消极的东西会给人造成负面的影响，再加上突发的天灾人祸，这些影响社会稳定的因素凸显，问题大多数都发生在城镇社区，所以城镇社区处在所有社会矛盾和社会问题的风口浪尖。因此，只有加快城镇社区建设，充分发挥城镇社区职能，才能最大限度地解决城镇社区的各种矛盾和问题，才能够防患于未然，构建西部和谐地区。然而，构建和谐西部是一个系统工程，它包括经济、政治、文化、社会自然和民族的和谐等。西部城镇社区是西部和谐地区的细胞、是西部和谐的基础。只有每一个基层社区都和谐，整个西部地区的和谐才能实现。如果基层社区不和谐，出现各种各样的问题，整个西部地区也就不可能是健康的。因此，构建社会主义和谐社区是十分必要的。同时，随着社会的分层使得社区内不同利益群体之间的矛盾也不断呈现。如社区业主与物业公司之间的矛盾；社区居民与上级政府管理部门之间的矛盾，特别是城镇化发展过程中失地农民与政府和土地开发商的矛盾；社区民族矛盾非常复杂等，相关社会问题突出，这是因为西部地区的很多社区都属于边疆社区、民族社区和经济文化落后社区。改革开放以来，随着党的改革开放政策的实施，边疆地区经济文化交流日渐频繁。同时，世界范围内的民族主义、民族分离主义、民族极端主义等形成的非传统安全因素也对边境沿线的少数民族社区造成了严重的威胁。其中的民族宗教问题、生态环境等社会问题尤为突出，民族冲突和民族矛盾增多。这是因为我国西部许多少数民族几乎全民信教，民族所信仰的宗教种类众多，且宗教信仰程度较深。境外宗教的渗透与近年来兴起的泛民族主义思潮合流形成了沿边少数民族社区的民族宗教问题。当前，西部少数民族地区存在身披民族宗教外衣实质是进行宗教渗透和分裂活动的势力，如"东突"势力、达赖集团的叛国活动，已涉及整个维吾尔族和藏族地区，包括疆、甘、青、川、滇、藏等西部地区。西藏一些寺院被达赖集团利用，从事分裂活动，扰乱社会秩序，对我国西部地区的安定团结和祖国的领土完整造成了很大的威胁。[①] 另外，外国势力在西南地区打着民族、宗教的旗号进行着宗教渗透和民族分裂活动。20 世纪 90 年代初以来，在云南境外分裂组织背后都有某些西方国家以及宗教组织的财力、物力的支持，以强化宗教认同、民族认同来淡化边疆少数民族对中华民族大家庭的认同。这些矛盾已经远远超出了过去社区内家庭纠纷、邻里纠纷的范围。这些社会矛盾如果不能有效地解决和控制，就会影响到社区乃至社会的稳定与发展。

因此，只有构建社会主义和谐社区，才能解决上述矛盾。因为构建西部城镇社区，同建设社会主义物质文明、政治文明、精神文明是有机统一的。构建社会主义和谐社区可以进一步发展社会主义社会的生产力，不断增强和谐社会建设的物质基础，为解决社区内各种矛盾奠定物质基础；构建社会主义和谐社区可以通过发展社会主义民主政治来不断加强和谐社会建设的政治保障；构建社会主义和谐社会可以通过发展社会主义先进文化来不断巩固和谐社区建设的精神支撑，同时又通过和谐社会建设来为社会主义物质文明、政治文明、精神文明建设创造有利的社会条件。所以说，构建西部城镇社区对于构建西部地区社会和谐、民族和谐具有十分重大的意义。

二、构建西部和谐社区的可行性

构建西部和谐社区不仅是必要的，而且从西部城镇社区建设的实际情况看，构建西部和谐社区的条件也已经具备，是十分可行的。主要表现在：

第一，西部地区党和政府高度重视社会主义和谐社区建设。随着西部城镇社区的产生和发展，西部地区党和政府高度重视社会主义和谐社区建设的

---

① 王肃元等：《西部民族地区恐怖犯罪问题初探》，《甘肃政法学院学报》2006 年第 1 期，第 16 页。

重要性，充分认识到构建社会主义和谐社区是构建和谐西部的微观基础，没有城镇社区的和谐就不可能有社会的和谐，必须充分发挥社区在构建社会主义和谐社会中的基础性作用。同时只有社区和谐发展，才能促进西部地区改革开放的深化，促进西部地区经济、政治、文化和社会的发展，才能维护西部地区社会的稳定。因此，西部地区各级政府都成立了社区建设委员会，制定了推进和谐社区建设的意见和方案，制定了城镇和谐社区建设发展规划，从人力、财力、物力给予社区支持，各市、区都制定了《和谐社区标准体系》和《和谐社区考评细则》，促进了社会主义和谐社区建设。

第二，西部城镇社区具有比较好的基础。与我国东中部地区相比，西部地区的经济、政治、文化、社会发展相对落后，社区建设经费相对不足，社区基础设施相对较差，但是，随着西部大开发战略的实施，已基本具备了构建社会主义和谐社区的条件，绝大多数社区都有自己的办公室和社区活动室，有一定的办公经费和社区工作人员经费，从课题组的问卷调查中可以看出，有72.6%的社区居民和社区工作者认为社区建设经费充足，为构建社会主义和谐社区奠定了经济基础，同时有一批具有较高思想政治素质、有丰富社区管理经验和社区工作经验的社区干部和社区工作人员，他们以社区居民为本，能协调和解决社区各种矛盾，充分利用社区半公共产品和各种资源，发挥社区职能，为构建社会主义和谐社区奠定了组织基础。

第三，驻社区单位和社区居民对社区的认同感和归属感比较强。尽管当前社区建设存在许多问题，社区居民特别是企业效益比较好和事业单位的城镇社区居民对社区的认同感和归属感不强，但有的社区居民特别是离退休人员、下岗职工、未就业人员等对社区的认同感、归属感很强，大多数社区居民对社区事务越来越关心，对社区有了认同感和凝聚力，为构建社会主义和谐社区奠定了文化基础。

第四，社区内外关系不断理顺，社区制度建设不断健全和完善，社区自治组织体制及其运行良好。形成大力推进和谐社区建设的有力条件，也为进一步构建西部和谐社区打下了坚实的基础。

第五，西部城镇社区具有构建和谐社区良好的社会环境。

构建和谐社区必然受到历史、区域、文化等各种条件的影响，良好的和谐传统、和谐文化和和谐环境必然促进和谐社区的建设。西部地区是我国少数民族最多的地区，有的社区是一个民族或者多个少数民族组成的社区，这些少数民族具有共同的民族信仰和宗教信仰，共同的信仰容易形成对城镇社区的认同感和归属感。同时，这些社区具有共同的文化背景，具有构建和谐社区的文化基础。特别是新中国成立后，我国西部地区在党和政府的领导下，设立了自治区、自治州、自治县等，有60多年的自治历史，已经形成了共同的民族文化和共同的价值观，同一民族之间、不同民族之间已经形成了丰富的和谐文化，具有丰富的构建和谐社区经验，已经形成良好的构建和谐社区环境，社区居民对社区自治的认知能力比较高。因此在选择社区自治时容易形成共同的意识，认同感比较强，可以实现构建和谐社区的跨越。

第二节　西部城镇和谐社区的评价标准

一、制定西部城镇和谐社区标准应坚持的原则

1. 以城镇社区居民为本的原则

以人为本是我们构建社会主义和谐社会，全面贯彻落实科学发展观的核心，构建社会主义和谐社区就是要坚持以城镇社区居民为本，代表城镇社区居民利益，体现城镇社区居民意志，满足城镇社区居民的需求。根据马斯洛把人的需求分成生理需求、安全需求、社交需求、尊重需求和自我实现需求五类，依次由较低层次到较高层次。我们认为，西部城镇社区居民同样包括上述五种需求，从西部城镇社区居民的生理需求出发，必须加快城镇社区经济发展，做好社会保障、就业服务，为城镇社区居民提供优美的居住环境，全面提高城镇社区居民的生活水平和生活质量。从城镇社区居民安全需求出发，必须维护城镇社区稳定，协调各种利益和矛盾，为城镇社区居民创造安居乐业的良好环境。从城镇社区居民的社交需求出发，必须形成社区居民良好的睦邻友好关系，形成社区居民的共同的认同感和归属感，提高社区居民的参与率。从社区居民尊重需求出发，必须大力发展社区文化，宣传党和国家的路线、方针和政策，丰富和发展社区居民的文化生活，提高社区居民的

思想道德素质，形成良好的人际关系，实现社区居民的尊重需求。从社区居民的自我实现需求出发，必须实现社区自治，实现社区居民的自我管理，必须提供广泛的社区服务，实现社区居民的自我发展。

2. 发扬民主、健全法制的原则

城镇社区居民自治的主要主体是城镇社区居民，社区居民的参与度是衡量社区自治的重要标准。因此，必须充分发扬民主，才能调动社区居民的积极性和创造性，实现社区自治。同时只有不断健全基层自治组织的民主管理制度，健全法制，建立"自我管理、自我教育、自我服务、自我监督"的工作机制，依法强化社区管理，才能规范社区行为，保证党和政府的路线、方针和政策的执行。

3. 整合资源、共建共享的原则

西部城镇社区发展相对滞后，经济基础比较差，设施比较落后，社区工作人员素质相对低，不利于社区自治的发展。要实现自治，必须充分调动驻社区机关、团体、部队、学校、企事业单位和民间组织等参与和谐社区建设的积极性，最大限度地实现社区资源共享，努力营造合力共建社区的良好氛围。

4. 因地制宜、分类指导的原则

就是要区别城市社区与城乡结合部社区、乡镇社区，发达地区社区与欠发达地区社区，传统街道社区和城乡结合部社区，单位型社区和小区型社区，单一民族社区与多民族社区的不同情况，从社区居民的实际需要出发，采取不同的建设模式和相应的对策措施。

二、西部城镇和谐社区的标准

根据社区居民的需求、中央领导同志的讲话精神和构建西部城镇社区的实践经验，总结西部城镇《和谐社区的标准》和《和谐社区考评细则》的实践经验，我们认为，西部城镇和谐社区的标准应包括共同标准和特色标准。

（一）共同标准

自党的十六大提出了"完善城市居民自治，建设管理有序、文明祥和的新型社区"的要求，党的十六届四中全会提出构建社会主义和谐社会以来，中央领导多次就构建和谐社区做出明确指示。2005年2月19日，胡锦涛《在省部级主要领导干部提高构建社会主义和谐社会能力专题研讨班上的讲话》中指出："要加强城乡基层自治组织建设，从建设和谐社区入手，使社区在提高居民生活水平和生活质量上发挥服务作用，在密切党和政府同人民群众的关系上发挥桥梁作用，在维护社会稳定、为群众创造安居乐业的良好环境上发挥促进作用。"曾庆红在研讨班结业式上的讲话中也指出，"社区是社会的细胞，建设和谐社区是构建社会主义和谐社会的基础。要坚持以服务群众为重点，以居民自治为方向，以维护稳定为基础，以文化活动为载体，以党的领导和党的建设为关键，努力把社区建设成为各种社会群体和谐相处的社会生活共同体，为构建社会主义和谐社会奠定坚实基础。"2005年10月1—2日，胡锦涛在天津考察时指出，要按照构建社会主义和谐社会的要求，把服务群众、造福群众作为社区工作的主题，积极探索开展社区党建工作的新途径，进一步做好社区的服务、文化、环境、卫生、治安等工作，充分发挥社区在提高居民生活水平、密切党和政府同人民群众的关系，为群众创造安居乐业的良好环境等方面的重要作用。根据中央领导的论述，2005年，民政部在广泛调查研究的基础上，提出了构建和谐社区的全国标准。这个标准依次包括六个方面：社区服务、社区环境、社区文化、社区稳定、居民自治、党的领导。这六个方面，既有定性的内容，也有定量的要求。如失业人员的再就业率达到70%以上，对符合低保条件的做到应保尽保，残疾人员保障覆盖率大于90%。再如提出没有违法生育现象，社区95%以上居民对社区提供的服务表示满意等。此后，西部一些地方政府在调查研究的基础上提出了一些标准。如云南省《和谐社区标准体系》共八项系列地方标准，昆明市五华区提出了居民自治、管理有序、服务完善、治安良好、环境优美、文明祥和六项标准，具体包括十四个二级指标，三十二个三级指标、一百条细化标准。四川省宜宾市人民政府办公室印发了《宜宾市建设社会主义和谐社区标准》。该《标准》从建设社会主义和谐社区的内涵和基本要求入手，按照"以人为本"的原则，将家庭和谐、邻居和谐、楼院和谐、小区和谐、街道和谐、社区和谐、城乡和谐、地区和谐、人与自然的和谐纳入和谐社区的基本标准之中，并且以此作为衡量全市社区建设水平的一个重要标准。并且将就业、就学、就医、安居、安定、低保和服务七项关系民生的内容作为主要内容。这些《标准》的实施为指导中西部地区开展和谐社区建设提供了一个很好的范例。成都市制定了党建有力、居民自治、管理有序、服务完善、治安良好、环境优美、文明祥和等标准。西安市将社区居民生活小康，社区居民电脑普及率超过30%；基础设施完备，社区办公和活动用房不低于200平方米；治安状况良好，社区一年内无重特大案件和灾害事故，一般性案件明显下降，力争达到年治安案件零发案；社区服务完善，社区内优扶、特困对象帮扶率100%，最低生活保障制度落实率达到100%；义工队伍人数达到社区总人口的2%；人与环境和谐，居民环保意识增强，社区80%居民参加环保活动；社区绿化率达到36%以上；自治机制健全、规范和完善，社区党组织、居民代表大会、社区议事委员会、社区居委会的各项规章制度和年度计划，做到职责分工明确、工作任务落实到人；文化生活丰富、社区群众满意，建立完善社区文明学校和社区道德评议会，每季度开展一次培训工作，提高社区居民的政治素养、文化程度和社区的认同感等。

虽然西部地区从不同层面制定了和谐社区的标准，但是社区各类组织健全、环境优美、社区稳定、服务优质、自治充满活力、居民参与率高、文化健康向上、道德素质高等八个方面的标准是共同标准，这些标准也是符合西部城镇社区实际的。

1. 城镇社区居民自治。城镇居民自治是构建社会主义和谐社区的组织保障。因此，大多数市、区都把城镇社区居民自治作为构建社会主义和谐社区的主要标准。与此相适应，把城镇社区居民委员会组织健全，能主动接受社区党组织的领导，及时受理居民的意见和满足社区居民的合理需求，有完善的制度，如《社区居民公约》和《社区自治章程》等作为构建社会主义和谐社区的标准，还把社区居民广泛参与，建立良好的社区参与机制，在城镇社区居民委员会中推行"议行分设"工作机制，实现社区的民主选举、民主决策、民主管理和民主监督，引导居民自我管理、自我服务、自我教育、自我约束，从而使社区不同群体的居民通过民主的制度安排，在社区的政治舞台上充分表达自己的利益要求，为社区创造安定、有序的民主政治氛围。社区自治组织健全还包括建立社区事务听证会制度和社区事务通报制度，坚持居务公开并有公示栏，建立与辖区单位的共建机制，社区志愿者组织、居民的志愿服务活动有较高的参与率。做到思想共识、规划共商、资源共享、软硬件共建、规章制度共同遵守、社区环境共治，形成了社区各方面力量广泛参与、共建共享的良好氛围等作为和谐社区的标准。

2. 环境优美。主要指社区自然环境、生态环境保持良好，社区环境基础设施齐全，绿化美化程度高，社区内绿地完好、清洁、美观，公共场所和居民庭院卫生整洁，居民环保意识较强，自觉维护城市公共环境秩序，保护自然环境、节约能源。生活环境整洁、恬静，适宜居住等。

3. 社区稳定。有专群结合的治安防范队伍，社会治安综合治理机制完善，有安全监控网络和设施，社区发案没有或者基本没有，生活秩序良好，居民群众安全感强，有协调解决社区矛盾和纠纷的组织，有完善的规章制度和运行机制，社区没有矛盾和纠纷或者很好地协调解决社区的各种矛盾和纠纷。

4. 社区服务优质。社区自治组织能够充分向地方政府争取社区公共资源，充分挖掘和合理利用社区资源，重点发展面向广大居民的各项便民、利民、护民、爱民服务，面向弱势群体的社会救助和福利服务，面向下岗失业人员的再就业服务和社会保障服务，面向社区单位的社会化服务。建立健全群众呼声的收集机制，经常、及时地了解群众在经济、政治、文化和社会等生活上的需求，并根据这些需求不断丰富服务内涵，提高服务质量。要鼓励兴办多种所有制形式的社区物业服务、家政服务、卫生保健服务、文化娱乐服务，重点开发托幼托老、配送快递、家庭护理、修理维护等便民利民服务岗位，以及社区保洁、保安、保绿等社会公益性就业岗位，吸纳下岗失业人员再就业。

5. 社区居民参与率高。城镇社区居民是构建社会主义和谐社区的主体，社区居民既是实现、维护、发展个人和谐、家庭和谐的主体，又是实现、维护、发展邻里和谐、社区和谐、社会和谐的主体，同时，还承担着维护社区公共利益、参与社区事务的责任；只有社区居民积极主动参与和谐社区建设，形成共同的认同感、归属感和参与感，才能共同构建和谐社区，社区自治才能真正实现。

6. 评估体系完善。评估体系完善主要是指建立自上而下和自下而上的评估体系。形成以社区居民、专家、辖区单位、新闻媒体、人大代表和政协委员为评估主体的社区评估体系和以地方政府为评估主体的上级评估体系，这种自上而下和自下而上的评估体系既能保证政府目标的实现，又能保证社区居民需求的实现，又能保障社区自治组织的利益。

7. 社区组织健全。建立健全社区党组织、社区居民代表大会、居民自治组织、社区协商议事会，建立健全社区中介组织和民间组织，健全民主管理、民主协商、矛盾纠纷调处、共驻共建和社情民意反映机制。

8. 文化健康向上。社区自治组织要营造浓郁的社区学习氛围，创办丰富多彩的文化活动，丰富城镇社区居民的文化生活，促进邻里诚信友爱、团结互助，家庭和睦幸福，培养居民知荣辱、爱家园的良好风尚，建设崇尚科学、文明、健康的新型社区。

（二）西部城镇社区的特色标准

与东部社区相比，西部城镇社区的特色标准主要表现在：

1. 加快社区经济发展。社区发展是社区建设的应有之义。对西部地区来说，由于西部地区经济、政治、文化、社会的落后性，导致西部城镇社区发展滞后，大城市的郊区，中小城市、城镇社区都具有城乡社区的特点，大多数社区基础设施落后，社区经费紧张，办公条件差，社区工作人员素质比较低，居民的社区意识淡薄，社区居民的经济、政治、文化水平比较低等特点。同时，西部城镇社区还有很大的社区发展空间。因此构建西部城镇和谐社区，必须加快西部城镇社区的发展，社区的发展主要包括社区的经济发展、政治发展、文化进步和社会的全面进步。经济发展主要是为社区经济发展创造良好的投资环境，吸收更多资本到社区进行投资，吸引企业到城镇社区创办社区商场、社区饮食业、社区医院等，全面提高社区居民的生活水平和改善社区居民的生活条件；政治发展主要是指宣传和贯彻执行党和国家的路线、方针和政策，提高社区居民的政治素质，提高社区居民的参与率，建立健全基层民主法制建设，保证社区居民政治权利的实现；文化发展主要是指社区的青少年培训、就业培训和社区教育，社区举行的各项文体活动，目的是提高社区居民的社区认同感和归属感，丰富社区居民的文化生活；社区社会的全面进步主要是指能比较好地解决社区的社会矛盾，保证社区稳定，实现社区和谐。

2. 实现民族和谐。由于西部地区是我国少数民族最集中的地区、经济文化落后地区、又是我国的边疆地区，在社区形成民族聚居和民族杂居的特点，由于历史原因、地理原因和现实原因，西部地区尤其是民族地区、边疆地区的经济、政治、文化相对落后，少数民族的生活水平相对较低，民族关系、民族矛盾、宗教关系、宗教矛盾复杂，如何处理好这些矛盾和关系直接关系到民族的团结、边疆的稳定，关系到社会主义和谐社会的构建。因此，实现民族和谐是西部城镇社区建设的一个重要目标，必须坚持民主平等、民族团结和实现各民族共同繁荣的原则，实现民族和谐。西部地方政府和城镇社区在构建社会主义和谐社区的实践中高度重视民族和谐，比如西藏自治区提出了要健全寺庙管理的长效机制，搭建街道社区与辖区寺庙管委会信息沟通平台。

3. 社区自治组织的民族性。由于西部城镇社区形成民族聚居和民族杂居的特点决定了要维护各民族的利益，体现各民族的意志，实现民族和谐，必须构建具有民族特点的西部城镇社区自治组织。在社区党组织、社区成员代表大会、社区居民委员会、社区协商议事会中的负责人中必须有一定的少数民族代表担任领导职务等。

第三节　构建西部城镇和谐社区的政策选择

构建社会主义和谐社区的对策，一直是党和政府关注的重点和学术界研究的热点，提出构建社会主义和谐社区以来，汤晋苏、余坤明等提出了构建和谐社区的对策，认为："建设和谐社区的基本对策有：更新观念，全面理顺政府与社区的关系；以人为本，充分发挥社区服务群众、凝聚人心的作用；创新机制，充分发挥社区反应居民诉求，协调利益关系的作用；服务大局，充分发挥社区化解矛盾，维护社会稳定的作用；健康文明，充分发挥社区培育良好社会风尚，形成融洽人际关系的作用；与时俱进，强化社区组织体系的建设；因势利导，积极扩大社区居民参与；因地制宜，切实抓好社区建设的分类指导，理论联系实际，切实抓好和谐社区建设的调查研究；科学合理，切实抓好社区建设的发展规划。"①我们认为，构建和谐社区必须结合社区建设目标、构建和谐社区中存在的问题、地方城镇社区的实际和和谐社区的标准，构建西部城镇和谐社区的对策主要包括：

一、完善社区自治

西部城镇社区居民自治是指西部城镇社区居民在党的领导下，在国家法律规定的范围内拥有一定的自主权和自决权，依法解决自己的事情，参与处理社区的公共事务和公益事业，实现社区共同利益，促进社区居民的全面发展。居民自治是城镇基层民主发展的必然结果，也是国家政权一直致力的政治目标。在构建和谐社区过程中，居民自治起着十分关键的作用。因此，完善自治，是推进和谐社区建设的核心力量。党的十六大为我们提出了"完善城市居民自治，建设管理有序、文明祥和的新型社区"，全面推进社区建设的新要求。但和谐社区建设是一项系统工程、基层工程，需要全社区居民共同参与和支持，更需要政策和机制做保证。而目前西部城镇社区自治工作还处于初级发展阶段，发展不完善，主要从事大量的行政化工作，不能很好地处理社区矛盾，不利于构建社会主义和谐社区。因此，一定要理顺政府部门与社区自治组织的关系。转变地方政府职能，指导、协调、支持社区自治组织。一定要培育社区自治意识，增强社区自治功能。加强宣传教育，努力提高居民参与意识，进一步落实社区的自治权、参与权和监督权，充分调动社区居民参与、管理和监督社区事务的积极性、主动性，使社区居民自治制度落到实处。要密切联系群众，积极探索社区自治工作的新机制、新办法，创新社区工作。社区干部要转变观念，以社区居民为本，优化配置社区资源，促进社区发展，实现社区利益最大化。实现社区居民自我管理、自我服务、自我教育的新路子。要不断完善社区居委会选举制度，积极推进社区居务、

①　汤晋苏、余坤明、刘义强、李学斌：《建设和谐社区的基本对策》，《中国民政》2005年第8期，第56页。

政务和物管公开，保障居民知情权。社区居民自治的核心就是"社区以人为本，民以社区为家"，只有人人参与社区建设，人人把社区作为一个大家庭来对待，才能真正体现居民自治；也只有全体居民群众都行动起来共建和谐社区，才能共享成果。

二、创新社区自治制度

利益主体的多元化的形成，利益主体之间的矛盾冲突的解决、不同利益主体的共同发展、社区组织自治化的实现，都需要规范人的行为，调节人的关系，把冲突限制在一定秩序的范围内。"制度通过向人们提供一个日常生活的结构来减少不确定性"①。根据制度，人们知道交往中如何去做，也知道别人将如何行动。"制度规定和限制了人们的选择集合"②。制度不规定人们具体如何做，它只规定可以选择行动的空间。其意义之一，为避免和解决人们在交往中可能形成的矛盾、冲突预置了条件。人在制度规定的空间中选择，交往的人彼此之间不至于冲突，假如出现违规行为，还可以按制度规定去协调、解决。在制度提供的空间内，人可以自由选择，这就为人的创造提供了最基本的条件。

然而，西部城镇社区建设是在宏观制度环境发生渐次变迁的情况下推进的。制度环境的变迁导致城镇社区建设也存在发展的制度性障碍，与构建和谐社区的要求还有较大的差距，具体表现为以下问题：社区的制度需求与制度供给的非均衡性，社区建设呈现鲜明的政府导向而非社区自治的特点；社区制度变迁的路径偏差。当前西部城镇社区建设最初的驱动力无疑都来源于政府的主观设计和国家权力的积极推动，主要是依靠政府发动并加以推进的，不但社区制度的供给由政府包办，而且制度变迁的路径也由政府强制设定，因而当前我国社区制度的变迁表现为鲜明的强制性变迁过程，社区制度的强制性变迁必然会导致社区居民在日积月累中形成的内在制度与政府这一外在主体所供给的外在制度产生冲突。在此过程中，社区居民往往用脚投

---

① ［美］道格拉斯·C·诺斯：《制度变迁与经济绩效》，上海三联书店1994年版，第3—4页。

② ［美］道格拉斯·C·诺斯：《制度变迁与经济绩效》，上海三联书店1994年版，第4页。

票，即集体冷漠或不参与；非正式制约滞后，制约和谐社区的构建、特色社区的形成。

因此，构建西部城镇和谐社区必须进行制度创新。具体表现为：实现强制性和诱制性变迁的有机结合；增强和谐社区制度创新的有效性；充分发挥非正式规则的作用。形成特色社区，形成广大社区居民广泛参与的制度安排，调动社区居民构建社会主义和谐社区的积极性，构建社会主义和谐社区。

三、健全西部城镇社区服务体系

西部城镇社区服务是一个完整的体系，服务内容包括社区就业服务，社区社会保障服务，社区救助服务，社区卫生和计划生育服务，社区文化、教育、体育服务，社区安全等服务。服务投资主体包括政府、社区自治组织、民间组织、驻社区单位、企业及个人。从服务的内容看，社区服务水平低，是不可能构建和谐社区的。因为从理论上讲，社区服务是一个动态的过程，在这个过程中，由于参与者的相互作用，从而构成一个完整的体系。其构成要素有：政府、社区自治组织、民间组织、驻社区单位、企业及社区居民以及掌握在他们手中的社区资源；社区服务组织；社区服务的基本原则；社区服务的输出系统，包括各类具体服务机构、服务设施、服务项目；社区服务的最终成果等。社区服务具有福利性、服务性、群众性、互助性和地域性五个特征，其中福利性是它的本质特征。社区服务作为社会保障体系和社会化服务体系中的一个重要方面，其内容几乎遍及日常生活的各个领域、各个层面，具有多方面、多层次发展的特点。决定了社区服务质量的高低直接关系到和谐社区的构建。在西部城镇社区建设中，还有许多现实因素制约着社区服务的进一步发展。许多社区服务设施落后，开展社区服务活动主要依赖于区、街、社区自治组织筹集资金。而相当多的区、街、社区自治组织经济实力较弱，且许多社区服务项目以无偿或低偿服务为主，自身积累能力较差，社区自治组织活动属于经费相对固定，自主发展能力比较低，而社区开支比较大。由于西部地区国有企业比较多，随着我国经济体制改革的深入，存在大量的失业下岗、未就业人员，低收入群体比较大，社区中老年人比较多。社区便民服务，主要包括社区就业服务、文化服务、卫生服务、老人服务、家政服务等比较落后，社区福利服务，包括贫困户和孤老病残人员的生活救助（含最低生活保障）面大；部分特殊人员的生活救济；灾民的生活救济，主要解决因自然灾害或人为灾害（如人为的火灾）造成的受灾居民的吃、穿、住和防疫、治病问题；社区优抚工作相对落后；社区助残服务落后，不利于构建和谐社区。因此，必须大力推进社区服务体系建设，使政府公共服务覆盖到社区，构建以政府为主的多元投资主体，充分发挥社区自治组织在社会服务中的作用，培育社区社会民间组织，全面开展社区服务，构建和谐社区。

四、健全社区自治组织

在我国西部地区，随着计划经济体制向市场经济体制的变迁，由不同的单位、不同的组织和不同个人构成的社区随之产生，改变了以前的与所属单位、机关、组织甚至基层政权的依附关系，实现由传统的"单位制"向"社区制"转型。与社区产生相适应，社区组织也随之产生，经历了由行政化组织向社区自治组织的变迁。为了更好地构建西部和谐社区，必须从我国西部城镇社区自治组织机构的产生出发，深入研究西部城镇社区组织机构存在的问题，根据不同的社区类型，构建和完善西部城镇社区组织机构，实现社区自治；必须认真贯彻落实科学发展观，结合我国西部地区经济、政治、文化、社会建设相对滞后，众多少数民族聚居，民族问题、宗教问题十分突出的特点，充分发挥西部城镇社区自治组织的功能；必须构建和完善西部城镇社区自治组织体系，建立健全西部城镇社区自治组织体制，才能构建社会主义和谐社区。

五、转变政府职能

构建社会主义和谐社区，必须充分发挥地方政府和社区自治组织的两个功能，充分利用政府资源和社区自治组织资源，充分调动政府和社区自治组织两个组织的积极性、主动性和创造性。从当前西部城镇社区建设的实际看，重点是转变西部地方政府的职能，只有在西部地方政府与城镇社区的功能分化和西部地方政府与城镇社区的功能互补之间形成一种平衡互补机制，才能真正解决社区行政化问题，实现社区自治。关键是要明确西部地区地方政府与社区自治组织的主导主体关系、合作关系、支持关系，科学界定西部地方政府的社区职能与社区自治组织职能，切实转变西部地方政府职能，充分发挥西部地方政府和社区的职能，才能促进西部城镇社区自治，构建西部城镇和谐社区。

六、改革社区管理体制和运行机制

构建西部城镇和谐社区必须构建和完善社区自治组织体制，优化社区资源配置，才能充分发挥社区自治组织的功能，构建社会主义和谐社区。因此必须从西部实际出发，认真总结西部城镇社区自治组织体制存在的问题及其原因，深入探索研究西部城镇社区自治组织体制的内涵和管理模式，构建符合西部实际的具有西部地域和民族特色的城镇社区自治组织体制，才能加快西部城镇社区自治组织体系建设，构建西部和谐社会。

必须根据西部城镇社区自治组织运行机制的结构和功能，深入研究西部城镇自治组织运行机制存在的问题，构建西部城镇社区自治组织的激励机制、制约机制、制衡机制、多元化投资机制、科学的考核机制，形成社区自治组织的良性运行机制，才能促进西部城镇社区自治组织的发展，推进西部城镇社区民主政治建设进程，构建和谐城镇社区。

七、充分发挥社区建设主体的职能

构建西部社会主义和谐社区，必须充分发挥西部城镇社区自治组织发展的主体、客体的作用，调动社区自治主体的积极性，指导社区自治组织深入认识社区自治的对象，为社区提供丰富的社区公共产品，使社区在提高居民生活水平和生活质量上发挥服务作用；充分发挥西部城镇地方政府和自治主体的作用和功能，实现社区自治，构建社会主义和谐社区，进一步构建社会主义和谐西部，才能更好地构建社会主义和谐社会。

第三章　西部城镇社区自治组织的变迁

新中国成立后，为了进一步加强对社会的治理，实现人民当家作主的权力，中央要求在一些大城市建立社区，一些大城市逐步构建了社区组织。我国西部地区地方政府根据中央的精神，在西部一些大城市建立了社区，对社区内的事务行使了一定的管理权。改革开放后，特别是新世纪，随着我国西部城镇化的发展，体制的变迁，西部社区组织也在西部市场经济体制和城市化发展的整体性结构变迁过程中发生着深刻的变化，城镇社区自治组织由政府的派出机构向社区自治组织变迁并逐步完善。其变迁特点是滞后性、民族性、强制性、跨越性，根据这些特点，为进一步建立和完善西部城镇社区自政治组织提供经验借鉴。

第一节　西部城镇社区自治组织的变迁

根据西部城镇社区自治的程度，西部城镇社区自治组织的变迁可划分为五个阶段：1949 年至"大跃进"前是西部城镇社区自治组织的成立时期、从"大跃进"至 1978 年是西部城镇社区自治组织的破坏时期、1978 年至 20 世纪 80 年代中后期是西部城镇社区自治组织的恢复时期、20 世纪 80 年代中后期是构建西部城镇社区自治组织的探索时期、21 世纪以后是西部城镇社区自治组织的完善时期。

一、西部城镇社区自治组织的成立时期

1949年至1958年"大跃进"时期是西部城镇社区自治组织的成立时期。

1949年，新中国成立后，新政权废除了旧中国时期的保甲制度，西部地区的重庆市、成都市、昆明市、西安市、兰州市、乌鲁木齐市等先后建立了社区层次的管理组织。但由于城市化建设的水平和层次之间的差异，其名称并不统一，管理范围和职能权限也不断变迁。主要有由群众自己组织起来的防护队、防盗队和居民组等名称不一的群众性自治组织。虽然各地的规模不一样，职能也不统一，但已形成了西部城镇社区组织的雏形。从我们课题组对西部城镇社区的问卷调查中可以看出，这一时期产生的社区组织占西部城镇社区组织的16%。见表3—1。

表3—1　西部城镇社区组织成立表

20世纪50年代	20世纪70年代	20世纪80年代	20世纪90年代	21世纪
16%	46.1%	7.2%	21.9%	8.8%

新中国成立后成立的西部城镇社区组织实质上是一种在党和政府领导下的群众性的自治组织。社区居民实行自我管理、自我教育、自我服务、自我监督。这种群众性的自治组织是党和政府联系广大社区居民的桥梁和纽带。加强社区自治组织建设，对推进西部城市建设，加快经济发展，巩固城市基层政权，维护社会稳定，提高城市居民生活水平和生活质量具有重要作用。1953年6月8日，彭真同志给毛泽东等中央领导同志专门写了一个报告，即《关于城市街道办事处、居民委员会组织和经费问题的报告》。报告指出，城市街道居民委员会这一组织是需要建立的，其性质应当是群众性自治组织，而不是基层政权组织。它的主要任务应当是把工厂、商店、机关、学校以外的街道居民组织起来，在居民自愿的原则下，办理有关居民的公共福利事务，宣传政府的政策和法令，发动居民响应政府的号召，向基层政权反映居民的意见。毛泽东及其他中央领导同志同意了这个报告。此后，西部地区各级政府根据彭真同志的报告精神，在昆明、重庆、成都、西安等省会城市建立了居民委员会，名称逐渐趋向统一，其性质都属于基层群众性自治

组织，而不是基层政权的下属机关。

1954 年 12 月，第一届全国人大常委会第四次会议制定并颁布了《城市居民委员会组织条例》，第一次用法律的形式肯定了居民委员会的性质、地位和作用。这个条例的贯彻和实施，有力地推动了西部城市居民委员会组织的建设和发展。到 1956 年底，城市居民委员会不但在西部大城市普遍建立起来，而且得到了进一步巩固和发展，统一了街道办事处的名称、性质、任务和机构设置，居民委员会也进行了全面的调整和改建；与此同时，西部一部分省区基本上形成了作为国家政权派出机构的街道办事处和作为地域自治组织的居民委员会相互衔接的城镇社区管理组织的格局。当时，西部城镇街道办事处的规模在 2000—5000 户之间，1 万—2 万人口之间，管理 7—10 个居委会。居委会一般包括居民 300—500 户，人口 1000—1500 人①；居委会下设若干居民小组，每组 20—30 户，一些较大的单位，则单独建立家属委员会；家属委员会由单位负责解决干部、经费等问题，工作接受本单位和街道办事处双重领导。

二、西部城镇社区自治组织的破坏时期

1958 年以后，由于受到"大跃进"左倾思想的影响，西部城镇社区组织的发展遭受了挫折，其职能也发生了变化。社区组织的工作和职能主要是扫盲、社会救济、公共福利、调解民事纠纷、协助公安局派出所做好治安保卫、照顾孤寡老人和孤儿、分发紧缺商品票证以及开具丢失粮本和购物证明等工作，并动员居民响应政府号召遵守法律，向当地政府反映居民的意见和要求等社区工作。

1965 年，国家纠正了人民公社的做法，重新明确了"街道办事处作为国家政权机关的重要组成部分"的地位，同时对城市社区组织也进行了调整和恢复。因此，这一时期西部各省区的街道办事处工作并不多，权限也不大，所以在编制上干部有限；社区组织的作用更小。"文化大革命"以前，街道办事处的干部不超过 8 人，社区自治组织无活动权限与范围。

---

① 蔡禾：《社区概论》，高等教育出版社 2005 年版，第 111 页。

　　"文化大革命"后，国家整个工作陷入无政府状态，城市行政管理体系也近乎瘫痪，街道办事处和社区组织成为阶级斗争的工具。1967年1月，各街道办事处相继被造反派夺权，1968年，改名为"街道革命委员会"，西部省区一些城镇相继建立街道党委，实行党的一元化领导。城市社区组织也被改名为"革命居民委员会"。当时，街道革命委员会下设政治组、居民组、办事组、企事业组、文教卫生组、城建组、粮油组、武装部（民兵指挥中心）、人防办公室、查抄办公室等，统管党、政、财、文大权。街道革命委员会的任务，主要是以"阶级斗争为纲"，对资产阶级进行全面专政，其他任务还有：（1）动员居民到农村安家落户和知识青年上山下乡；（2）人防工事设施；（3）民兵训练和征兵；（4）处理查抄物资；（5）文教卫生工作；（6）组织管理生产和服务工作。城市社区居民工作基本上处于没有人管的状态，社区居民组织成为"阶级斗争"、"群众专政"的工具，都去搞外调，抓清队，经常半夜查户口。社区组织一般设政治宣传组、报务组、群众专政队、业余工宣队、民兵小分队。当时，在西部城镇大多数地区还出现了以退休老太太为主要成员的"小脚侦缉队"。这一时期社区自治组织几乎全面陷入瘫痪，社区自治组织被革命组织所取代，社区自治组织的工作任务也全部被"革命任务"所取代。

　　为了实现国家对城市基层的管理，国家主要通过高度集中的计划经济管理，高度强化"单位制"职能，并且通过高度统一的意识形态统一城市居民的思想，因此社区组织完全成为阶级斗争的工具，完全成为单位的附属物。

三、西部城镇社区自治组织的恢复时期

　　"文化大革命"结束，我国进入了改革开放的新时代，"街道革命委员会"和"革命居民委员会"被撤销。随着西部城镇社会主义市场经济体制的逐步建立，政府职能、企事业单位职能的转变，城镇化的发展，农村剩余劳动力开始流向城市，随着城镇住房商品化改革，"单位人"向"社会人"过渡，西部地方政府根据宪法和有关法律明确规定，开始创建西部城镇社区自治组织。1980年1月，全国人大常委会重新公布了《城市居民委员会组织条例》。明确街道办事处是区政府的派出机构，将街道党委、街道办事处、

街道生产服务联社分开，把原来居民委员会的工作划归民政部门管理。1982年通过的《中华人民共和国宪法》明确规定，"城市按居民居住地设立的居民委员会，城市居委会是基层群众性的自治组织"，"居民委员会、村民委员会的主任、副主任和委员由居民选举"；"居民委员会、村民委员会设人民调解、治安保卫、公共卫生等委员会"，主要工作和职能是办理本地居民的公共事务和公益事业，调解民间纠纷，协助维护社会治安，并向政府反映民众的意见、要求和提出建议等。西部地区根据宪法和条例对城市居民委员会组织进行了整顿，并建立了体现城市居民自我管理、自我教育和自我服务的社区居民委员会，健全了城市居民委员会的组织机构和各项规章制度，成立了社区自治组织，根据表3—1可以看出现在的社区组织中有69.3%是这一时期恢复成立的。

如1980年西安开始了社区工作的探索，成立了社区组织。根据社区居民的需要，在社区居民中开展多样化的以治理社区环境、倡导文明言行为主的"五讲四美三热爱"活动。当时，碑林区柏树林等一些街道以社区服务为主要内容，率先开展了社区精神文明创建活动，由街道办事处和居委会协调组织驻地军警官兵、在校学生、企事业单位党团员和居委会干部，组成包户组，面向社会孤寡老人、残疾人、军烈属、五保户、特困户等需要特别关照的群体，实行定人员、定时间、定对象、定项目、定效果的"五定"服务，帮助他们料理家务、解决生活困难。这种包户服务的做法标志着西部社区组织的形成。受到国家民政部、团中央和陕西省有关部门的好评，并向全国推广西安市"综合包户服务"的经验。这标志着西部城镇自治组织进入了创建时期，积极开展社区工作，较好地发挥了社区建设职能。

四、西部城镇社区自治组织的迅速发展

20世纪80年代初至20世纪末，随着社会主义市场经济体制改革的深化，企业产权进一步明晰，"单位人"被"社会人"替代，西部城镇由计划经济向社会主义市场经济转型，由单一产权制度向多元产权制度转型，社会转型必然引起城镇管理体制的转型，促进了西部城镇社区自治组织的发展。主要是因为：

1. 改革开放以前，西部城镇政府主要是通过"单位制"控制和管理城镇社会的，地方基层政府通过"单位制"控制城镇的一切资源，改革开放后，随着西部地区由计划经济体制向社会主义市场经济体制的变迁，单位制逐渐解体，单位的社会功能回归社会，有的单位职工主动离开单位；有的是企业生产不景气，或者破产，或者机构改革，劳动者被动离开。整个单位制度处于不断解体和衰落的过程之中，真正体现了企业和事业单位的性质。单位制解体后，原来的劳动者脱离单位，变成无单位束缚或者无单位管理的人。于是"单位人"变成"社会人"，出现了社会控制的真空。

另外，随着国有企业进一步深化改革、转换经营机制和政府机构改革、转变职能，企业剥离的社会职能和政府转移出来的社会职能，大部分也要由城市社区来消化、承接。建立一个独立于企业和事业单位之外的社会保障体系和社会服务网络，进一步促进了西部城镇社区自治组织的发展。

2.80 年代中期以来，随着西部城镇化的快速发展，流动人口规模急剧增加，给城市管理、社会治安带来极大压力，进一步促使西部城镇社区迅速发展，进一步促进了西部城镇社区自治组织的发展。

3. 住房制度的市场化改革。90 年代初，西部城镇开始探索城镇住房制度的市场化改革，形成了不同的住房小区、新型社区，新型社区的形成进一步冲破了"单位制"的管理体制，迫切需要一种能代表社区居民的利益，体现社区居民的意志，管理好社区事务的新型社会组织，对这种新型的社会组织的迫切需求进一步加速了城镇社区自治组织的发展。

4. 原有社区管理组织老化，管理方式、观念落后，社区居民委员会成员的年龄结构、学历结构都不能适应新的社会情况。街道办事处特别是居民委员会的成员普遍年龄偏大、文化程度偏低、退休人员或家庭妇女居多。如：从我们课题组所走访的西部省区 50 多个社区的居民委员会主任来看，50 岁以上的占 68.5%，其中 60 岁以上的占 37%，而 35 岁以下的仅占 3.6%。初中文化程度以下的占 66%，大专文化以上的只占 10%，比社区居民的文化水平还低。特别是许多社区居民委员会成员习惯传统的工作方式，远远不能适应西部城镇社区发展的需要。要改变这种状况，迫切需要加速社区自治组织的发展。

　　基于以上原因，在西部地区地方政府的领导下，根据全国人大常委会《城市居民委员会组织法》明确规定的"居民委员会是居民自我管理、自我教育、自我服务的基层群众性组织"，普遍建立"三自"性群众组织，促进了西部城镇社区自治组织的迅速发展，涌现了很多先进的城镇社区自治组织。如：新疆乌鲁木齐市的沙依巴克区的八一街道办事处下辖的14个社区居委会，推行独具特色的民事协调会、民情恳谈会、民意听证会、民主评议会"四会管理法"。当居民与物业单位、政府机关之间发生矛盾时，要召开民事协调会；居民在遇到切身利益受到损害、关系居民工作生活实际的问题时要召开民情恳谈会；当遇到社区重大事务、居民需要社区居委会或上级部门办理的事项、社区居委会准备为居民办好事等，事前都必须召开民意听证会；在社区居委会想了解居民、驻社区单位对其工作的反映和需要提高工作水平时要召开民主评议会。"四会管理法"是在总结多年基层工作经验基础上的创新。目的是通过"四会"充分发挥社区居民自我管理作用，切实为社区居民解决实际困难，在社区建设中真正体现"社区是我家，建设靠大家"的新型城镇社区自治组织。

五、21世纪以后的西部城镇社区自治组织的完善时期

　　随着西部大开放战略迈出实质性步伐，西部城镇化建设迅速发展，西部城镇社区迅速发展，城镇社区建设问题不断增多，社区矛盾凸显，迫切要求扩大社区自治权，促进了城镇社区自治组织的完善。

　　社区建设和社区治理的目的是在社区党组织的领导下实行社区自治，扩大社区的自治权，强化社区自治功能，加强城镇基层政权建设和群众性自治组织建设，提高人民群众的生活质量和文明程度，扩大基层民主，密切党群关系，维护社会政治稳定，促进城镇经济和社会的协调和谐发展。

　　根据民政部的指示，西部地区如四川、重庆、云南、陕西、新疆、甘肃、贵州等省（自治区）都制定了社区自治的基本原则，分别是：（1）根据社区自治要求构建和完善了社区自治组织，扩大社区的自治权。（2）以人为本，服务居民。坚持以不断满足社区居民的社会需求，提高居民生活质量和文明程度为宗旨，把服务社区居民作为社区建设的根本出发点和归宿，强化

社区自治功能。（3）选举产生了社区内机关、团体、部队、企业事业组织的代表，共同组建社区自治组织，实现资源共享、共驻共建。充分调动社区内机关、团体、部队、企业事业组织等一切力量广泛参与社区建设，最大限度地实现社区资源的共有、共享，营造共驻社区、共建社区的良好氛围。（4）责权统一。建立健全了社区组织，明确社区组织的职责和权力，改进社区的管理与服务，寓管理于服务之中，增强社区的凝聚力。（5）选举产生了一部分少数民族代表担任社区领导或社区自治委员，并能根据西部城镇社区的边疆性、民族性、经济文化社会发展的滞后性，因地制宜、循序渐进，坚持实事求是，一切从实际出发，突出地方特色，从居民群众迫切要求解决和热切关注的问题入手，有计划、有步骤地开展社区工作，构建社会主义和谐社区。建立健全了社区党组织，建立健全了社区居民自治组织，科学合理地划分社区，建立了一支比较稳定的、具有较高素质的社区工作队伍，拓宽了社区经费来源渠道。如西安、成都、昆明、重庆等城镇社区就实行居民直接选举社区居民委员会主任、副主任和委员会成员，将发展基层群众自治制度提到了一个前所未有的高度，凸显了基层群众自治制度在社会主义民主中的地位和作用。2007 年初，四川省彭州市公安局在丽春镇的袁义、青光等 4 个村子推行了"社区民警兼任村党支部副书记"的试点工作，在取得良好效果基础上，下发了《彭州市公安局关于推行优秀党员社区民警担任村（社区）党支部副书记制度的指导意见》，推出全国首创的乡村警务运作新模式——警官任村官。优秀民警任村官制度的推出，进一步夯实了"农村警务"基础，改善了农村社会治安环境，提升了群众的安全感，加固了警民关系，确保了社区民警扎根基层、服务群众的工作落到实处。使基层群众自治制度得到全面和深入的贯彻和实施，基层民主将会迎来一个高潮。根据我们对西部城镇社区的问卷调查，到 2007 年有 73.5% 的人认为西部城镇社区已经实现了社区自治。见表 3—2。

表 3—2 西部城镇社区自治情况表

完全实现	较好地实现	实现	一定程度上实现	没有实现
16.7%	36.7%	20.1%	14.8%	11.7%

从表3—2中我们可以看出，西部有 16.7% 的城镇社区完全实现了自治，有 36.7% 的城镇社区比较好地实现了自治，有 20.1% 的城镇社区实现了自治，合计达到 73.5%，同时还有 14.8% 的城镇社区实现了自治，说明西部城镇社区居民自治组织比较完善。

第二节 西部城镇社区自治组织变迁的特点

社区组织变迁是指社区组织由行政化组织向社区自治组织的变迁过程，与我国东、中部地区城镇社区自治组织的变迁相比，西部城镇社区自治组织具有以下特点：

一、滞后性

1996 年，我国东部地区开始探讨社区自治，构建社区自治组织。1996 年 3 月，上海市在城市社会管理中率先冲破条块分割，把城市管理重心放到城市基层，创建了市—区—街道—居委会 "四级网络" 体系。强化居委会在基层党建、精神文明建设和社区综合治理中的职能；根据《组织法》提出了居委会议事层和办事层的构想，开始探讨构建社区自治组织。1999 年，东部其他城市也开始构建社区自治组织。如哈尔滨市南岗区构建了社区协调议事委员会（议事层）和社区工作委员会（执行层）；沈阳市和平区构建了社区成员代表大会（决策层）、社区委员会（执行层）和社区议事协商委员会（监督层）；青岛市市南区构建了社区居民代表大会（决策层）、社区居民委员会（办事层）和社区协调议事会（协调层）；南京市白下区构建了社区常务议事会（议事层）、社区委员会（执行层）；上海市卢湾区构建了居民代表会议（决策层）、居委会（执行层）；杭州市下城区构建了居委会议事班子（决策层）和居委会干事班（执行层）。都把社党支部作为社区自治组织的 "领导核心"，其职能是 "贯彻党的路线、方针、政策，领导社区政治思想工作、精神文明建设和党的建设"，遵循 "社区自治议行分设" 的原则，构建城市社区自治组织。议事层成员由居民选举产生，工作具有志愿性，办事层成员由人事部门招考录用进编，并经过选聘进入居委会岗位，工作具有职业性，与议事层和办事层直接相关联的是党建（党在社区的基层组织）和共建层（由社区自治组织负责人、社区企事业单位部门负责和社区管段民警组成的联席会议），在实践中地方政府也给予很多政策支持，社区自治组织逐步建立和进一步健全。

与东、中部地区相比较，西部城镇社区自治组织建立相对滞后。主要表现在总体上的落后性。课题组调查发现，西部城镇社区自治组织建设起步晚，水平低，目前还处于健全阶段，城镇社区自治组织的体制、模式、组织结构等内容还不成熟。因经济落后，许多地方还没摆脱贫困状况，地方政府和社区居民把主要精力集中在发展经济、扩大城镇化规模等方面，对城镇社区自治组织的投入不够、对城镇社区自治缺乏足够的认识。城镇社区居民、企事业单位的参与意识不高，因此社区自治组织的自治能力不强，城镇社区自治组织的构建及功能的发挥主要依赖于政府的强力推动，社区和社区居民的诱致性变迁动力不足，城镇社区自治组织建设滞后。西部城镇社区组织基本上是20世纪90年代中后期逐步开展起来的，基本上经历了1990—1997年的探索阶段，1998—2000年的发展阶段和2001年至今的自治阶段。城镇社区自治组织才初步建立起来，社区自治组织建设得到了比较好的发展。社区自治组织在为社区居民创造安居乐业的良好环境、提高各民族人民生活质量上发挥着重要作用。但是，到2007年，在西部地区，城镇社区的职能定位仍然错位，许多地方仍然把社区组织当成是政府的延伸，社区组织承担了太多的政府职能导致角色模糊，社区组织成为各级党委、政府及其部门工作的承受层、操作层、落实层，工作、职能出现严重的行政化现象，城镇社区自治组织的功能难以发挥。

二、民族性

随着西部经济、政治、文化和社会的发展，城镇化进程的加快和民族地区的改革开放的步伐加快，西部少数民族人口不断流迁到城镇，必然形成具有西部特色的城镇多民族社区。西部城镇多民族社区既有一般社区建设的共性，又有自身的民族特殊性，建设城市民族团结和谐社区模式是西部城镇社区建设的重要目标之一，社区的一个重要功能就是要实现多民族社区民族团结、社会稳定。

这些民族社区主要有两种类型，一类是以少数民族为主的社区。西藏、新疆、宁夏、甘肃、云南、贵州、青海、陕西等省、自治区的一些城镇社区，少数民族人口比较多，或同一少数民族人口比较多。另一类是各民族大杂居小聚居的特点，主要表现在少数民族流动人口的增加。如四川省成都市武侯区每年的流动少数民族人口约150万人，浆洗街社区每年约有30万流动少数民族人口，这些流动人口的特点是民族成分多，流动性大。各民族人员在交往中矛盾纠纷时有发生，制约和影响社会主义和谐社区的构建，如何构建一个"平等、团结、互助、和谐"的社会主义和谐民族社区，这就需要一个能有效探索少数民族社区和外来少数民族流动人口的特点、规律的社区自治组织，为构建社会主义和谐社区服务。如在社区自治组织中安排一些少数民族担任社区自治组织领导，根据社区内民族特点建立社区民族工作联络站，把做好民族工作的重心放到社区，聘请在少数民族群众中有威望、热心公益事业的同志担任社区民族工作小组的成员或顾问，充分发挥他们直接面对少数民族居民，熟练掌握少数民族的风俗习惯的优势，能更好地沟通感情、搞好服务、协调关系、化解矛盾，做好少数民族的工作。因此，在西部城镇社区组织的变迁过程中，西部城镇社区自治组织的变迁过程中充分体现了这一特色。许多城镇社区自治组织中都有少数民族干部担任一定的领导，许多城镇社区自治组织都成立了社区民族工作联络站，成为构建社会主义和谐社会的桥梁，促进了城镇社区的民族团结、民族平等和各民族共同繁荣，实现了民族和谐。

三、强制性

西部城镇社区组织的变迁主要有两条路径，一是由原社区居民委员会变迁而来的；二是由城郊区的乡村和城镇的乡村变迁而来的。在这个变迁过程中，由于西部、多民族聚居的地方特别是乡镇社区中比较多；由于社区居民文化素质总体不高，民主政治意识、法制观念淡薄，缺乏参与社区事务管理的积极性，推进自治进程的内在动力缺乏；由于社区居民的集体观念较差，公共精神缺乏，对社区的认同感、归属感比较差，社区的参与率低；由于法治进程跟不上民主政治的需要，不仅公民的民主权利在现实中得不到切实保障和发挥，而且人身、财产等其他权利屡遭侵犯，社会矛盾、干群矛盾突出，社区的自治意识差。为了加速社组织的变迁，主要采取政府强制型的社区组织变迁模式。主要表现在：一是社区的发展规划由政府决定，社区组织模式由政府规定；二是社区组织的功能及其发挥由政府决定，政府完全决定着社区组织的功能及其发挥；三是社区经费及其使用完全由政府提供及其检查，政府直接插手社区财务管理；四是政府直接领导社区组织。政府直接安排城镇社区党组织的领导人，指定被选举人，通过考试政审选拔社区委员会成员及直接安排政府工作人员进入社区领导层的手段严格控制着社区，社区的活动规则和管理职责基本由政府制定，社区职责中有 3/4 以上涉及政府的职责范围；五是地方行政体制改革流于形式，在新形势下政府职能转换滞后，政府控制城镇社区的公共资源和公共产品，政府插手社区一切事务以维持自己的地位。如此便形成了一种行政型的社区组织模式，社区实际是政府的行政组织的延伸。这种变迁模式往往受到政府和社区组织及其委员的认可，从我们的问卷调查中可以看出，见表 3—3。

表 3—3　强制型社区组织变迁在社区组织构建中的作用表

最重要	比较重要	重要	一般	不重要
4.3%	39.4%	24.4%	22.6%	9.3%

从表 3—3 中我们可以看出，西部地区地方政府人员和社区工作人员有 4.3% 的人认为强制型社区组织变迁在社区组织构建中最重要；有 39.4% 的人认为强制型社区组织变迁在社区组织构建中比较重要；有 24.4% 的人认为强制型社区组织变迁在社区组织构建中重要；合计达到 68.1%，说明这种变迁模式得到大多数人的认可，说明西部城镇社区组织变迁模式实际上是一种政府强制型制度模式。与上海模式、武汉模式、沈阳模式、青岛等自治型变迁模式相比较，形成了具有西部特点的变迁模式。

四、跨越性

与东中部社区自治组织变迁相比较，西部城镇社区自治组织变迁虽然具有滞后性，但是西部城镇社区自治组织变迁又具有跨越性。这是因为：

（一）是由西部民族区域自治的历史决定的

1947 年，在中国共产党领导下，成立了中国第一个省级民族自治地方——内蒙古自治区。新中国成立后，中国政府开始在少数民族聚居的地方全面推行民族区域自治。1955 年 10 月，新疆维吾尔自治区成立；1958 年 10 月，宁夏回族自治区成立；1958 年 12 月，广西壮族自治区成立；1965 年 9 月，西藏自治区成立。目前，我国共建立了 155 个民族自治地方，其中自治区 5 个、自治州 30 个、自治县（旗）120 个，还有 1200 多个民族乡。在这些自治地方中，西部是少数民族最集中的地区，也是少数民族自治组织最多的地区。经过 60 多年的自治，具有依法构建自治组织、组建民族自治地方的自治机关、行使自治权的经验。能更好地自主管理本民族、本地区的内部事务；制定自治条例和单行条例；具有自主发展经济、社会、文化事业等多方面的权力和经验，这些丰富的自治经验是西部地区宝贵的精神财富。西部城镇社区自治组织可以充分借鉴民族区域自治的经验，指导城镇社区自治，可以减少自治组织探索的成本，形成社区居民的自治意识，实现西部城镇社区自治组织的跨越式发展。

（二）是在借鉴东部社区自治组织先进经验的基础上发展社区自治组织

西部城镇社区自治组织成立比较晚，社区成立后，西部地区党和政府高度重视向东部地区城镇社区自治组织学习，积极组织地方领导和社区干部到东部地区社区参观学习。可以学习借鉴东部城镇社区自治组织的先进经验，克服东部地区城镇社区自治组织产生的不足，学习东部城镇社区自治组织的制度安排、组织机构、构建城镇社区自治组织体制、运行机制、切实转变政府职能。因此可以说，西部城镇社区自治组织是站在更高的起点上构建社区自治组织，进行城镇社区自治的，必然会实现社区自治组织和社区自治的跨越式发展。如四川省率先进行的由社区全体居民推选社区党支部书记、重庆市人和街道办事处的和睦路社区率先设立了社区居民需求委员会等都能实现西部城镇社区自治组织的跨越式发展。

　　总体来说，由于西部城镇经济、政治和文化较之东、中部地区落后，从而造成西部城镇自治社区的发展也相对滞后。这一方面使得西部城镇自治社区可以借鉴东、中部的发展经验，从而造成西部城镇自治社区的发展呈现出与东、中部城镇自治社区一些相同的发展特点；另一方面这种借鉴使得西部城镇自治社区具有后发优势，在结合自身的地域特点的同时，走出了一条不同于东、中部的发展道路。

第四章 西部城镇社区自治组织的现状

西部城镇社区建设是近年来中央政府、西部地方政府在西部地区推动城镇基层政治体制改革的措施，社区自治组织是社区建设中的基层组织，它是解决现代基层社会中各种社会矛盾和冲突的最有效的组织。随着社区建设在西部地区的全面开展，社区自治组织逐渐成为促进西部地区社区发展的力量，通过社区自治组织调动和充分利用社区内外的资源，提高社区居民的社区意识，增强社区凝聚力，最终促进社区矛盾和问题的解决，成为推动社会进步，全面构建社会主义和谐社会的重要组织。西部城镇社区自治组织成立后，全面进行社区自治组织建设，取得了许多成就，同时也存在许多问题。课题组通过对西部地区城镇社区自治组织发展现状的调查研究，较好地认识了西部城镇社区自治组织与构建社会主义和谐社会的现状，存在的问题，进一步提出了加强社区自治组织建设与构建社会主义和谐社会的对策。

第一节 西部城镇社区自治组织发展与
构建社会主义和谐社会的现状

一、西部城镇社区自治组织发展与构建社会主义和谐社会的成就

改革开放以来，特别是新世纪以来，在西部地方政府的领导下，西部城镇社区建设得到了迅速发展，社区自治组织逐步完善，在构建社会主义和谐社会中，取得了比较大的成就，主要表现在：

1. 西部城镇社区规模适度。适度的社区规模才能更好地配置社区资源，才能充分发挥社区自治组织的功能，全面构建社会主义和谐社会。2006 年后，在西部地方政府的领导下，西部地区都对原居委会进行改造，按照规模社区构建社区自治组织。如甘肃社区的基层组织体系是以社区居民委员会为主体而建立起来的，社区建设过程中，首先根据社区规模发展需要对原有居委会规模重新调整划分，组建了新的社区居委会。全省原有居（家）委会 2086 个，经过调整划分，共组建新的社区居委会 1061 个，比原来减少了 1025 个，减幅约 49%。社区管理服务区规模明显扩大，社区居民一般都在 1000—3000 户之间，社区自治组织的功能得到了更好的发挥。贵州省、四川省、云南省、陕西省、青海省、重庆直辖市、新疆维吾尔自治区等社区人口均由原来的 500—1000 户，扩大为 1000—3000 户。社区规模比较适度，形成规模社区，比较好地优化社区资源配置，促进社区组织的发展，较好地发挥了社区自治组织的功能。

2. 构建了比较完善的社区组织体系。社区调整组建以后，西部城镇社区普遍建立健全了四个社区主体组织：一是社区党组织，包括社区党支部或党总支，许多社区还在居民小组建立了党小组，在社区自治组织中较好地发挥了组织领导作用；二是社区居民代表大会；三是社区居民委员会；四是社区协商议事会。社区党组织按照《党章》规定设立，选举产生了社区党组织。选举产生了社区居民代表大会，作为社区的权力机构，依法行使民主选举社区居委会和对社区重大事项进行决策的职能。社区居委会由社区居民代表大会选举产生，依法行使办事职能。一般由 3—7 人组成；选举产生了社区居民委员会主任、副主任、委员。目前，大多数社区居委会一般都是书记、主任"一肩挑"，有的社区是由区委或街道办事处党组委派。配备副主任 1—3 名，委员有的是专职的，有的是驻社区大单位的代表，便于协调开展工作实行"一区一警"的制度，由当地派出所向社区派出一名警察作为社区民警，并被选任为社区居委会副主任或委员，以加强社区治安工作。还有其他具有创意性的做法，如兰州市城关区将驻社区重要单位代表选配到社区居委会副主任岗位上，以利于社区开展共驻共建活动。酒泉市金塔县，考虑到发展社区经济，专门从国有企业的厂长、经理中，挑选了 4 人，担任社区居委会党支部书记和主任。西部地区大多数社区都成立了社区协商议事会，社区协商议事会一般由社区内的人大代表、政协委员、知名人士、驻社区单位代表等5—10人组成行使社区事务协商议事监督职能，比较好地开展工作。社区自治组织的构建为建设社会主义和谐社区奠定了组织基础。

3. 社区干部素质有较大的提高。西部地方政府十分重视社区自治组织的人才培养和选拔，充分认识到城镇社区自治组织工作的开展在很大程度上取决于城镇社区自治组织的管理人才和优秀工作人员，因此，西部地区地方政府和城镇社区自治组织在社区建设的实践中十分重视选拔和培养人才，并在实践中发挥他们的作用。具体方法为：

第一，根据新形势下社区工作职能和特点，西部城镇地方政府对社区居委会干部的选拔任用和管理体制作了一系列改革。一是引入择优选拔机制，从区、街（乡、镇）机关事业单位中选拔优秀年轻干部到社区居委会担任党支部书记，如贵州省贵阳市小河区的社区党支部书记都是区委组织部选拔委派的。为了鼓励年纪轻、能力强的同志到社区工作，甘肃省兰州市等一些城市还出台政策，对选拔到社区工作的同志，职务按高一级待遇，这样做，能更好地保证社区建设的方向。二是引入竞争机制，从街办企业、下岗职工中公开招聘社区居委会副主任、主任。云南省、重庆直辖市、四川省、贵州省、新疆维吾尔自治区等西部地区都引入竞争考核机制，把热爱社区工作、熟悉社区工作、有能力做好社区工作的同志选拔到社区工作。三是实行择优留任机制，从原居（家）委会干部中择优留任了一部分工作能力强、熟悉社区情况、热爱社区工作的同志到新组建的社区居委会工作，提高了社区干部的素质，优化了社区干部队伍结构。四是改善社区干部的年龄结构和文化结构。社区干部的年龄结构、学历结构是衡量社区干部素质的重要指标，因此，西部地方政府高度重视优化城镇社区干部队伍结构，主要通过公开招聘、竞争上岗、加大培训等形式提高社区干部的素质。2007年12月底，西部城镇社区居委会干部的年龄大部分都在三十岁左右，少数四五十岁，文化程度提高比较快，大多数是高中、中专以上，大学生、研究生开始进入社区工作，与原来社区组织干部的情况相比，现在社区干部的年龄结构、文化程度、工作能力等综合素质有了很大提高，基本能够适应目前城镇社区建设的需要。

第二，针对社区居委会干部对新时期社区建设工作普遍缺乏了解，特别是刚刚选派到社区工作的同志缺乏实际工作经验的情况，西部地方政府普遍对社区干部开展了相关业务知识的学习和培训活动。培训内容涉及党的基本理论和基本政策、十六大、十七大精神、居委会组织法、精神文明和公民道德建设、社区建设和社区工作、经济全球化和 WTO 等方面的知识，构建社会主义和谐社会。各省民政厅不断抽调干部下基层开展指导工作，组织编印《社区工作队员工作手册》，指导和配合各地对社区干部开展培训工作，通过培训，进一步提高了社区干部的素质。

4. 西部城镇社区的办公条件得到进一步改善。主要表现在城镇社区自治组织办公场所、干部工资和办公经费得到进一步改善。西部城镇社区成立后，各省（市）、区通过购、建、借、置换、无偿划拨等多种方式都落实了办公用房，面积最小约 10 多平方米，最大有 120 多平方米，社区自治组织的办公用房基本得到解决。社区自治组织干部的工资由城区政府财政负担，有的城镇社区书记、主任属于国家干部，享受公务员工资待遇，有的每月工资在 500—1000 元。副主任每人每月工资一般在 300—800 元左右。委员一般 200—500 元左右。特别是云南省规定了社区党组织和居委会专职人员按照每月生活补贴待遇不低于 1500 元的标准执行，并办理基本养老、基本医疗、失业、工伤、生育保险，省级财政按照每个社区划 5 人，每人每月 500 元的标准给予补助。四川省规定了社区工作人员的工资不低于当地职工的平均工资水平。社区办公经费一部分城镇由政府负担；一部分城镇社区的一部分经费由政府负担，另一部分从有偿社区服务和社区卫生收费等项收入中自筹，基本上能满足办公需要，特别是社区自治组织领导及其工作人员的待遇的提高，能够吸引更多的优秀人员进入社区工作，全面提高社区工作人员的素质。

5. 社区自治组织功能得到较好的发挥。西部城镇社区自治组织在社区建设和发展中，结合本社的实际，切实开展工作，社区自治组织的功能得到了比较好的发挥。主要表现在：社区的经济功能发挥比较好，从调查中我们可以看出，西部城镇社区组织能够根据社区的特点切实开展工作，发展社区经济，如能很好地加强市场管理、建立和完善市场，加强劳动力培训，创造条件，引进资本建设社区商场等措施加速社区经济的发展，提高了社区居民的生活水平，因此社区居民普遍认为社区自治组织的经济发展功能发挥比较好。见表4—1。

表4—1　西部城镇社区经济发展功能发挥状况表

最好	比较好	好	一般	不好
10.9%	39%	21.1%	23.1%	5.9%

从表4—1中我们可以看出，西部城镇社区居民普遍认为，社区的经济发展职能发展比较好，为构建社会主义和谐社会奠定了经济基础。从我们对西部城镇社区的问卷调查可以看出，有10.9%的社区居民、社区工作人员认为社区的经济发展职能发挥最好，有39%的社区居民、社区工作人员认为社区的经济发展职能发挥比较好，有21.1%的社区居民、社区工作人员认为社区的经济发展职能发挥好，合计达到71%，有23.1%的社区居民、社区工作人员认为社区的经济发展职能发挥一般。只有5.9%的社区居民、社区工作人员认为社区的经济发展职能发挥不好。

其次，表现在西部城镇社区的行政运行功能发挥比较好。西部城镇社区自治组织建立后，特别注重发挥社区的行政运行功能，建立健全了社区组织，社区的行政运行功能发挥比较好，既保证了政府社区目标的实现，又维护了城镇社区居民的利益，为构建社会主义和谐社区奠定了政治基础。见表4—2。

表4—2　西部城镇社区行政运行功能发挥状况表

最好	比较好	好	一般	不好
7.8%	28.2%	27.8%	30.6%	5.6%

从表4—2中我们可以看出，西部城镇社区居民和社区自治组织工作人员普遍认为，社区的行政运行职能发挥比较好，为构建社会主义和谐社会奠定了民主政治基础。从我们对西部城镇社区的问卷调查可以看出，有7.8%的社区居民、社区工作人员认为社区的行政运行职能发挥最好；有28.2%的

社区居民、社区工作人员认为社区的行政运行职能发挥比较好，有27.8%的社区居民、社区工作人员认为社区的行政运行职能发挥好，合计达到63.8%，有30.6%的社区居民、社区工作人员认为社区的行政运行职能发挥一般。只有5.6%的社区居民、社区工作人员认为社区的行政运行职能发挥不好。

再次，西部城镇社区的社会稳定功能发挥比较好。西部城镇社区自治组织成立后，根据西部城镇社区的民族实际、边疆实际、城镇化发展的实际、市场化发展的实际，特别重视发挥社区社会稳定功能，积极做好边疆发展、民族工作，特别重视解决城镇化发展过程中出现的新问题，特别是失地农民等社会基层的矛盾，实现社会稳定，社区的社会稳定功能发挥比较好。见表4—3。

表4—3　西部城镇社区社会功能发挥状况表

最好	比较好	好	一般	不好
2.7%	23.3%	32.8%	32.8%	8.3%

从表4—3中我们可以看出，西部城镇社区居民普遍认为，社区的社会稳定功能发挥比较好，为构建社会主义和谐社会奠定了坚实的社会基础。从我们对西部城镇社区的问卷调查可以看出，有2.7%的社区居民、社区工作人员认为社区的社会稳定功能发挥最好，有23.3%的社区居民、社区工作人员认为社区的社会稳定功能发挥比较好，有32.8%的社区居民、社区工作人员认为社区的社会稳定功能发挥好，合计达到58.8%，有32.8%的社区居民、社区工作人员认为社区的社会稳定发挥一般。只有8.3%的社区居民、社区工作人员认为社区的社会稳定发挥不好。

最后，民族宗教问题处理比较好。西部地区是一个多民族的地区，民族关系错综复杂，宗教问题比较多。因此，西部城镇社区自治组织成立后，根据西部城镇社区的民族、宗教关系的实际，特别重视发挥社区在促进民族平等、民族团结、各民族共同发展的职能，坚决贯彻党的宗教信仰自由政策，积极做好边疆地区的民族、宗教工作，特别重视解决民族矛盾，西部城镇社区的民族宗教问题处理比较好。见表4—4。

表 4—4　民族宗教问题处理状况表

最好	比较好	好	一般	不好
5.5%	31.7%	29.5%	23.7%	9.7%

从表 4—4 中我们可以看出，西部城镇社区居民普遍认为，西部城镇社区民族宗教问题处理比较好，为构建社会主义和谐社会奠定了坚实的社会基础。从我们对西部城镇社区的问卷调查可以看出，有 5.5% 的社区居民、社区工作人员认为民族宗教问题处理最好，有 31.7% 的社区居民、社区工作人员认为社区的民族宗教问题处理比较好，有 29.5% 的社区居民、社区工作人员认为社区的民族宗教问题处理好，合计达到 66.7%，有 23.7% 的社区居民、社区工作人员认为民族宗教问题处理一般。只有 9.7% 的社区居民、社区工作人员认为社区的民族宗教问题处理不好。

6. 初步形成了良好的社区自治组织运行机制

西部城镇社区自治组织成立后，建立健全了社区自治组织体制，构建了西部城镇社区自治组织的激励机制、制约机制、制衡机制、多元化投资机制、科学的考核机制，初步形成了社区自治组织的良性运行机制，对于促进西部城镇社区自治组织的发展，构建和谐城镇社区，推进西部城镇社区民主政治建设进程，具有十分重要的理论和实践意义。主要表现在主体关系比较顺畅，社区自治组织及其工作人员的积极性高，社区居民的参与率比较高。

7. 健全了城镇社区自治制度

在西部城镇社区自治中，西部城镇社区自治组织根据西部城镇社区建设的实际，为了更好地解决多元化利益主体之间的矛盾和冲突，协调不同利益主体的利益，促进共同发展。根据社区建设和发展的制度需求，制定和完善了社区建设和发展的相关制度。首先主要表现为具有比较健全的正规制度，从我们的问卷调查可以看出，有 60.9% 的社区居民、社区工作人员认为社区有比较健全的法律法规，有 54.5% 的社区居民、社区工作人员认为西部城镇社区自治组织有规范的相关文件。其次表现为西部城镇社区有比较完善的配套制度，见表 4—5。

表4—5　西部城镇社区配套制度表

非常完善	比较完善	完善	基本完善	不完善
14.3%	36.4%	23.6%	20.5%	5.3%

从表4—5中我们可以看出，西部城镇社区居民、社区工作人员普遍认为，西部城镇社区的配套制度比较完善，为实现西部城镇社区自治，构建社会主义和谐社会奠定了坚实的制度基础。从我们对西部城镇社区的问卷调查可以看出，有14.3%的社区居民、社区工作人员认为西部城镇社区配套制度非常完善，有36.4%的社区居民、社区工作人员认为西部城镇社区配套制度比较完善，有23.6%的社区居民、社区工作人员认为西部城镇社区配套制度完善，合计达到74.3%，有20.5%的社区居民、社区工作人员认为西部城镇社区的配套制度基本完善。只有5.3%的社区居民、社区工作人员认为西部城镇社区的配套制度不完善。

8.结合西部特点大力构建社会主义和谐西部

2005年，胡锦涛同志提出构建社会主义和谐社会以后，西部地区党政领导结合西部地区的实际，针对西部地区发展的活力不足、人口素质比较低、生态环境比较差、民族问题、宗教问题比较复杂的实际，从构建社会主义和谐社会的微观基础——构建社会主义和谐社区出发，提出了构建社会主义和谐西部的目标是实现西部地区的人与人之间的和谐、人与自然的和谐、人与社会的和谐和人自身的和谐，加快西部经济的发展，正确处理好西部各民族、各阶层的利益关系，加快社区自治组织的发展，构建社会主义和谐社区，提高构建社会主义和谐社会的能力。

9.制定和完善了社会主义和谐社区的标准

西部各地方政府充分认识到，要构建社会主义和谐社会，必须构建社会主义和谐社区，在党和政府的领导下，纷纷制定了具有西部特色的构建社会主义和谐社区的标准。如云南省从实现"自治好、管理好、服务好、治安好、环境好、风尚好""六好"目标出发，制定和通过了《和谐社区标准体系》共8项系列地方标准，另外，昆明五华区制定了《五华区和谐社区考评管理办法（试行）》和《五华区和谐社区考评细则（试行）》，另外盘龙区、西山区、贵州省遵义市汇川区等，都制定了和谐社区标准，四川省成都市制定了《成都市和谐社区和谐村建设标准》和《成都市和谐社区建设示范单位考核评分细则》，其他市区也制定了和谐社区标准和考核评分细则，陕西省、甘肃省、新疆维吾尔自治区等省、区的市、区都制定了和谐社区标准和考核评分细则，为构建社会主义和谐社区提供了依据。

二、西部城镇社区自治组织发展存在的问题

西部城镇社区自治组织的发展，是构建社会主义和谐社会的重要途径，改革开放后，特别是新世纪后，西部城镇社区迅速发展，促进了社会主义和谐社会的构建。但是，由于西部经济政治文化和社会发展相对落后，社区发展滞后，西部城镇社区自治组织发展还存在许多问题。主要表现为：

1.社区组织经费短缺。西部城镇社区组织的经费严重短缺，是制约社区自治组织发展，构建社会主义和谐社会的一大瓶颈。目前，西部城镇社区自治组织包括社区党组织、社区居民（成员）代表大会、社区居委会、社区协商议事会等的资金，主要来源于政府支持，从我们对西部城镇社区自治组织的问卷调查可以看出，西部城镇社区自治组织的经费来源中有 34.8% 的社区的经费完全来源于政府，有 18.4% 的社区的 80% 活动经费来源于政府，有 16.6% 的社区的 60% 活动经费来源于政府，而政府的投入是有限的，具体表现在：第一，工作人员工资待遇太低，但工作量大，不能体现按劳分配的原则，他们的工作积极性受到严重的制约。第二，办公经费严重不足，很难维持正常的社区工作。如有的地方政府每月给一个社区只划拨 300 元的办公经费，由街道办事处拨给，还不能真正到位。由于经费紧张，资金来源完全依赖政府，社区没有或很少有自己的经费来源。社区自治组织很难发展，社区自治得不到应有的发展。为了促进社区自治组织的发展，我们认为社区经费应由政府拨款和社区自己筹资两方面构成，特别是城乡结合部社区和城镇社区，应该充分利用自己的优势，开办自己的社区物业公司、社区服务机构，特别是从社区服务中提取一定的费用，作为社区自治组织经费的来源之一。实现社区土地资源社区化，社区土地的使用权应归社区所有，这是社区走向成熟的表现。逐步实现社区资金来源结构的合理化，为实现社区自治，构建社会主义和谐社会提供物质保障。

2. 城镇社区组织行政化现象十分严重。《中华人民共和国城市居民委员会组织法》第二条规定："居民委员会是居民自我管理、自我教育、自我服务的基层群众性自治组织。"社区组织是一个群众自治组织，享有独立的决策权，不应该接受政府的领导，但现在西部城镇社区组织的现实情况是，社区组织成为政府机构的延伸，把社区自治组织当做街道办事处或乡（镇）的下属机构，党政群团各部门争相到社区挂牌子，安排工作，经常下达指令性行政任务，签订责任书，进行考核和奖惩。社区居委会由于人员少，条件差，缺乏资金，工作不堪重负，只有用主要精力从事行政工作，没有时间和精力从事社区居民的工作。从我们对西部城镇社区的调查可以看出，有的社区居委会主任同时兼社区党支部书记，除此之外，还兼有协商议事会、计划生育、残联等 52 个主任官衔；承担政府的工作 150 多项，民政、计生、社保、工青妇、司法、综合治理等多个部门的工作，最终都要落到社区头上。从我们对西部城镇社区的问卷调查进一步看出，见表 4—6。

表 4—6　西部城镇社区行政化率表

60% 以上	70% 以上	80% 以上	90% 以上	100%
3.1%	18.8%	25.1%	25.7%	27.3%

从表 4—6 中我们可以看出，西部城镇社区居民、社区工作人员普遍认为，西部城镇社区的行政化率是非常高的，不能体现社区居民的意志，代表社区居民的利益。从我们对西部城镇社区的问卷调查可以看出，有 27.3% 的社区居民、社区工作人员认为西部城镇社区的行政化率达到 100%，完全从事上级部门的行政化工作，社区居民的意志和利益完全得不到应有的体现。有 25.7% 的社区居民、社区工作人员认为西部城镇社区行政化率达到 90%以上，说明西部城镇社区组织很少从事社区内部的工作，社区居民的意志和利益很少得到体现；有 25.1% 的社区居民、社区工作人员认为西部城镇社区行政化率达到 80% 以上，说明社区居民的意志和利益只能得到很少的体现。行政化率达到 80% 以上的合计达到 78.1%，只有 18.8% 的社区居民、社区工作人员认为西部城镇社区的行政化率只有 70% 以上。只有 3.1% 的社区居民、社区工作人员认为西部城镇社区的行政化率只有 60% 以上，行政化率

远远超过东、中部地区。

3. 城镇社区居民的社区意识、归属感、认同感较差。由于西部城镇社区的行政化率非常高，社区组织不能真正代表社区居民的利益，体现社区居民的意志；西部城镇社区普遍缺乏资金和场地，城镇社区组织对社区居民的服务水平比较低，西部城镇社区居民和单位感受不到社区建设带来的实惠，因而社区建设对社区居民缺乏吸引力，社区居民的参与意识、共驻共建意识普遍不高。社区工作主要以便民服务为主，缺乏对社区半公共产品的控制权，所以社区居民对社区工作人员的构成不是特别关注，除了城乡结合部社区和乡（镇）社区外，社区自治组织的选举明显地没有农村选举村委会那么高的热情，社区居民普遍认为社区选举很少涉及自己的切身利益而显得漠不关心；城镇社区组织更多代表政府的利益而忽视社区居民的利益，居民对社区自治组织的认同感较差。在我们对西部城镇社区居民进行的随机调查中，社区居民的参与率比较低，参与率达100%的只有12.3%，80%以上的只有22.7%，60%以上的只有27.5%；40%以上的有32.7%，参与率一般在60%以下。35%的调查对象对社区居委会漠不关心，28%的调查对象对社区居委会有意见，认为社区居委会没有代表他们的利益，办事不公正，甚至有的社区居民不知道自己所属的社区，因此城镇社区居民的认同感和归属感比较差。

4. 社区组织模式选择错位。从国外社区组织模式和我国发达地区的社区组织模式看，社区组织模式主要有政府主导型、政府控制型、社区自治型、政府社区合作型、政府领导型模式。政府主导型社区治理模式的特点是治理的主体主要是政府，政府干预社区的工作，社区工作内容的行政化，社区机构设置行政化。政府主导型社区治理模式有利于实现政府的社区治理目标，但不利于实现社区居民的利益，体现社区居民的意志。政府社区组织合作型治理模式的特点是行政机制与自治机制互动，政府规划指导、下放权力、提供经费，政府机制为主、自治机制为辅。这种模式有利于实现政府的社区治理目标，兼顾社区居民的利益，不能完全体现社区居民的意志，维护社区居民的利益。自治型社区组织模式的特点是自治主体是唯一的社区自治组织，以社区居民为本，政府支持社区组织的发展，目的是构建社会主义和谐社会。这种社区组织有利于体现社区居民的意志，维护社区居民的利益，实现社区稳定，构建社会主义和谐社会。然而，由于西部城镇社区发展滞后，在社区组织模式构建过程中，缺乏统一的规划，出现社区组织模式多样化，见表4—7。

表 4—7　西部城镇社区组织模式表

政府主导型	政府控制型	社区自治型	政府社区合作型	政府领导型
19.4%	28.9%	18.3%	12.6%	20.8%

从表4—7中我们可以看出，西部城镇社区组织模式出现多样性特征，5种社区组织模式都存在，其中政府控制型、政府领导型、政府主导型为主，三者合计占69.1%，社区自治型只占18.3%，政府社区合作型占12.6%。说明社区自治型组织很少，不利于解决城镇社区的矛盾和问题，不利于构建社会主义和谐社会。

5. 社区自治组织功能得不到充分发挥

发挥社区构建社会主义和谐社会的作用，主要是通过发挥社区功能，解决社区矛盾，发展社区经济、建设社区民主、建设社区文化，体现社区居民意志，维护社区居民利益，提高社区居民的物质、文化生活水平，从而构建社会主义和谐社会。然而，由于西部城镇社区自治组织模式多样化，主要选择政府主导型模式，很少代表社区居民的意志，维护社区居民的利益，因此，社区功能得不到充分发挥，从西部城镇社区的问卷调查可以看出，有29%的社区居民认为西部城镇社区组织的经济发展功能没有充分发挥或发挥一般；有36.2%的社区居民认为西部城镇社区组织的行政运行功能没有充分发挥或发挥一般；有41.1%的社区居民认为西部城镇社区组织的社会稳定功能没有充分发挥或发挥一般；有33.4%的社区居民认为西部城镇社区组织没有处理好社区的民族宗教关系；因此，西部城镇社区的功能没有得到充分发挥，制约社会主义和谐社会的构建。

6. 社区自治组织体制存在弊端

由于西部地区是我国的边疆地区、经济文化落后地区和少数民族集中的地区，因此无论是基层政府、城镇社区组织，还是城镇社区居民的观念都相对滞后，存在政府职能转变不到位，单位制的困扰，社区中介组织发展滞后、居民参与率低等弊端。在组织体制内也存在行政化倾向严重、管理体制滞后、自治组织体制障碍、自治组织自治意识和居民参与意识欠缺、中介组织发展比较虚弱、机构设置不科学等弊端。

7.社区组织运行机制不顺

充分发挥西部城镇社区自治组织在构建社会主义和谐社会中的作用，必须建立和完善社区自治组织的运行机制，从我们的调查中可以看出，西部城镇自治组织运行机制存在角色定位不科学，激励机制不完善和压力不足，社会资源短缺，运行主体关系不顺，政社职能不分五个方面的问题。导致西部城镇社区自治组织运行机制的主体关系不顺。见表4—8。

表4—8　西部城镇社区组织运行机制的主体关系表

比较顺畅	基本顺畅	基本不顺畅	不顺畅	说不清楚
12.7%	11.5%	21.7%	45.7%	8.3%

从表4—8中我们可以看出，西部城镇社区组织的运行机制存在严重弊端，运行主体关系十分不顺畅，只有12.7%的社区居民和社区组织工作人员认为现有运行机制的主体关系比较顺畅，11.5%的社区居民和社区组织工作人员认为现有运行机制的主体关系基本顺畅，21.7%的社区居民和社区组织工作人员认为现有运行机制的主体关系基本不顺畅，45.7%的社区居民和社区组织工作人员认为现有运行机制的主体关系不顺畅，还有8.3%的社区居民和社区组织工作人员认为现有运行机制的主体关系说不清楚，认为不顺畅或说不清楚的达75.7%，说明社区组织的主体关系不顺，不利于发挥西部城镇社区自治组织的作用和功能，不利于优化社区资源，解决城镇社区矛盾，构建社会主义和谐社会。

8.西部城镇社区组织制度不完善

西部城镇社区自治组织制度的功能决定西部城镇社区自治的程度和效益，如果有完善的正规制度和非正规制度，而且这些制度有利于建立健全西部城镇社区自治组织，促进西部城镇社区自治的发展，全面构建社会主义和谐社区，就会进一步完善西部城镇社区自治组织，促进西部城镇社区自治的发展，提高西部城镇社区自治的效率，促进社会主义和谐社区的构建。反之，就会阻碍西部城镇社区自治的发展。然而制度本身是一种重要的稀缺性资源，当制度资源在满足人们的需要时，由于制度供给的原因，就可能出现制度资源供给与需求之间的不均衡和不对称。这种非均衡是人们对现存制度的一种不满足，意欲改变而尚未改变的状态。① 它是由于社区管理体制外部环境的变化及内部矛盾相互作用的结果。当各种因素的变化引起原有制度安排和制度组合不再是净收益最大的制度时，就会产生对新的制度安排的需求。

西部城镇社区自治组织体制不适应社区自治发展的一个突出原因是制度供给与需求之间的不均衡或不对称，首先表现为西部城镇社区自治制度实际供给小于潜在需求。西部城镇社区自治的价值取向要求政府构建一整套与之相适应的社区管理制度，有利于实现社区自治，它包括有关社区自治组织的产生，社区自治组织的人事制度、领导制度、财务制度、监督制度、激励机制、运行机制和考评机制等。但从调查中可以发现，我国西部城镇社区对这些制度的供给都比较落后，具体表现为适应社区改革和社区组织职能调整的法律法规还十分缺乏，国家还没有出台统一的社区建设的法规或具有可操作性的指导意见，各地只是根据实际情况出台了一些规定、条例或意见，相互间差异很大；社区自治后，政府的职能及其发挥的相关制度也不规范；严重制约西部城镇社区自治组织的发展。

其次表现为非正规制度不完善。在西部城镇社区制度建设中，西部地区各级政府民政部门，特别是市级相关部门和各区（市）县认真制定了一系列社区制度，城镇社区自治组织也制定了党支部工作制度、《社区居民公约》、《社区居委会职责》、《社区治安保卫委员会职责》、《社区计划生育委员会职责》、《社区居委会会议制度》、《社区居委会学习制度》、《社区居委会财务管理制度》、《社区居委会居务公开制度》，很多的社区还建立了《社区自治章程》，对社区自治组织产生的原则、形式、社区自治组织干部的职责任务，社区居民、驻区单位参与社区建设的权利和义务，社区民主决策、民主管理、民主监督的内容和操作方式作了较详细的规定，对于提高社区自治水平，整合社区资源，规范社区建设工作的运作，形成社区自然人和法人参与社区建设的合力，起到了很好的促进作用。但是，这些制度还不完善，缺乏

① 盛洪：《现代制度经济学》，北京大学出版社 2004 年版，第 245 页。

执行的可行性，很少制定和完善社区的传统习惯等非正规制度，如：社区中的邻居关系规则、西部民族社区的民族规则没有体现，社区的自治环境没有得到优化等。课题组在调查中发现，西部城镇社区组织成员、社区居民中认为社区的有关配套制度非常完善的只有 14.3%，认为比较完善的有 36.4%，认为完善的有 23.6%，认为配套制度完善以上的合计 74.2%，还有 35.8% 的社区工作人员和社区居民认为不完善，因此可以说明，西部城镇社区的非正规制度也不完善。

9. 政府和社区自治组织的职能定位不科学

在市场经济条件下，由于对西部地方政府的社区职能没有一个科学界定，地方政府职能转变滞后于社会主义市场经济发展，政府管理不规范，地方政府依法行政意识没有真正落实。主要有三个表现：

（一）政社不分，社区自治组织的基础作用难以充分发挥。"管理就是审批"、"重权力轻责任"的观念一直在西部地区很多部门单位同志的头脑中根深蒂固，习惯、留恋于计划经济的管理方式和手段，出现问题，就要求加大审批力度，增加审批事项，甚至越俎代庖，把本该由社区自治组织管理的事统统包揽过来。同时，还存在着审批事项法律依据不充分，审批条件不公开，审批程序不健全，"暗箱操作"；审批责任不明确，审批监督机制不健全，审批与收费挂钩等问题。由于政府机构行政审批事项过多过滥，不仅造成部门推诿、扯皮、办事效率低下，更直接影响到社区自治组织资源配置的基础性作用，干扰社区自主自治组织经营，有的成为腐败滋生的"温床"。

（二）体制不顺，因权设事，"三乱"现象难以禁止。按照现行的财税管理体制，社区公共事业的一部分投入采取税外加费的办法解决。但长期以来对社区自治组织行政事业性收费没有纳入预算管理，缺乏必要的监控管理措施，这就使一些政府部门大权在握，为其利用公共权力谋取小集体或个人私利提供了方便，"乱收费、乱罚款、乱摊派"现象屡禁不止。一些部门在利益的驱动下，总是不遗余力来争取审批收费权，存在着增设"门槛"，增加办事环节，借加强管理之名，行收费牟利之实。地方政治职能交叉的部门之间你争我夺，互不相让，造成多重管理，重复收费。更有甚者，擅自设立收费项目，提高收费标准等现象。多年来党和政府一直十分重视减轻社区自治组织和社区居民负担，实行严格的监督检查和责任追究制度，但由于没有从财税管理体制上来治本，没能达到预期的效果。

（三）执法不严，特权干预，地方政府保护和行业垄断难以彻底根治。根据市场经济的基本法则，政府行政管理的主要精力应放在维护社会公正、保障经济秩序、实行公平竞争上，政府管理和执法部门的主要职能是当好社会、市场赛场上的"裁判员"。而现实情况却是，政府部门的管理和服务仍停留在计划经济时代，直接插手社区自治组织的经济事务过多过细，政府一些部门对社区自治组织的干预可以说是无处不在。同时，由于市场经济转轨，法律法规还不够健全，行政执法制度不够规范，监督约束机制不够有效，在这种情况下，由于利益的驱动，出现种种明显有悖市场经济规律的行为。这些现象的出现导致了严重的社会信任危机，影响社区自治组织投资积极性，最终阻碍社区自治组织的健康发展。

10.社区主客体关系没有理顺

西部城镇自治客体存在西部公共产品短缺、社区公共产品和公共服务投资主体单一等问题。西部城镇社区自治主体存在不能完全处理好社区主体的利益关系、西部地方政府的越位和缺位、社区中介组织发展滞后、社区居民的认同感与参与率低等问题。

第二节　西部城镇社区自治组织发展滞后的原因

影响和制约西部城镇社区自治组织发展的原因是多方面的，既有体制内的原因，也有体制外的原因；既有宏观的原因，也有微观的原因。主要表现为：

一、观念滞后

只有用社区自治的观念来指导西部城镇社区自治的行为，才能促进西部城镇社区自治组织发展，推进西部城镇社区的自治工作，如果观念滞后，必然会阻碍城镇社区自治，导致社区工作行政化，社区居民参与率极其低，严重制约社区自治组织的发展。根据课题组对西部地方政府、社区自治组织、社区中介组织、驻社区单位和社区居民的调查，观念滞后主要表现在以下三个方面：

（一）基层政府观念滞后

一些地方基层政府从自身的利益出发，认为社区是共产党和政府领导的社区，社区建设的相关费用都是政府提供的，社区和谐也是政府的目标，社区的发展离不开政府，社区公共资源的提供离不开政府，离开了政府的支持，社区是不可能真正解决问题的，因此党和政府领导的社区不为党和政府做事，为谁做事。在这种观念指导下，社区组织主要应该按照地方政府的安排工作，从事政府的行政工作，社区自治是不可能实现的，城镇社区自治组织必然成为政府组织的延伸。

（二）社区自治组织观念错位

西部城镇社区自治组织是社区居民的群众性自治组织，是体现社区居民意志，实现社区公共利益最大化的组织，而不是基层政府组织的延伸，其主要职能是为社区居民服务，提高社区居民的经济、政治、文化和社会生活水平，实现社区利益最大化。但在西部城镇社区自治组织发展中，很多社区自治组织领导及工作人员认为其主要工作应完成基层政府安排的工作，主要是为政府办事，导致为谁的观念错位。

（三）社区居民观念滞后

表现在西部城镇社区居民认为社区自治组织是可有可无的，很多社区居民不会利用社区自治组织实现和维护自己的利益，甚至有的居民不知道社区是什么，自己所属的社区自治组织在什么地方，严重制约社区自治组织的发展。

因此必须进一步更新政府、城镇社区自治组织和社区居民的观念，建立健全城镇社区自治组织，实现社区自治。

二、传统"单位制"的影响严重束缚社区自治组织的发展

传统"单位制"的解体促进了西部城镇社区的发展，促进了西部城镇社区自治组织的建立和完善。但是，西部城镇传统"单位制"的惯性仍然很多

很大，特别是效益比较好的企事业单位，许多社区公共产品仍然由单位提供，单位仍然履行大量的社会职能，如社区文化生活职能、单位职工的最低生活保障、医院、卫生、安全、保卫等职能，导致单位职工不认识社区，更谈不上对社区的情感认同、利益认同和价值认同，更谈不上居民的广泛参与，社区自治很难进行，因此必须进一步转变职能，实行"企社"分开，"事社"分开，才能真正克服传统"单位制"的影响，促进西部城镇社区自治组织的发展。

三、社区自治组织权力的缺失

社区自治组织权力的缺失表现在以下三个方面：

（一）社区决策权的缺失

社区决策权是指以关系居民利益的重大事项决定权为核心建立的权力。城镇社区是否具有决策权，关系到社区居民的利益是否能够实现，因此，这种权力应当属于城镇社区自治组织，由社区居民代表大会行使，社区居民代表大会在社区自治组织中应当具有四个方面的权力：一是社区重大事项的决定权。凡涉及社区公共利益的重大事项必须由居民大会民主决定；社区居民会议有权审查社区发展计划以及计划执行情况；审查和批准社区经费预算及预算执行情况。二是监督权。社区居民代表大会有权监督国家法律法令、政府政策、社区自治章程以及居民会议决定在社区的实施；有权全面监督社区居委会的工作，包括听取和审查社区居委会的年度工作报告，对社区居委会工作提出质询，组织独立调查组；接受居民对社区居委会及其成员的申诉；社区居委会的决定和管理引发居民不满的，应当由居民大会裁定。居民大会有权改变、撤销居民委员会的决定和处理结果。三是社区建章立制权。四是弹劾权。社区居委会主任及其成员如有严重违法违章和渎职行为，社区居民会议可以进行弹劾。弹劾必须有居民会议全体成员的四分之一联合动议；居民会议对联合动议同意通过；居民会议推举组成独立调查组进行调查，并向居民会议提出调查报告；最后，提出弹劾案。如果独立调查委员会认为有足够证据证明，居委会主任及其成员有严重违法违章和渎职行为，在全体会议代表过半数参加的居民会议上，获会议代表三分之二多数通过，弹劾案成立。此外，应当在居民会议中设立会议召集人机构，设总召集人和委员若干人，具体人数根据居民小组数量（每组一人）确定，由居民会议在居民代表中选举产生。将居民会议的召集权回归到居民会议机构。由召集人机构负责定期的居民会议的组织，并集体决定是否召开特别居民会议。

然而，在西部城镇社区的实践中，虽然目前"政企分开、政社分开"的改革原则要求政府将应由市场和社会组织行使的职能剥离给企业和社会，但是由于这种剥离必然导致许多超行政资源脱离政府部门的直接管辖。有些政府部门囿于既得的权力和利益，在实际操作中没能将非政府职能彻底剥离出来；有些政府部门习惯于计划体制下的行政化管理方式，不自觉地继续用非法制化、非社会化、非市场化的手段涉足社区工作；还有些政府部门担心社区自治组织和社会中介机构不能胜任某些社会工作，便有意识地干预社会组织行使社会职能。由于政企分开、政社分开不彻底，大部分社区居民的医疗、养老、福利等关系还挂靠在工作单位，其利益的社区化程度还不是很高，对社区的依赖程度仍然不大，严重影响到居民参与程度的提高，导致社区实际决策权的缺失。

（二）社区管理权的缺失

社区管理权是指管理社区公共事务，公益事业的权力，它属于执行权的范畴。社区自治委员会是社区管理权的行使主体。社区自治组织的管理权包括：一是执行权。社区自治委员会具有贯彻国家法律法规和政策，执行居民代表大会决议的权力。二是提案建议权。制订社区建设规划年度工作计划和各项管理制度，提交社区成员代表会议审议。向街道办事处或有关部门反映社区单位、社区居民的意见、建议和要求。三是监督权。监督社区单位、社区居民、监督社区中介组织执行社区自治章程、社区公约和社区管理制度的情况。四是管理权。组织实施社区建设、管理、服务等公共事务，维护社区居民和驻社区单位的合法权益，开办公益事业，开展便民利民的社区服务活动。调解民间纠纷，促进居民邻里团结和睦。协助维护社会治安，协助做好公共卫生、计划生育、优抚救济、青少年教育等工作。维护社区公共财产，管理本社区居民委员会的财产。五是宣传教育权。宣传宪法、法律、法规和国家政策，引导居民参与社区自治，教育社区居民依法履行应尽的义务。据调查，西部社区自治组织管理权是没有得到充分体现的，其主要原因有以下几个方面：

1. 法律、法规对社区自我管理的内涵缺乏明晰规定。《中华人民共和国城市居民委员会组织法》虽然规定了社区自治组织的性质及其工作任务，但并没有明确界定街道办事处与社区自治组织的职权划分，对"自我管理、自我教育、自我服务"的内涵和外延也没有明确的说明，两者在实际关系上存在很大的模糊性，阻碍了西部城镇自治组织管理权的实现。

2. 西部社区工作者队伍素质低。社区自治需要一支专业化的社区工作者队伍，只有社区工作者队伍具备较高的素质，他们才能顺利开展社区工作，创造性的落实社区管理权。但西部社区工作者素质比较低，据调查，新疆社区组织现有从业人员 2727 人，其中男性占 53%，女性占 47%；汉族占 15%，少数民族占 85%；年龄最大的 59 岁，最小的 20 岁，平均年龄约 39 岁；所学专业与从事专业一致的约占 39.5%，所学专业与从事专业不一致的约占 60.5%，毕业于社会管理或社会工作专业、具有社工专业背景的仅占从业人员总数的 1.8%；文化程度为本科以上的仅占 6%，大专占 24%，中专占 25%，高中以下高达 45%。从社区自治组织工作人员受教育的程度看，社区工作人员素质是比较低的，不能很好行使社区管理权。

3. 促进社区居民参与的制度化渠道缺失。社区居民的参与是社区居民行使管理权力和基层民主政治建设的重要基础和有效形式之一。然而，在社区居民开始关注社区、参与社区和影响社区的趋势下，社区自治组织的现状显得不合时宜。据对新疆某社区调查，在民主选举过程中，有的不按法律规定的方式提候选人，引发了群众的不满，在社区事务决策和管理中，少数社区居民会议或社区居民代表会议不能及时召开，有些即使召开了，也不让群众充分发表意见，不经代表表决，由社区党支部或社区自治委员会主任做主，使代表会和民主决策流于形式。涉及社区利益的事由少数社区自治组织干部说了算，社务公开避重就轻、避实就虚、公开不及时、内容不全面、财务有虚假成分。另据中国人民大学孙柏瑛的调查显示，59.7% 的居民认为，在有关社区事务管理中，街道和社区组织从来没有邀请过自己参加，仅有 10.5% 的居民认为"受到过一些邀请"。居民即便是参与社区事务，在多数情况下也只能参与社区事务的实施过程，而很少参与社区事务的决策、管理和监督过程，在这些管理过程中，作为社区主体的居民基本上是"缺位"的①。随着社会民主化程度的提高，群众的政治参与热情日益高涨，这就需要一种更为完善的政治参与和利益表达渠道来容纳，这也对社区自治组织提出了更高要求。

（三）社区监督权并未得到有效发挥

社区监督权是指监督西部城镇社区自治组织的行为是否符合法律法规、自治章程、自治制度的权力。这种权力由社区监督委员会掌握。社区监督委员会应当具有会议列席权、财务审查权、调查权、裁决权和提案建议权等权力。社区监督权监督的主要对象是社区居委会及其成员、社区居民会议及其成员、管理社区公共事务和公益事业的单位及其工作人员；监督的领域主要是社区公共事务、社区公益事业、社区财务；监督宪法、法律的执行情况；监督社区居民会议形成的各项决议、决定和《社区自治章程》、《社区公约》的贯彻执行情况。社区监督委员会由主任一人和委员若干人组成，为自治组织常设机构。监督委员会通过海选产生，社区居民委员会成员及其亲属不能担任监督委员会成员。监督委员会向居民代表大会负责并报告工作，接受居民代表大会监督。监督委员会只能按照监督委员会章程集体行使职权，不能擅自干预居务，居委会可以提请居民会议罢免相关成员的职务。

在西部城镇社区治理的实践中，社区组织成员的监督权并未得到有效发挥，由于社区权力监督机制的不完善，国家监督体制不适用于社区，社区自治权力的滥用已经成为一个突出的社会问题。正因为如此，必须积极探索建立西部城镇社区监督机制，强化对居委会和村委会权力监督的途径和机制。合理设置监督权，目的在于弥补社区权力监督的不足，"以权治权"。这是促进社区民主政治发展，保障国家法律、法规、规章在社区正确实施和国家政令的畅通，强化社区自治能力，保障社区自治建立在民主和法制基础上的必然选择。

①　刘华安：《城市社区建设与居民参与》，《学习论坛》2002 年第 10 期，第 26 页。

第五章　构建西部特色的城镇社区自治组织模式

西部城镇社区自治是指在西部地区党和政府的指导和支持下，通过社区居民选举产生的自治组织来管理社区公共事务，为社区居民提供公共服务和公共产品，构建社会主义和谐社区的相关制度和过程。实现西部城镇社区自治必须深入研究社区自治组织的性质和特点，提出构建西部城镇社区自治组织模式应坚持权责利一致、以社区居民为本、政党领导、政府支持、民族和谐四个基本原则。在其指导下，根据西部城镇社区自治组织模式存在的问题和相关理论构建具有西部特色的政府支持型城镇社区自治组织模式，主要包括政府——提供支持和服务；社区党组织——负责社区党的建设；社区居民代表大会——社区的最高权力与决策机构；社区居民委员会——社区的管理和经营机构；社区监督委员会——社区的监督机构。这一模式的实践对于实现西部城镇社区自治，构建西部社会主义和谐社会，具有十分重要的理论意义和现实意义。

第一节　构建西部特色的城镇社区自治组织模式的原则

一、社区自治组织的性质

社区自治组织就是在党和政府的指导和支持下，通过社区居民选举产生的自治组织来管理社区公共事务，是社区居民自我管理、自我教育、自我服务的基层群众自治性组织及其指导成员活动的一套明确陈述的规定、纪律和程序。

社区自治组织在发育、发展的过程中，由于其特定的内涵和公共服务功能，具有与政府组织、经济组织不同的特征，也由于各地社会经济发展水平的差异，因而也呈现出不同的地域特征。

1. 非营利性。非营利性意味着社区组织的利润不能分配给所有者和管理者，收入必须服务于社区自治组织，不以营利为目的是非营利组织与其他私营组织的最大区别所在，是非营利组织的根本特征，社区自治组织不能以营利为目的，即使从事经营性活动，获得的利润只能为社区自治组织服务。

2. 组织性。组织性意味着社区自治组织有内部规章制度（可以是成文的，也可以是不成文的）、有负责人、有经常性活动。非正式的、临时性的、随意性的群体不能算作组织。社区自治组织必须有自己的常设机构、有固定的活动场所、有自己的活动资金、有自己的负责人，这是判断社区自治组织自治程度的标准。

3. 半民间性。民间性意味着社区自治组织在体制上独立于政府，既不是政府的一部分，也不是政府的代理机构，又不受制于政府。半民间性是指社区自治组织是在政府指导和支持下的自治组织，既离不开政府的指导和支持，又不受制于政府，能根据社区居民的需求和意愿进行自治的组织。

4. 自治性。自治性意味着社区自治组织自己管理自己，既不受制于政府，也不受制于企业，还不受制于其他非营利组织。

5. 志愿性。参与社区自治组织的活动是除了社区选举等重大活动外，包括社会治安等在内都是以志愿为基础的，即参与者是志愿的参与。

二、构建西部特色城镇社区自治组织的原则

实现西部城镇社区自治的目标，必然要求社区自治组织建设遵循一定的原则，结合西部城镇社区自治组织建设的实际，西部城镇社区自治组织发展主要应当遵循以下原则：

（一）权责利一致原则

从管理学角度看，责，即责任、职责；权，即权力；利，是物质利益、经济效益、社会效益和精神奖励的总称。责、权、利三者相辅相成、相互制

约、相互作用，统一于责任承担者，责任者既是责任的承担者也是权力的拥有者和利益的享受者。实践表明，责、权、利三者之间的结合越科学、越合理，城镇社区自治组织的积极性就发挥得越好，社区居民的参与率就越高，西部城镇社区的自治程度就越高。同时社区组织对社区治理承担多大的责任，对社区治理拥有多大的权限，获得多大的利益，决定社区组织在社区治理中下多少力、出多少汗，从而最终决定社区治理的绩效。

权责利一致原则要求政府的社区部门、社区自治组织系统内部社区党组织、社区居民委员会、社区居民代表大会、社区协商议事会各组织机构，社区居民委员会主任、副主任等各委员都应具有一定的职务、权力、责任和利益。实现权力、职责和利益的一致，使其领导者有相应的职位和由此产生的职能，有履行职责所需要的各种权力，有必须承担与其权力相对应的义务和履行义务的行为后果，有与职务相联系的一定报酬。

当前西部城镇社区自治组织错位，其原因是责、权、利不统一，实现社区自治组织的责、权、利的统一是实现社区自治的关键所在。在明晰社区自治组织责、权、利的基础上，建立社区自治组织责、权、利相互统一的运行机制，才能真正发挥城镇社区自治组织的主体作用，实现城镇社区自治。

城镇社区自治组织责、权、利的合理结合并互相挂钩，使社区组织能够有责、有权、有利，克服有责无权或有责无利的责、权、利脱钩的现状，能最大限度地调动社区自治组织在社区自治中的积极性。当然，这有待相关机制的建立和完善。职、责、权、利一致是实现有效领导的必要条件，领导者必须实行权责一致原则，如果职务与权力分离，就会使领导工作出现"虚位"。权力与责任分离，往往是官僚主义产生与泛滥的基础。职务与利益相脱离，会使领导工作缺乏必要的动力。

（二）以西部城镇社区居民为本的原则

以西部城镇社区居民为本，就是要满足城镇社区居民对社区公共产品的需求，体现城镇社区居民的意愿，保证城镇社区居民依法行使民主权利，管理社区公共事务和公益事业，实行自我管理、自我服务、自我教育、自我监督。社区居民需求的内容主要包括利益需求、情感需求、价值需求和社会需求。

在市场经济条件下,"平等的居民之间需要一种'同意权力'"①。它不具有强制性,但有约束力,约束力不是来自外部压力,而是来自社区居民自愿需求和自主选择而形成的内在动力。"同意权力"的产生主要来自居民的利益需求和对社区的认同。

人的利益需求是人的本性,对人来说,人性是活生生的人的现实属性,它以人的生命为前提。人有维持自身生存的物质欲望和需求。人是自然存在物,具有自然属性。人的自然性表明,物质需要是人与生俱来的本性,人的自然性使得人对于物质利益的追求成为一种客观存在。物质利益是人生存在和发展的必要条件。离开衣、食、住、行、用等物质资料,人就无法生存和发展。人从事劳动生产的动机和直接目的是为了物质利益的获取;马克思说:"没有需要,就没有生产。"②"人们奋斗所争取的一切都与他们的利益有关"③。人的需要是人的本性,满足正当需要是人不可剥夺的权利。社区居民对物质利益的追求,是社区自治的基础。社区组织不能向社区居民提供公共产品,必然失去社区自治的物质基础。因此,社区自治组织的建立,以社区居民的需求为本,成立相应的机构,了解社区居民需求,提供相应的公共产品和服务,满足社区居民的需求等。

"利益需求"是指人的物质、精神利益需求方面的一致性和统一性。社区自治组织要求把利益需求作为社区工作的基础和起点,就是要尊重和关心社区居民的利益需求,满足社区居民正当的合理的利益要求,并注重从根本上帮助其实现好自身的利益,从而实现社区自治。

情感需求是指社区居民根据社区组织的自治状况在情绪体验方面的需求。如果社区组织真正代表社区居民的利益,社区居民就真正支持社区组织,就喜欢参与,就乐于参与社区组织活动。

价值需求是指社区居民对社区发展的价值理想、价值取向、价值标准等方面的需求。在社区发展中表现为,寻求社区发展的基本思想、信念的归属

①　费孝通:《居民自治:中国城市社区建设的新目标》,《江海学刊》2002 年第 3 期,第17 页。

②　《马克思恩格斯选集》第 2 卷,人民出版社 1972 年版,第 94 页。

③　《马克思恩格斯选集》第 1 卷,人民出版社 1972 年版,第 82 页。

感和认同感；对特定社区组织的行为方式、价值追求、道德规范的依赖、忠诚和践行。价值需求是社区自治的源泉。

要实现社区自治，必须满足居民对社区的利益需求、情感需求和价值需求。

（三）政党领导原则

在西部城镇社区自治组织建设中，只有坚持中国共产党的领导，才能保证社区建设的社会主义方向，才能宣传、贯彻和执行党的路线、方针和政策，遵守法律法规，才能代表社区最广大人民的利益。这是因为，社区自治意味政府的淡出，但政府权力撤离所造成的权力真空不是社区自治组织所能完全填补的，这就需要另外一种组织力量来填补。在通常情况下，一种力量的退出意味着另一种力量的介入，但介入的这种力量是否合法，是积极的力量还是消极的力量在开始的阶段都难以确切知道。从西部城镇社区建设实践看，社区成员的结构是多元的，社会关系也是比较松散的，在利益日益多元化的条件下，个体利益的维护和民主参与有时并不完全符合社会总体性利益和要求，比如在某些地方出现的贿选等现象，就是与党和政府的路线、方针、政策相违背的。因此在社会发育还极不成熟的西部，在政府力量因职能转变而退出社区领域时，基层社会的自治发展需要一个主导性的、有效的政治力量的支撑，这种力量在我国西部地区只能是中国共产党。因为共产党是执政党，其组织网络遍布全国，代表最广大人民的利益，有能力配置资源，有能力担负起整合社会的重任。因此，必须坚持政党领导原则，才能科学构建西部城镇社区自治组织。在西部城镇社区自治组织机构中，党组织应处于领导核心地位。

（四）政府支持原则

在西部地区，由于城市人口较少，70%的人口在农村，社区组织很不发达，城市人口绝大多数也在单位的组织之内，属于"单位人"。由于社区建设滞后，观念落后，各个街道办事处是作为政府的派出机构，一级行政组织而存在的，城镇社区组织实际上成为政府的一条腿。因此，真正意义上的社区自治组织很不发达，社区建设长期被忽略。同时社区建设水平较低。社区建设，一般包括社区管理、社区服务、社区经济、社区文化、社区教育、社区卫生、社区治安等等。而目前我国西部城市社区建设大多仅仅停留在社区管理上，并且主要是对人和事的管理上。而长期以来形成的思维惯性和行为习惯，使得新成立的城镇社区组织仍然沿用原居委会的行政管理方式。主要表现在：第一，城镇社区组织还没有实现自治职能的转变。社区自治组织仍然主要充当上级路线、方针、政策的执行者、宣传者，主要从事地方政府安排的工作，不能根据社区特点和社区居民需求切实开展工作。第二，受经济、社会发展的影响，西部城镇社区的规模较小，社区建设内容比较单调。第三，城镇社区服务还处于拓展服务项目上，服务质量的提高还没有得到应有的关注。第四，社区的吸引力、凝聚力不强。主要是人们对社区建设的认同感不够，参与意识不强。仅有的一些参与行为也只是受制于规制，没有形成自觉的行动和比较稳定的队伍。第五，社区的经济水平较低，社区文化、教育、卫生设施落后，没有形成强烈的文化氛围，社区治安管理薄弱。第六，社区办公条件比较差，经费短缺，自筹经费能力差，服务能力差。没有政府的支持是不可能发展的，从中外社区的发展看，即使在发达国家，社区自治的经费等绝大部分也是由政府提供的。因此，只要有了政府的支持，社区自治就有了有效的体制基础、政策基础和财政基础，社区自治才可能成为现实。

（五）民族和谐原则

随着改革开放的深入和市场经济的发展，西部地区越来越多的少数民族人口进入到城镇，他们对城镇及其社区政治、经济和文化的发展产生了积极的影响。在西部城镇社区内逐步形成"大杂居、小聚居"的多民族社区。如云南省昆明市金牛社区的"10488人中有回、彝、纳西、傣、满、布依、土家、蒙古、布朗等12个少数民族共1153人，占总人口的11%"①。该社区地处昆明闹市中心区，辖有繁华的青年路段、五华区重点文物保护单位——金牛街清真寺和全区唯一的回族幼儿园——明德幼儿园，同时有些社区少数民族占大多数。再如桃源社区共有500多户2000多外来暂住人员。有白、回、藏、傣等14个少数民族共500多人，有15家少数民族风味餐厅，是一个

---

① 马贤龙:《做好城市民族工作促进和谐云南建设》,《今日民族》2008年第5期,第9页。

典型的少数民族杂居社区。新疆石河子市向阳街道的 23 小区社区，它东邻石河子大学，西至东环路，南靠北三路，北依北四路。社区面积 0.41 平方公里。社区内有公、检、法机关、石河子宾馆、工商银行、中心幼儿园等 14 家驻区单位。居民住宅楼 83 栋，居民户数 2650 户，人口约 8000 人（其中常住人口 7500 人，暂住人口约 500 人），其中有蒙古、维吾尔、哈萨克、壮等少数民族 120 人。社区内设有文化娱乐、医疗卫生、宾馆、餐饮、婚姻、中介、老年公寓等多项社区服务机构。敦煌市沙州镇小南街社区有住户 1107 户，其中少数民族群众有 95 户。

民族社区的民族关系复杂，往往还具有宗教问题、边疆问题，社区民族关系是否和谐，直接关系到西部社会主义和谐社会的构建，因此必须根据民族成分多，少数民族流动人口多，以及少数民族外来务工人员日益增多的实际，形成具有西部民族特色的城镇社区。

近年来，西部社区认真开展民族团结宣传日活动、设立民族知识长廊、建立民族团结示范学校、建立民族团结联系卡及少数民族联络员制度、成立影响民族团结矛盾纠纷调处中心和少数民族外来务工法律援助点以及少数民族外来务工人员之家等工作。同时，在一定程度上，也使西部城镇社区民族关系趋于敏感，从而对西部社区民族工作带来了一系列新的挑战。而从目前西部社区治理中民族工作的现状来看，对这一问题的管理存在滞后或缺位。因此，在构建社区组织时必须体现民族特色原则。

第二节　西部城镇社区自治组织模式的类型及其存在的问题

一、西部城镇社区自治组织模式的类型

西部城镇社区组织是由原来的社区居民委员会和村公所变迁而来的，随着西部社会主义市场经济体制的完善，城市化进程的加快，产生了不同类型的社区，与西部城镇不同类型的社区相适应形成了不同的社区自治组织模式，根据我们的调查，西部城镇社区主要有以下组织模式：

（一）垂直型行政管理组织模式

在我国西部地区特别是城乡结合部社区多数采用行政型社区组织模式，这种行政管理组织模式是包括政府主导型、政府控制型和政府领导型模式，从课题组的问卷调查中可以看出，见表5—1。

表5—1　西部城镇社区组织模式表

政府主导型	政府控制型	政府社区合作型	政府领导型	社区自治型
19.4%	28.9%	12.6%	20.8%	18.3%

从表5—1可以看出，有19.4%的社区居民认为自己所在的社区组织是政府主导型社区组织，有28.9%的社区居民认为自己所在的社区组织是政府控制型社区组织，有20.8%的社区居民认为自己所在的社区组织是政府领导型社区组织，三者合计达到69.1%。这种组织模式源于计划经济体制的政府管理，其实质上就是人们说的"换牌"。① 这是因为在计划体制下，我国西部城镇的基层组织是街道、乡镇，街道、乡镇属于行政化组织。随着社区组织的发展和变迁，"社区"这一概念在西部城镇组织中得到了实践和发展，街道的结构与功能发生了很大变化。根据城镇社区建设的目标和功能需求，城镇社区组织应为非行政化主导的多层多元组织结构，以实现居民的参与功能、社区控制功能、福利保障功能、青少年社会化功能以及社区经济等一系列需求满足功能，从而实现社区自治。然而，我国西部一些城镇的社区组织建设，主要是改换居委会的招牌，仍然是垂直型行政管理组织模式，其特点是治理主体仍然是政府，政府经常干预社区工作，社区工作中的行政化倾向严重，机构设置政府化，调查中发现，有30.5%的社区治理主体认为社区治理主体仍然是政府，有33.3%的社区治理主体认为政府干预社区工作，有39.2%的社区治理主体认为社区工作行政化，有31.1%的社区治理主体认为社区组织机构设置政府化，这些社区组织一般设党总支和居委会，总支委员若干名，书记、副书记各1名，主任1名，副主任若干名，设农、

---

① 周运清:《转型社会与城市社区组织建设的拓展》,《江苏社会科学》2001年第1期,第56页。

林、水、计划生育、科教卫生和治安、统战等职能部门委员若干名，完全按照垂直型行政管理组织模式构建社区组织机构，组织机构设置完全与政府职能部门相对应，社区组织实际上纳入到政府体系中，政府通过街道办事处对社区组织进行领导和控制，有利于政府通过对社区资源和社区组织的控制而达到政府的治理目的，能够发挥政府治理社区的优势，实现政府目标，在社区居民需求单一化、政府资源丰富、"单位"职能全能化的前提下，在短期内能够体现出社区建设的效率。但在社区建设的实践中，随着政府职能的社会化，居民需求多元化的发展，这种模式不利于社区自治能力的发挥，不能满足社区居民需求多元化的发展，实际运行的结果就是行政化。

（二）合作型社区组织模式

这种模式是建立在"合作主义"基础上的，其目的是实现社区组织的自治和政府的共治，包括政府、各种自治的主体——"利益团体"、"精英群体"及"社团"相互之间的合作。合作主义的目的是在分化乃至分裂的社会中，将不同集团的精英和国家权威紧密地联系起来，促使他们互相支持合作，探索他们可能达成合约的途径。[①]在西部城镇社区治理中，表现为政府行政机制与自治机制的合作与互动，政府制定社区发展规划、提供经费和资源等。我国西部地区大多数社区都是在西部地区党和政府的领导下，实现各省（直辖市、自治区）、地（州、市）、县（市、自治县、区）、乡（镇、自治乡）党和政府与社区自治组织的合作，在党和政府的规划指导下，在政府提供公共产品和社区经费的前提下运作的，如新疆等相继建立了以社区党组织为核心，社区居民代表大会、社区居民委员会、社区联席会议相结合的三位一体的社区组织管理模式，"社区居委会下设六站一室，即：社区服务站、社区文教服务站、社区医疗卫生站、社区环境卫生站、社区计划生育站、社区就业和社会保障站、社区司法警务室。95%的社区实现了'一社区一支部'的目标。在完善社区自治组织方面全面推行民主选举、民主决策、民主管理和民主监督。"[②]阿克苏市为了加强社区居委会的自治功能，开创了卓有成效

---

① 张静：《法团主义——及其与多元主义的主要分歧》。
② 孙秀东：《新疆社区建设工作迈出新步伐》，《中国民政》2004年第4期，第48页。

的社区工作，社区组织实行"三三"制，逐步提高社区居委会作为群众性自治组织的主体地位和自治功能。一是组织建设上实行议事层、操作层和监督层"三公开"。议事决策层由社区居委会承担，对社区居委会负责；执行操作层由社区工作者组成，承担社区居委会交办的自治性工作和社区事务性工作，代表监督层由居民代表组成，对居委会工作进行监督。二是管理体制上实行协商会、听证会和评议会制度。议事协商会是由社区居委会组织居民代表协商解决社区中存在的问题；听证会是社区居委会对社区中涉及居民利益的重大事项在做出决策前，组织居民召开论证会，广泛听取居民的意见；评议会是社区居委会组织居民代表每年召开若干次民主评议会，对社区居委会的工作和与居民相关的事宜进行评议。三是在管理方式上实行财务、居务、事务"三公开"。各社区严格按照"三公开"的制度要求，公开社区收支情况、收费标准、办事程序、低保申请和审批程序等。从而实现了政府的行政治理和社区自治组织的自治相结合的合作模式。这种模式能得到政府、社区和社区居民的支持。调查中发现，有35.9%的社区治理主体认为社区是政府行政机制与社区自治机制的互动，45.4%的社区治理主体认为社区组织应该是政府的行政机制和社区组织的自治机制的合作，45.4%的社区治理主体认为社区发展应该是在政府的规划指导下，在政府提供经费的前提下的自治。

（三）自治型社区组织模式

城镇社区自治型社区组织模式是在西部城镇经济、政治、文化和社会比较发达的社区和城郊社区、乡镇社区产生的，从表5—1可以看出，自治型城镇社区占西部城镇社区的18.3%。因为经济、政治、文化和社会比较发达的社区，社区经济条件比较好、社区经费来源多元化，具有比较好的经济基础，资金来源、政策法规、机构设置、人员选调、社区划分等问题对政府的依赖比较小，社区自治组织体制比较完善，社区组织领导及其委员素质比较高，能根据社区居民的需求切实开展工作，社区居民的收入比较高，政治、文化素质比较高，居民的社区参与率高，因此比较容易开展社区自治工作。在城郊社区和乡镇社区中，由于城镇社区自治组织拥有一定的经济资源，如云南省曲靖市的嘛黄社区、贵州省遵义市的共青团社区等，他们都有一定的房地产和一定的市场，社区成员之间有共同的经济利益，社区成员的参与率比较高，具有比较好的自治基础，因此构建了自治型社区组织模式。基本上构建了社区居民代表大会（决策层）、社区居民委员会（办事层）和社区协调议事会（协调层）的组织模式，社区居民参与率也比较高，比较好地开展了社区自治工作。

以上三种类型的社区都建立了比较完善的社区党组织，体现了党对社区领导职能。我国是社会主义国家，中国共产党是执政党，中国社会主义事业的领导核心，执掌国家政权。党的领导地位和执政地位决定了党对中国社区发展具有决定作用。因此，必须加强社区党组织建设，在社区党组织的领导下重新构建社区基层社会自治组织，从而推进我国社区自治。

加强党的领导，首先必须改革党组织的产生方式，因为党组织的产生方式决定党组织真正能够代表的利益，从对西部城镇社区党组织的产生方式来看，党委或党总支书记的产生主要有三种方式，一种是区委委派制，如贵阳小河区，党总支书记是由区委委派的，有利于宣传、贯彻和执行党的路线、方针和政策。另一种是"三推一选制"，如四川省经过"党员自荐、群众推荐和社区、单位党组织推荐三种推荐方式"①，经过广泛宣传、三方推荐、演讲答辩、组织考察和正式选举，公开推选社区党支部。这种社区党组织产生方式既能体现党的利益，保证党的路线、方针和政策的贯彻和执行，又能体现社区居民的利益，实现社区自治。第三种是社区主任兼任党支部书记，这是西部社区普遍存在的组织方式，这种方式有利于集中力量实现社区自治，但会忽视党和社区居民的利益。

二、西部城镇社区自治组织模式在的问题

（一）西部城镇社区党组织作用不能充分发挥

在西部城镇社区内存在政府机构、企事业单位、个体工商户、私营企业、中介组织等。由于过去我国行政管理体制中明显的"条块分割"的影响仍然存在，这种"条块分割"的体制使社区内单位党组织、政府及其派出机

---

① 《当代广西》2004 年 7 月 15 日第 13 期。

构党组织难以在社区党建中形成合力,"条块分割"的行政体制使不同隶属关系的单位党组织处于相对封闭、相对隔离的状态。从地域上看,单位党组织的机构虽然设在社区区域内,但单位并不隶属于社区,单位一切人事权和利益分配权均受制于条条管理。单位党组织与街道党组织缺少经常的联系,参与社区党建又要单位付出一定的人力资源和物质资源,这就使得一些单位组织不愿参与社区党建工作。因此,当社区党组织与单位党组织发生联系时,往往不能引起同级别或高级别单位党组织的重视,不能得到它们有力的配合与支持。由于社区党组织不健全,由于社区党组织干部队伍力量弱,组织活动不正常,班子人员不齐、年龄偏大、文化水平低、工作能力差是西部城镇社区党支部的普遍现象。一些社区只有三五名党员,且是退休人员,又缺乏党务管理、经济管理和社区管理能力。与社区党建和现代化社区管理要求存在明显差距。与此同时,不少建立了党支部的城镇社区,由于党的书记兼任社区主任,主要从事行政工作,很少组织党的工作,党的组织活动并不正常,有的甚至几个月都不过一次组织生活,更谈不上社区组织发展,我们调查发现,很多社区长时间没有发展一名党员。因此,社区党组织的作用得不到充分发挥。

(二)社区组织严重行政化

计划体制下,西部地区的基层组织是街道办事处,街道属于行政化基层组织,街道下设居委会,居委会实际上成为政府的"一条腿"。经过20多年建设,在街道的基础上形成了城镇社区,构建了城镇社区自治组织。根据西部城镇社区的功能需求,城市社区组织应为非行政化主导的多层多元组织结构,是以社区居民需求为导向,以实现居民的参与功能,社区控制功能、福利保障功能、青少年社会化功能以及社区经济等一系列需求满足功能。然而,西部城镇社区组织的构建,特别是城乡结合部社区多数采用行政型社区组织模式,把社区建设混同于基层政权建设。往往把社区自治组织当成是政府的延伸,社区自治组织承担了太多的政府职能导致角色模糊,职能错位,社区自治组织成为各级党委、政府及其部门工作的承受层、操作层、落实层,工作不堪重负,疲于应付。

（三）社区成员代表大会的作用没有充分发挥

社区成员代表会议议事制度包括组织形式、议事内容、议事程序、议事原则、保证制度、制约措施六个方面。

社区成员代表主要包括社区单位代表和居民代表，社区单位代表应由单位职工大会或职工代表大会推选或直选产生；社区居民代表，以居民小组为单位，采取个体选民或户派代表形式直接提名选举产生。社区成员代表大会主席1名，副主席1—2名，秘书长1名，主席、副主席、秘书长候选人由社区自治组织选举委员会提出，经社区成员代表大会选举产生。

从制度上讲社区成员代表会议有选举、罢免、补选社区居委会成员；听取和审议社区居委会履行职责的情况；评议社区居委会成员的工作表现；反映社区居委会的意见，建议和要求；对涉及本社区的重要公共事务实行民主决策等主要职能。凡涉及本社区全体居民利益的重大事项，社区居委会必须提请社区成员代表大会讨论决定，如社区发展规则，社区居委会的财务预算和结算执行情况；撤换、补选或罢免社区居委会成员；社区公益事业的经费筹集办法，资金及其使用情况；社区集体经济收益所得及其使用情况；社区集体经济项目的立项，承包方案以及社区公益事业的建设承包方案；社区成员代表认为涉及居民利益的其他事项需提请会议讨论的内容。

社区成员代表大会由社区居民代表大会主席召集主持，原则上至少每年召开一次，在特殊情况下或有三分之一以上社区成员代表提议，可以临时决定召开社区成员代表大会。举行会议时，社区居委会主任首先要汇报上次例会的决议执行情况，听取意见、接受监督，然后提出本次会议要讨论的问题及解决问题的设想方案，供代表讨论研究。在代表充分讨论的基础上，最后做出有关决议或决定。社区成员代表大会必须坚持依法议事的原则；符合上级政策的原则；确保完成任务的原则；居民自治的原则；少数服从多数的原则。

为了保证社区成员代表会议所作的决定具有科学性和民主性，体现社区居民需求，每个社区成员代表，会前要广泛收集居民的建议、意见和要求，会后及时向居民通报会议精神。不定期组织代表学习上级有关政策和法律法规以及社区建设等有关文件，提高社区成员代表的政策水平和民主自治能力。

为了保证社区成员代表大会制度的实行，必须执行社区的公益事业的经费筹集办法，不经社区成员代表会讨论决定，有关部门和单位不予支持；社区集体经济项目立项，承包方案以及社区公益事业建设的承包，不经社区成员代表大会讨论决定，土地、建设、规划等有关部门不予审批；社区救济款物和城市最低生活保障的资金发放，不经社区成员代表大会讨论，民政部门和街道办事处不予审批和发放；评先创优和申报社区建设示范单位工作，不经社区成员代表大会讨论决定，各级政府和民政部门不予审核审批。

在西部社区建设中，虽然社区成员代表大会也发挥一定的作用，如四川省成都市锦江区莲新街道海椒市社区第三届社区成员代表大会上，该社区居委会副主任兼治保主任被居民罢免①。也成立了社区成员代表大会，对一些重大问题进行议事，召开一定的社区成员代表大会，在社区自治过程中发挥一定的作用。但是在社区成员代表大会中还存在一些问题，主要表现在：

1. 在居民委员会选举中，在确定候选人过程中存在非法操作，违背民意。为了保证上级党政机关认可的代表候选人能当选，直接指定候选人。各党派、各人民团体联合提出的代表候选人有组织支持和保证很容易高票当选，而选民或代表联名推荐的代表候选人往往受到种种限制，当选率很低，这就造成组织推荐的代表候选人与选民推荐的候选人在竞选的起点上的不公平。在投票和计票过程中也存在不少违法行为。一是许多城镇社区选举中没有设置秘密划票室。二是委托投票不规范，一人代投几十张上百张选票的情况时有发生，甚至有人根本就没有书面委托书却代别人投选票。三是流动票箱使用不规范，流动票箱由于只能由少数选举工作人员押箱，极易成为制造假票的工具。四是计票过程不及时、不公开，有些选举组织机构故意违法统计选票，甚至篡改选票。在选举实践中，监票人、计票人如何产生，在什么地方、什么时间，用什么方式计票，常常由选举组织机构随意决定，选民或代表对整个计票过程缺乏了解和监督。社区选举的贿选的现象还时有发生。贿选就是通过实物、金钱来影响选民意愿的表达，贿选的危害是很明显的，它用非强迫的利益方式影响选民的意愿，候选人给选举人利益要求其选举自

---

① 王云龙、李贤：《一居委会主任被居民罢免》，《社区》2003 年第 17 期，第 51 页。

己，这与选民的初衷是相背离的。贿选尽管形式上是非强迫的，但影响选民意志的作用很明显，这种现象严重破坏了民主，违背了选举的公正原则。

2. 社区单位代表不是由单位职工大会或职工代表大会推选或直选产生，而是由单位分管领导参加；社区居民代表，不是以居民小组为单位，采取个体选民或户派代表形式直接提名选举产生。

社区成员代表会议很少进行罢免、补选社区居委会成员；社区居民代表大会很少按期召开，有的社区四年没有召开一次代表大会，既没有听取和审议社区居委会履行职责的情况，也没有评议社区居委会成员的工作表现；既没有反映对城镇社区自治委员会的意见、建议和要求；更没有发挥对涉及本社区的重要公共事务实行民主决策等主要职能。涉及本社区全体居民利益的重大事项，往往由社区居委会决定，而没有经过社区成员代表大会讨论决定。

第三节　构建政府支持型社区自治组织模式

西部城镇社区自治组织的运行，必须有相应的经费、组织队伍和政策的支持，从目前西部社区的实际看，无论是社区办公条件的改善、办公经费的提供、社区工作人员的工资或者补贴，还是政策支持，仅仅靠社区内部是不可能提供的，必须得到政府的支持。

一、政府支持的必要性

1. 西部城镇社区自治组织的良好运行需要的大量资金，需要政府的大力支持

从发达国家社区建设的经验看，社区建设所需要的资金大部分是由地方政府提供的，西部城镇社区自治组织运行的资金更需要政府的支持。因为西部城镇社区自治组织的运行资金，主要来源于：政府的投入；国家批准发行的彩票中可提取的资助款；社区活动所获得的收益；社会捐赠；依法筹集的其他资金。从西部建设的实际看，西部社区资金来源非常有限，除了政府的

投入外，社区活动所获得的收益比较少、社会捐赠、依法筹集的其他资金非常有限，资金严重短缺，社区自治组织运行困难。如：新疆有64.65%的社区不能满足社区居民人均0.5—1元的社区服务发展资金，"无钱办事"的问题十分突出，办公室经费十分紧张。社区工作人员待遇低，有的工资报酬低于300元，有的在300—500元之间。成都市社区书记、主任的月平均生活补贴只有365元，委员的平均生活补贴只有262元。贵州社区居委会委员的月平均生活补贴只有330元，贵阳市社区居委会委员的月平均生活补贴只有400元，重庆市社区书记、主任的月平均生活补贴只有490元，由于条件差，待遇低，严重影响社区干部的工作积极性，除了完成必需的工作外，很少考虑社区居民需求，严重影响社区自治。因此，必须加强政府的支持，通过政府的支持，才能改变社区办公条件、提高社区工作人员的收入，增强社区自治的功能。

2. 构建一支优秀的城镇社区队伍，需要政府的大力支持

城镇社区自治组织的发展，迫切需要一批具有丰富的社区工作经验，掌握丰富的社区专业知识、专业水平高的专业型人才。只有构建一支优秀的城镇社区队伍，才能实现社区自治，构建社会主义和谐社会，党的十六届六中全会指出"造就一支结构合理、素质优良的社会工作人才队伍，是构建社会主义和谐社会的迫切要求"。然而，西部社区人才素质比较低，年龄偏大，有的是失业下岗人员。从调查中发现，新疆的社区工作人员中平均年龄37.6岁，大专以上文化程度的只占44.9%，贵州只有14.7%，社会学、社会工作和社区专业毕业的工作人员更少。其原因是西部城镇社区工作条件差，收入低，还不如农村村官，要提高社区工作人员素质，必须改善社区工作条件，提高社区工作人员收入，使其收入提高到国家公务员的最低水平，发展高等教育，培养社区工作人员，如果仅仅依靠社区力量是不可能提高社区工作人员的素质，因此要提高社区工作人员素质迫切需要政府的支持。只有政府高度重视社区工作人员的教育和培训工作，提高人才素质，才能从根本上解决社区低水平建设的现状。

3. 实现民族和谐，需要政府的支持

民族地区的城镇社区往往都是多民族聚居区，形成大杂居、小聚居的特

点。西部地区的许多社区，特别是西藏、青海、新疆、云南、贵州、宁夏、甘肃、四川的社区，具有多民族的特点。一些人口较少的民族常常处于劣势，其民族特征和正当权利容易被忽视，由此产生民族自卑感，如何保护少数民族的文化，处理好民族关系，实现民族团结和各民族共同发展，实现民族和谐，关系到社会和边疆地区的稳定。同时在不同民族的交往中，不同传统、不同信仰等文化价值观相互碰撞，不可避免地产生一些矛盾，造成民族关系的不和谐。同时，有些民族地区在推行城市化过程中，把经济利益和政绩工程放在首位，不尊重民族风俗和少数民族的信仰，导致干群关系紧张，人际关系淡薄。进一步加剧民族关系的复杂，处理这些复杂的民族关系必须得到政府的支持。再如西藏和新疆的民族问题更复杂，如果城镇社区能够真正实现民族平等、民族团结和各民族共同繁荣，实现社区民族和谐，那么就能够为实现民族和谐、社会稳定、边疆稳定，为构建社会主义和谐社会奠定基础。然而，处理好复杂的民族关系，必然需要大量的人力、物力和财力，由于西部城镇社区经济、政治、文化相对滞后，难于提供实现民族和谐所需要的大量资金。因此，只有政府的大力支持，才能实现民族和谐，构建社会主义和谐社会。

4.经济资源的依赖性需要政府大力支持

我国西部地区发展相对落后，城镇社区建设在很大程度上难以实现社区"自治"，其根本原因是用于社区建设的许多经济资源都依赖政府，社区自身还无力提供。比如资金来源、政策法规、机构设置、人员选调、社区划分等问题，离开了政府就无法发展。社区自治组织活动中缺乏独立性和创造性，成为政府行政系统的附庸。社区服务收取的管理费和一些经营性收入很少甚至没有，经济资源上的依赖性决定了很难实现社区"自治"。要摆脱经济资源的依赖性，必须加强西部城镇社区自治组织自身的发展，得到西部地方政府的支持，特别是需要政府的政策支持。

5.实现西部城镇社区治理的跨越式发展必然需要政府大力支持

西部城镇社区具有总体上的落后性。调查发现，西部城镇社区除重庆、成都、昆明、贵阳、西安等大城市外，大多数起步晚，水平低，还处于社区建设的初级阶段，社区建设的体制、模式、组织结构等内容还不完全成熟。

因经济落后，许多地方还没摆脱贫困状况，人们把主要精力集中在发展经济、城市化规模等方面，对社区的功能缺乏足够的认识。新型的社区管理模式尚未形成，居民、企事业单位的参与意识不高，社区自治组织的自治能力不强，因而要实现社区自治的飞跃必须依赖于政府的强力推动和支持。

二、政府支持型社区自治组织模式

西部城镇社区自治组织模式应为政府支持型社区自治组织模式，是一种非行政化主导的多元组织结构，其具体构成应为：政府——提供支持和服务；社区党组织——负责社区党的建设和把握社区发展方向；社区居民代表大会——社区的最高权力与决策机构；社区居民委员会——社区的管理和经营机构；社区议事会——社区的监督机构。它们彼此之间的关系为相互独立、相互制衡的关系。如下图所示。

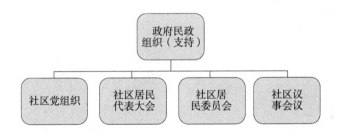

从上图可以看出，西部城镇社区自治组织模式包括：

（一）政府支持

政府对西部城镇社区自治组织的支持首先表现在各级政府特别是中央政府对西部城镇社区组织的资金支持。因为西部社区普遍存在办公用房面积小，多数办公用房没有自主产权，办公条件差，活动场所普遍缺乏，室内活动场所小，室外活动场所少。城镇社区工作经费严重短缺，很多社区无法承担水费、电费、电话费等行政费用，社区办公经费严重不足，社区服务发展基金少，社区工作人员工资补贴低等。而西部经济欠发达地区财政不足，难于筹集资金投入，因此必须加大中央政府对西部城镇社区的资金支持力度，加大政府的投入；适当提高国家批准发行的彩票中可提取的资助款；增加社区活动所获得的收益。

其次，加强对西部城镇社区的人才支持。西部城镇社区普遍缺乏人才，工作人员素质较低，西部高校少，特别是培养社区管理人才的高校更少，难于培养西部社区所需要的人才，因此必须加强政府的支持，大力培养社区人才。

最后，必须加强政府的政策支持。要实现社区自治，必须让社区工作人员从事社区工作，了解社区居民需求，为社区居民服务。然而，从我们的调查中看出，西部城镇社区组织往往从事大量的行政工作，导致社区行政化。克服行政化的对策就是加强政府对社区工作的支持，通过制度安排严格落实"权随责走，费随事转"的工作制度，政府部门和有关单位的一些服务性职能向社区转移时，应坚持责、权、利相统一的原则，必须同时转移职权和工作经费，保证社区的利益。同时，政府还要积极支持西部社区发展经济，支持社区从事社区服务活动，增加社区收益。

（二）社区自治

实现社区自治，必须坚持社区自治组织是社区治理的唯一主体，以社区居民为本，政府支持社区，提高社区自治组织对社区公共资源的控制，提高社区自治组织的权威，提高社区居民参与率。从调查中可以看出，当前西部城镇社区自治程度不高，主要原因是社区自治组织的权威不够，居民参与意识缺乏，参与度低，因此，要实现社区自治。必须做到：

1.加强社区党组织对社区的领导

社区党组织是社区发展的领导核心，党对社区的领导是通过党对社区资源的有效组织和整合来体现，以社区为主要空间，组织党员、发展党员、动员和整合社会资源。其内涵和目标是强化党对社区活动和社区建设的主导，密切党与社会、党与人民群众的联系，构建党的领导和执政的广泛社会基础，提高党组织整合社会资源的能力。基于社区党建的内涵和目标指向，在西部社区自治组织的构建中，社区党建主要是健全和完善党的基层组织及其活动方式；其核心就是党如何通过自身完善的组织体系和在社区中积极有效的活动，在社区中构建最广泛和牢固的社会基础，实现对社区资源的有效整合。党和社区居民利益的一致性决定党在社区自治中发挥主导作用，社区党组织的工作主要包括以下几个方面：第一，组织建设。组织建设包括两个方面：一是组织本身的建设；二是组织体系的建设。第二，体制建设。社区党建中的体制建设，是一项系统工程，涉及党的组织体制、领导体制、工作体制、监督体制和动员体制等。第三，党风建设。在社区党建这个层面上，基层党组织的党风廉政建设所具有的意义不是策略性的，而是战略性的。第四，政治动员。中国共产党的发展和强大，不仅需要进行全面的思想建设、体制建设和组织建设而且需要全面的党内政治动员，其目的是使党的各级组织尤其是基层组织和全体党员，真正成为社会发展的主导性力量。第五，民主建设。由于社区党建与基层民主建设和发展有着十分深刻的内在联系，因此，社区党建中的民主建设，不仅关系到社区党组织自身的活力，而且关系到社区基层民主建设的总体发展。第六，可以通过社区自治组织党政联席会议把握城镇社区自治组织的发展方向，进行社区自治的重大决策。

（三）社区居民代表大会

社区居民代表大会是社区的最高权力机构与最高决策机构，由党组织代表、政府代表、社区内企事业单位代表、非政府组织代表、非营利组织代表和社区居民代表等组成。社区居民代表大会要充分体现国家民政部关于在全国推进城市社区建设意见的要求，社区党组织的书记兼任社区居民代表大会主席，使我国的社区建设在党和政府的领导下，依靠社区力量，资源共享、共驻共建；充分调动社区内机关、团体、部队、企业事业组织等一切力量广泛参与社区建设，营造共驻社区、共建社区的良好氛围；扩大民主，实现社区自治。

城镇社区居民代表大会的主要职责是：对本社区的发展进行规划，对本社区的发展方向、资金来源等重大问题进行科学决策；依照《中华人民共和国城市居民委员会组织法》的要求，通过本社区居民代表大会，民主选举产生社区自治委员会及社区议事委员会；对居民反映强烈的社区自治委员会及社区监督委员会的主要负责人有罢免权。社区居民代表大会的构成人数必须是奇数，其决策程序要体现科学与民主。

（四）社区自治委员会

社区自治委员会（或社区居民委员会）是社区的常设机构也是社区的管理、经营机构。其主要职责是：负责本社区的日常行政事务的管理；组织本社区的发展与建设；执行党和政府的各项方针、政策；对社区居民代表大会做出的重大决策负责执行与落实；对社区内的非政府、非营利组织在社区运行过程中出现的一些问题进行协调与沟通；调查社区居民的需求并且组织实施；切实开展社区活动。实现在党领导下的社区居民实行自我管理、自我教育、自我服务、自我监督的目的。

（五）社区议事委员会

社区监督委员会是社区管理的监督机构。社区议事委员会一方面要对社区自治委员会及社区非营利组织的活动进行监督；另一方面它要向社区自治委员会并通过社区居民代表大会并向政府及时反映群众的呼声。社区议事委员会的主要职责是监督与反馈，社区议事委员会须经本社区的居民民主选举而产生，社区议事委员会要对社区居民代表大会负责。

第六章 西部城镇社区自治组织的功能

我国西部地区经济、政治、文化、社会建设相对滞后，少数民族多，民族问题、宗教问题突出。因此深入研究探讨西部城镇社区自治组织的功能，对于构建社会主义和谐社会具有重大的现实意义。结合西部城镇社区的特点，西部城镇社区自治组织的功能应该包括经济发展功能、社区服务功能、组织运行功能、协调发展功能、民族和谐功能、维护稳定功能和发挥民族宗教促进社会和谐功能。根据西部城镇社区自治组织功能发挥存在的问题，正确处理好西部城镇社区自治组织七大功能的关系，探讨和改革长期制约西部城镇社区自治组织治理能力提升的社区管理体制、提出发挥西部城镇社区自治功能的对策，对于加快和完善西部城镇社区自治组织体系建设，对于构建西部和谐社区和西部和谐社会具有重要的理论意义和实践价值。

第一节 西部城镇社区自治组织的功能

社区是多功能的聚合体。作为一个地方性基层社会组织，它所包含的各个系统分别担负着与当地社会生活相关联的各种社会功能，这就构成了社区的功能。[①] 学术界，不同的学者对社区功能看法不完全一致。于燕燕在《社区建设基础知识》中将社区的功能概括为：协管功能、民主自治功能、监督

---

① 顾建健：《现代社区管理规定》，上海人民出版社 2007 年版，第 7 页。

功能、文化功能、场域功能。奚从清和沈赓方在《社会学原理》中认为社区具有以下五种功能：满足生活需求功能、社会化功能、社会控制功能、社会参与功能、社会互助功能。娄成武、孙萍在《社区管理》中将社区的功能归纳为：政治功能、文化功能、维系功能、服务功能。以上这些是从一般意义上来叙述社区的功能的。根据《组织法》、《组织法》（修订稿）、《国务院关于加强和改进社区服务工作的意见》（国发〔2006〕14号）精神以及西部城镇10多年社区建设的实践，我们认为西部城镇社区自治组织具有以下六项功能。

一、组织经济发展功能

西部最大的实际或者说最显著的特点是经济落后，这是由历史的、现实的、自然的、社会的、政治的、文化的和民族的、宗教的等多种因素决定的。尽管1997年以来中央实施了西部大开发，西部12个省、直辖市、自治区经济发展建设都超过了历史最高水平，各省、直辖市、自治区经济发展迅速，在绝对量上都有所增长，但与东中部差距仍在继续扩大，西部地区仍然面临着经济发展的巨大压力，西部人均GDP2002年比1998年增长33%，而同期东部人均却增长41%。2007年东部地区国内生产总值占全国的55.3%，西部地区仅占17.4%，东部地区人均国内生产总值32283元，西部地区人均国内生产总值13212元，只是东部地区的40.92%。正是由于经济落后，西部城镇社区自治缺乏现实的物质基础，东西部这种发展差距、收入差距扩大的状况若长期持续下去，不利于社会主义市场经济的健康发展，将不可避免地引发许多社会问题，影响国家安定团结的政治形势，影响社会主义和谐社会的构建。因此，大力发展经济成为西部发展的当务之急。从这个大局出发，发展社区经济、服务社区就成为西部城镇社区自治组织的重要功能之一。

西部城镇社区自治组织的经济发展功能，既不是一般意义上的经济发展功能，也不是政府和企业的经济发展功能，而是指具有西部城镇社区特色的有效推进西部城镇社区经济（它的雏形是"区街经济"、"街道经济"、"城区经济"）、社区商业、社区服务业的可持续发展的功能；是为经济发展创造条件的功能。这是因为，西部城镇社区是在西部城镇化发展过程中建立和发展起来的，由于西部城镇化发展比较晚，城镇社区特别是城郊社区、乡镇社区经济发展的空间比较大，社区商业网络、服务网络不完善，为了发挥社区提高社区居民的生活质量的功能，必须加快社区经济的发展。主要包括：

1. 发展西部城镇社区经济。发展西部城镇社区经济是为适应加快西部城镇化发展和满足社区居民多元化需求而兴起的一种新的经济发展形式。这里的"社区"作为对"经济"的限定词，其意义在于经济发展的目的是满足社区居民的需要，满足城镇社区居民的需求是城镇社区组织经济发展的主要目的，即组织社区经济发展不是传统"社区内"的经济发展，而是"服务于社区的新经济"。[①] 新的社区经济内容以各种社区服务为主，既包括规模的或散在的营利性服务，也包括经过制度选择的公共服务上，同时把社区内从事工业生产的工厂企业以及提供泛化服务的非经济组织排除在外。

西部城镇社区经济的本质属性是服务性。社区是服务供给与服务消费同时进行的场所，是若干个"近邻"以不同的方式进行个性化生活所要求的同质化服务的场所。社区经济以其灵活的运行机制和以人为本的发展原则，较好地满足了社区居民的服务需求，提高了城镇经营的现代化水平。

转型期的西部城镇社区经济可以从多方面促进经济社会协调发展。（1）提高经济运行效率；（2）为社区发展提供经济支持、物质保障和政策支持；（3）推动城镇社区居民消费，扩大内需；（4）组织培养和培训，为企事业提供具有一定素质的劳动力，拓宽就业渠道，增加就业；（5）提高人民生活质量和社会文明程度；（6）加快社会结构的转型，促进传统社区向现代文明社区的转变。[②]

2. 加快西部城镇社区商业的发展。社区商业是以一定地域居住为载体，以便民利民为宗旨，通过各种商业形态、商业业种和商业功能的集聚，为社区居民提供日常物质生活、精神生活需要的商品和服务以及综合消费的属地商业。[③]

社区商业最早产生于 20 世纪 50 年代的美国，60 年代后，英国、日本、

---

① 常铁成：《新社区论》，中国社会出版社 2005 年版，第 180、182—184 页。

② 常铁成：《新社区论》，中国社会出版社 2005 年版，第 180、182—184 页。

③ 常铁成：《新社区论》，中国社会出版社 2005 年版，第 185、193—195 页。

法国等西方国家也由于居民的郊区化，而出现社区商业。在我国，随着城镇现代化进程的推进，社区建设的发展，东部沿海地区社区商业发展比较快，已经成为经济发展新的经济增长点，但相对东部经济文化发达地区，西部城镇社区商业发展还相对落后。但随着我国西部社会主义市场经济体制的不断深化和完善，城镇化建设的加快，随着西部城镇社区建设的深入推进，加快西部城镇社区商业具有十分重要的现实意义，在西部城镇社区自治组织的组织下，西部城镇社区商业将得到迅速发展。

加快西部城镇社区商业经济的发展具有十分重要的现实意义，主要体现在以下几个方面：

（1）加快西部城镇社区商业的发展，特别是城郊社区、乡镇社区商业经济的发展能更好地为城镇社区居民提供近距离商业服务，改变城镇社区居民的消费行为和消费理念。（2）可以进一步优化西部城镇社区的产业结构。以社区购物中心为主体的社区商业是现代商业的一种好形式，大力发展西部城镇社区商业，可以进一步扩大第三产业的比重，优化西部地区的产业结构。（3）社区可以降低商业的开发和经营成本。（4）可以进一步加快西部城镇社区经济的发展，社区商业是地区经济发展的重要力量，以商业为主第三产业是地区经济的重要支柱。①

因此，必须从西部实际出发，以便民利民为宗旨，以提高居民生活质量，满足居民综合消费为目标，完善西部社区商业服务功能，优化商业结构布局，提升西部城镇社区商业网点的综合配套和服务水平，加快营造和谐的西部城镇社区消费环境，满足和促进西部城镇社区居民消费需求。逐步建立和形成结构合理、功能完善、运转高效、质量可靠、便民利民的西部城镇社区商业服务体系，基本实现西部城镇社区居民购物、餐饮、维修、美容美发、洗染、家政服务和再生资源回收等基本生活需求在社区里得到满足的目标。

3. 加快西部城镇社区服务业的发展。社区服务业是西部城镇社区经济发展的核心。

发展社区服务业的提出和实践，将以往并未从经济角度考虑的社区服务，

---

① 常铁成:《新社区论》，中国社会出版社 2005 年版，第 185、193—195 页。

工作，放入社区产业中进行研究，使关于社区服务从一般的社区管理中分离出来，这既是理论研究的需要，也是社区发展实践使然。

改革开放以来，党和政府十分重视发展社区服务业，1989年12月26日，七届全国人大常委会第十一次会议通过了《中华人民共和国居民委员会组织法》，对改革开放条件下城市居民自治的性质、任务、组织形式及其他相关制度做出了全面规范，并第一次把"开展便民利民的社区服务活动"明确为居民委员会的一项主要职责。1999年，民政部制定了《全国社区建设实验区工作实施方案》，2008年11月，中共中央办公厅、国务院办公厅转发了《民政部关于在全国推进城市社区建设的意见》中办发〔2000〕23号），2001年3月，社区建设被列入《国民经济和社会发展第十个五年计划纲要》，2001年7月，民政部印发了《全国社区建设示范活动纲要》。2006年4月9日，《国务院关于加强和改进社区服务工作的意见》（以下简称《意见》）正式公布实施，《意见》共6个部分22条。第一部分，加强和改进社区服务工作的指导思想、基本原则和重要任务，共3条。第二部分，大力推进公共服务体系建设，使政府公共服务覆盖到社区，共8条。第三部分，充分发挥社区居委会在社区服务中的作用，共3条。第四部分，培育社区服务民间组织，组织开展社区志愿服务活动，共2条。第五部分，鼓励和支持各类组织、企业和个人开展社区服务，共2条。第六部分，加强领导和政策指导，强化社区服务监督，共4条。《意见》首次明确政府的公共服务延伸到社区服务，充分体现政府是社区服务最重要的提供者。《意见》明确了政府在推进社区就业服务，社区社会保障服务，社区救助服务，社区卫生和计划生育服务，社区文化、教育、体育服务，社区流动人口管理和服务，社区安全服务等方面应当承担的职责。同时指出，政府要不断改进提供服务的方式，整合政府各部门在城市基层的办事机构，积极推进"一站式"服务。政府有关部门不得将应由自身承担的行政性工作摊派给社区组织，建设社区信息化平台，提高社区公共服务的自动化、现代化水平。目前，下岗失业、贫富差距、医疗卫生、社会保障等社会问题都聚集在社区、社区成为城镇生活的家园，政府工作社区化将从基层有效缓解社会矛盾。在2000年以前，社区服务的范围就是社会福利的社会化，社区服务的对象只是包括老弱病残在内的社会弱势群体和各类优抚对象。2000 年，中共中央办公厅、国务院办公厅以中办发［2000］23 号文件转发了民政部《关于在全国推进城市社区建设的意见》，将社区服务扩展到社区全体居民，社区服务的内涵是社会服务社会化，在社会福利、社会服务社会化的基础上，此次《意见》又将社区服务扩展到公共服务的社会化，政府工作社区化，政府在社区服务的宏观指导、组织、监督、提供公共服务等方面起着决定性的作用。《意见》进一步强调社区自治组织在社区服务中的作用，以及培育社区民间组织、组织开展文化区志愿服务活动，鼓励和支持各类组织、企业和个人开展社区服务等，标志着社区服务进入一个新的历史发展阶段。

西部城镇社区自治组织，必须进一步明确自己的角色定位，充分履行自己的职能，切实从西部城镇社区建设的实际出发，紧紧抓住西部城镇社区自治组织的后发优势，扬长避短，推进西部城镇社区服务业的发展，为城镇社区居民提供各种社区服务产品，不断满足社区居民的需求。

二、服务功能

作为政府和社区居民桥梁的西部城镇社区自治组织，社区服务既是其建设的核心内容，又是其重要功能。回顾我国社区建设的历程，城镇社区自治组织建设是在"全能"政府"失效"和"万能"市场"失灵"的背景下发生的，是在国家与社会分离、作为国家与社会联结点的"单位制"解体的基础上出现的，其重要目标之一就是自治组织建设增强了城镇社区的功能，尤其是服务功能明显得到扩展、深化和强化，承接了社会转型过程中企事业单位剥离出来和政府转移出来的许多社会职能。其实质是使社区从国家领域中分离出来回归到社会领域并使社区真正进入自我管理、自我教育、自我服务、自我约束的有序状态。这是国家与社会关系调整的必然结果。

从西部城镇社区自治组织服务的实践看，其服务宗旨、服务内容、服务形式、服务方法都取得明显的成绩。一是大部分社区从起步阶段的单项服务扩展成了较为规范的系列化服务；二是兴建了一大批服务网点和社区服务设施，初步形成了区、街道、社区三级社区服务网络；三是社区服务队伍的来源不断丰富，数量不断增多，专业化程度不断提高，初步形成了一支由专职、兼职服务人员和广大志愿者组成的庞大的社区服务大军；四是初步探索出一条具有西部城镇社区自治组织特色的"社会服务社会化"的改革创新之路。

但同时我们也必须清醒地看到，社区服务作为社会发展和社会变革的产物，正在经历着一个由自发型向自觉型，由经验型向科学型、由国家（政府）这一社会福利结构向多元结构的转变。[①] 因此，我们在充分肯定西部城镇社区自治组织服务成绩的同时，必须正视目前存在的一些突出问题：一是观念滞后；二是社区服务体制不顺，缺乏总体的计划性和目标性；三是服务发展措施与市场经济发展不相适应；四是社会化、市场化程度低；五是经费投入不足；六是社区服务队伍整体素质有待提高。

根据《组织法》、《国务院关于加强和改革社区服务工作的意见》（国发〔2006〕14号）（以下简称《意见》）、《"十一五"社区服务体系发展规划》（发改社会〔2007〕975号）（以下简称《规划》）对社区居委会在社区服务中的角色定位，结合西部城镇社区自治组织建设实际，西部城镇社区自治组织服务功能的基本要求是以科学发展观为指导，"通过基础性保障和福利性照顾来满足社区居民的日常生活要求"。在西部城镇逐步建成与社会主义市场经济体制相适应，符合西部实际，与西部经济社会发展水平相协调，立足西部街道、社区，以社区综合服务设施为主体，各类专项服务设施相配套的西部城镇社区服务设施网络，形成多方参与、责权明晰、配置合理、和谐有序、可持续发展的运行机制。初步建立与社会主义市场经济体制相适应，覆盖西部城镇社区全体成员、服务主体多元、服务功能完善、服务质量和管理水平较高的西部城镇社区自治组织体系，努力开创西部城镇社区居民困有所助、难有所帮、需有所应的新局面。具体从以下几方面强化其服务功能：

1. 以满足西部城镇社区居民公共服务和多样化服务需求为目标，以不断满足社区居民的物质、文化、生活需要为出发点，发展全方位、多层次的西部城镇社区服务业。积极发展便民利民服务，满足群众日常生活需要，切实拉动居民消费。积极开展社区就业和社会保险服务，加强社区劳动保障工作平台建设，通过提供就业和再就业咨询、再就业培训、就业岗位信息服务等

---

① 娄成武、孙萍：《社区管理》，高等教育出版社2004年版，第195页。

对就业困难人员提供针对性的服务和援助。结合居民物质文化生活需要开发就业岗位，挖掘社区就业潜力，创建充分就业社区，提高就业稳定性。建立就业与失业保险、城市居民最低生活保障工作联动机制，促进和帮助享受失业保险、城市居民最低生活保障待遇的相关人员尽快实现就业；全面促进社区救助服务，加强对社区失业人员和城市居民最低生活保障对象的动态管理，及时掌握他们的就业及收入情况，切实做到"应保尽保"。积极开展基层社会救助服务，帮助群众解决生产生活中的实际困难。进一步推进社会福利社会化，加快发展社区居家养老服务业。大力发展社区慈善事业，加强对社区捐助接收站点、"慈善超市"的建设和管理。加快发展西部城镇社区新型救助服务体系；进一步推进西部城镇社区卫生和计划生育服务，坚持政府主导、社会化力量参与，建立健全以社区卫生服务中心（站）为主体的社区卫生和计划生育服务网络，以妇女、儿童、老年人、慢性病人、残疾人、贫困居民等为重点，为社区居民提供预防保健、健康教育、康复、计划生育技术服务和一般常见病、多发病、慢性病的诊疗服务。完善社区卫生服务运行机制，发挥社区卫生服务的健康保障功能，努力实现人人享有初级卫生保健的目标；推进社区文化、教育、体育服务。发展面向基层的公益性文化事业，逐步建设方便社区居民读书、健身、开展文艺活动的场所，加强社区休闲广场、园艺厅、棋园、网吧等文化场所的监督管理，促进社会主义文明建设；推进社区安全服务，深入开展基层安全创建活动，加强社区警务室（站）建设，大力实施社区警务战略，建立人防、物防、技防相结合的社区防范机制和防控网络；加强西部城镇社区环境整治和环境保护，增强居民环保意识。

2. 构建以西部城镇社区综合性、多功能服务站为重点，社区、街道、区（市）分工协作的社区服务网络。

3. 以信息服务网络整合建设为依托，积极推进西部城镇社区服务信息化。要以居民需求为导向，按照统筹规划，实用高效的原则，采取热线电话、因特网网站、社区呼叫系统、有线电视网络等多种形式，构建西部城镇社区信息服务网络，推动形成"资源共享、协同服务、便民利民、安全可控"的西部城镇社区服务信息化发展格局。

4. 以体制改革和体制创新为动力，建立健全西部城镇社区服务组织体系。

总之，新形势下的西部城镇社区服务既不是单纯的政府行为，也不是单纯的民间活动，更不是社区可以独立承担的，而需要西部各级政府、城镇社区居委会、民间组织、企事业单位和居民共同参与才能完成和实现。因此，处理好各类参与主体之间的关系，是加强和改进西部城镇社区服务功能的关键。

三、组织运行和协调发展的功能

《组织法》明确规定了社区居民委员会的主要职责，从而决定了它组织运行和协调发展的身份定位。尤其随着中央西部大开发战略的实施，西部城镇社区自治组织建设的深入发展和地位的增强，西部城镇社区自治组织运行和协调发展的功能不断被强化。在我们的调查中认为所在社区组织的运行最好的占 7.8%，比较好的占 28.2%，好的占 27.8%，说明西部城镇社区的行政运行功能发挥比较好。西部城镇社区自治组织这种组织运行和协调发展的功能，使其能够充当西部各省区的各级政府和个人、家庭、组织之间的中介，建立起西部城镇社区组织管理的新体制和新机制。西部城镇社区自治组织的组织运行和协调发展功能主要以西部城镇社区自治组织中的群体与组织为载体进行，包括西部城镇社区中的各类正式组织，如政治组织、经济组织、文化组织、社会团体、文化团体以及家庭、邻里一些社会群体和一些非正式社会支持网络等。此外，在西部城镇社区自治实践中发展起来的一些社区发展协调组织，如主要由政府代表、社区单位代表和居民代表组成的社区事务协调委员会、社区单位联系会议、社区居民代表大会、党员联系会议等，在西部城镇社区的组织运行和协调发展中也会发挥重要的作用。但是还有 30.6%的人认为发挥一般，5.6% 的人认为发展不好，因此，必须进一步深化改革。

四、民族和谐功能

西部是一个经济相对落后的地区，在西部 12 个省、区、市中，内蒙古、广西、贵州、云南、西藏、青海、宁夏、新疆等 8 省（自治区）是我国众多少数民族聚居地区，民族问题十分突出，这是西部地区区情的一个显著特征。西部地区的民族状况和民族问题具有与我国东、中部地区不同的特点：

　　一是所处国土面积大。西部地区共有国土面积682.4万平方公里，是我国全部国土面积的71%。其中8个民族省区共有国土面积565.7万平方公里，占全国国土面积的58.9%。① 二是少数民族人口多。据2000年第五次全国人口普查统计，西部地区共有人口35531万人，占全国总人口的27.43%。其中少数民族人口7654万人，占全国少数民族人口总数的71.92%。其中超过40%的省区有3个，即西藏占93.89%，新疆占59.38%，青海占45.56%；比重超20%—30%的有5个省区，即广西占38.34%，贵州占37.84%，宁夏占34%—52%，云南占33.42%，内蒙古占20.75%，其余比重均在10%以下。② 可见，我国的少数民族人口主要集中在西部，特别是西部民族地区。因此，西部民族地区大多数省区的民族工作任务都相当繁重。三是全国绝大多数少数民族，即全国55个少数民族中有49个都主要聚居于西部地区。因此，我们国家要加强民族团结，维护祖国统一以及这些地区内各少数民族之间的团结统一。否则，就不可能有全国各民族的大团结，维护祖国统一的事业将受到极大的损害。四是我国绝大多数的民族自治地方都在西部地区。它包括我国全部5个省一级的少数民族自治区，27个少数民族自治州（占全国30个少数民族自治州的90%）和89个少数民族自治县、旗（占全国120个少数民族自治县、旗的74%）。③ 全国要坚持和完善区域民族自治制度，关键在于西部地区坚持和完善民族区域自治制度和社区基层自治。五是西部地区少数民族居民信仰宗教的情况比较普遍（具体分析见宗教功能）。六是西部地区不少地方处于祖国边陲。从内蒙古经甘肃、新疆、西藏、云南到广西，其边境线共1.9万公里，占我国陆地边境线总长的86%，并同13个国家接壤，跨国而居的同一民族成分有30多个，容易受到境外的影响。④ 这些地区历来是帝国主义势力和当今西方敌对势力以及国家民族极端主义势力、宗教极端主义势力和暴力恐怖势力争夺的要地，战略地位十分重要。正是在我国内外敌对势力的策动下，一些地处边境的民族地区境内外的民族分裂活动加剧

---

① 杨发仁：《西部大开发与民族问题》，人民出版社2005年版，第2—3页。

② 杨发仁：《西部大开发与民族问题》，人民出版社2005年版，第2—3页。

③ 杨发仁：《西部大开发与民族问题》，人民出版社2005年版，第3—4页。

④ 杨发仁：《西部大开发与民族问题》，人民出版社2005年版，第3—4页。

（比如 2008 年 3 月 14 日西藏拉萨市和 2009 年 7 月 5 日新疆乌鲁木齐市发生的打砸抢烧严重暴力犯罪事件）。他们加紧进行分裂祖国的颠覆破坏和暴力恐怖活动，严重危害了我国边疆民族地区的社会政治稳定和现代化建设事业，对国家安全和统一构成重大威胁，这些地区的各族人民既承担着保卫边疆、睦邻友好合作的重要职责，又面临着抵制西方敌对势力、国家恐怖势力渗透，打击民族分裂势力的艰巨使命。七是西部一些地处边境的民族地区境内外民族分裂活动加剧。他们主要是达赖集团、"东突厥斯坦独立"和"蒙古独立"这三股民族分裂势力。他们在西方敌对势力和国际恐怖势力、宗教极端势力的支持下，加紧进行分裂祖国的颠覆破坏和暴力恐怖活动，严重危害了我国边疆民族地区的社会政治稳定和现代化建设事业。

以上种种情况表明，我国西部地区的民族问题是一个关系方方面面的十分复杂的问题，是一个关系我国政治稳定，民族团结、国家统一、经济发展、社会进步的重大问题，也是关系西部大开发战略顺利实施的关键问题。它事关我国全面实现小康、现代化建设和构建和谐社会的全局。也正因为如此，民族和谐功能就成为西部城镇社区自治组织建设中最具特色的重要功能。

改革开放以来，尤其是 21 世纪初以来，西部城镇社区自治组织在各级党委和政府的领导下，在社会各界的积极参与下，积极吸收借鉴国外及国内东部、中部地区城市社区建设的经验，从西部实际出发，充分发挥后发优势，城镇社区建设步入新的发展时期，民族和谐功能得到了充分的展现，从课题组的调查可以看出，认为所在社区组织的民族功能发挥最好的占 5.5%，比较好的占 31.7%，好的占 29.5%，认为发挥好的合计占 66.7%，说明我国西部城镇社区的民族和谐功能发挥比较好。首先，党和政府高举爱国主义旗帜，在民族地区广泛开展了维护祖国统一和民族团结的宣传教育，与以"藏独"和"东突"为代表的分裂势力和国外敌对势力利用民族问题分化中国的企图进行了坚决的斗争，有效维护了国家安全和边疆地区的稳定，保证和促进了边疆和民族地区的经济、社会发展。正是在这一大的宏观背景下，广大西部城镇社区自治组织，认真学习贯彻执行党的民族理论和民族政策，以科学发展观为指导，从西部城镇社区自治组织建设中的多民族特性出发，紧紧抓住平等、团结、互助、和谐这一社会主义民族关系的本质特征，提倡"汉族离不开少数民族，少数民族离不开汉族，少数民族之间也相互离不开"的社会观念，坚持各民族一律平等、实事求是、维护国家利益、励行法制、及时处置、共同处置等原则，各社区自治组织在社区活动设计、政策出台都充分体现为少数民族同胞服务的宗旨，突出解决少数民族家庭的生活困难、子女就业等具体问题，从而有效促进各民族之间的友好往来，维护了社区内部团结和稳定，从而为国家和地区的安全和稳定奠定了坚实的基础。

但是，我们也必须清醒地看到，社会主义时期的民族问题，尤其是社会主义时期西部地区的民族问题将是一个长期存在的问题，在现阶段、在我国并没有、也不会完全得到解决。由西部少数民族和民族地区迫切要求加快发展和自身发展能力不足这一主要矛盾决定的民族间的发展差距问题、由现代化推进和民族意识所决定的民族间的利益矛盾和文化摩擦，尤其是在西部边疆和民族地区，将是一个长期的存在，对此我们必须有清醒的认识①，保持高度的警惕。

此外，民族关系中存在着大量的人民内部矛盾，存在着发生摩擦的因素，这一点在西部城镇社区尤其突出。历史上的积怨，会由于特定因素的触发而酿成民族间的冲突；因经济利益的调整，经济利益格局的变化会产生民族间的矛盾；因不尊重少数民族的风俗习惯、感情心理会引起民族间的碰撞；治安、贫困、失业等社会问题会折射到民族问题上而产生纠纷。

以上我国西部地区民族关系上存在的隐患，国际国内存在着对我国西部地区民族团结和国家统一构成威胁的因素无时无刻不反映在西部城镇社区自治组织内部，西部城镇社区组织的民族工作经验比较少，还有33.4%的人认为社区组织的民族功能发挥一般或不好，因此，作为西部城镇社区自治组织必须高瞻远瞩，警钟长鸣，认真加以研究和应对。

五、发挥宗教在促进社会和谐中的积极作用的功能

人类社会有很多神秘性的东西，宗教便是其中之一。中国是一个多民族

---

① 瑞恩：《中国特色社会主义民族理论的形成发展及实践》，《新华文摘》2008年第20期，第13页。

国家，也是一个多宗教的国家，尤其是在西部，各民族都有很多人信仰宗教，西部少数民族信仰宗教的情况比较普遍。他们信仰的宗教主要有伊斯兰教、佛教（包括藏传佛教、上座部佛教）以及道教、天主教、基督教等。国务院新闻办公室关于《中国的宗教信仰自由状况》（1997年10月）公布，据不完全统计，中国现有各种宗教信徒1亿多人，宗教教职人员约30万人，其中信仰伊斯兰教和藏传佛教、上座部佛教的信徒大部分在西部地区。有的少数民族绝大多数成员都信仰宗教，宗教信仰的群众性在一些地区十分突出。如信仰伊斯兰教的穆斯林人口已达1800万人，其中新疆就达1000万人，信仰藏传佛教的群众约750万人，信仰上座部佛教的信徒也近200万人，这三种宗教的信徒主要在西部地区，宗教问题和民族问题往往交织在一起。①

西部地区的宗教，历史悠久，种类多样，传统浓厚，势力很强，同时由于我国西部少数民族分布的格局为大分散、大聚居，不少民族处于杂居状态，这就使宗教传播形成"你中有我，我中有你"的态势，宗教关系相对复杂。此外，西部地区一直是民族分裂主义、宗教极端主义以及恐怖主义主要渗透的地区，其中广大藏区还是达赖集团搞分裂破坏的重点地区，近年来尤为猖獗。可见，西部地区的宗教，与地域的广袤、环境的恶劣、经济的落后特别是民族问题和境外渗透等交织在一起，从而对西部社会稳定、经济发展、国家安全、社区自治建设等产生巨大影响。

从目前看，西部社区宗教依然存在很多问题，主要有以下几个方面：

1. 西部社区宗教领域的矛盾依然十分突出，首先是宗教矛盾的复杂性加大。其次是宗教矛盾的突发性增多。第三是宗教矛盾的危害性加大。2. 违反宗教信仰自由政策的现象依然存在。3. 西部社区宗教突发性事件频繁。4. 伊斯兰教极端势力对新疆的威胁尚未解除。5. 西藏分裂势力继续利用佛教进行破坏。6. 邪教的负隅顽抗在西部地区也大量存在。7. 天主教地下势力也在西部地区蔓延。8. 基督教渗透向西部地区扩散。9. 宗教领域的人权斗争与西部宗教密切相关。10. 非法宗教活动屡禁不止。这些问题的存在和发展，应该引起各级党委和政府的高度重视。

---

① 杨发仁：《西部大开发与民族问题》，人民出版社2005年版，第3—4页。

由于西部地区宗教盛行，民族众多，宗教关系和民族关系一直是全国最复杂的地区，而这种关系对西部经济发展、和谐社会构建、社区自治建设具有长远而深刻的影响。

以上西部地区宗教的复杂性特点及其存在的问题无时无刻不反映在西部城镇社区自治组织内部，对西部城镇地区自治组织建设将产生严重的制约作用。因此，认真贯彻党的宗教政策，切实做好西部城镇社区自治组织中的宗教工作就成为西部城镇社区自治组织工作的重要内容和突出功能。

党的十六届六中全会通过的《中共中央关于构建社会主义和谐社会若干重大问题的决定》，把宗教关系作为政党关系、民族关系、宗教关系、阶层关系、海内外同胞关系五大社会关系之一，提出要发挥宗教在促进社会和谐方面的积极作用。胡锦涛总书记在党的十七大报告中进一步强调，"促进政党关系、民族关系、宗教关系、阶层关系、海内外关系的和谐，对于增进团结、凝聚力量具有不可替代的作用"。这种对宗教社会作用的把握是我们在深入研究西部城镇社区自治组织建设中宗教功能问题的认识基础。为此，西部城镇社区自治组织应从以下几个方面来做好自己权力范围内的宗教工作，充分发挥宗教在促进社会和谐中的积极作用。

第一，全面贯彻党的宗教政策。

为了正确处理宗教问题，根据中国宗教的实际情况，国家提出了宗教信仰自由的宗教政策。因此，必须在西部城镇社区大力进行党的宗教信仰自由政策的宣传、普及和贯彻落实，特别是在少数民族城镇社区，除了党的统战部门和政策宗教管理部门之外，其他相关的政策部门，尤其作为最基层的城镇社区自治组织和广大的干部群众都需要接受全面深刻的宗教政策教育，理解宗教的特性，正确对待宗教，尊重宗教信仰，尊重信教人士。同时，要加大力度，对自治范围内的广大信教群众进行宗教信仰自由政策的宣传，使他们的信仰活动得到保护，在法律许可的范围内进行。

第二，西部城镇社区自治组织要积极协助各级政府有关部门依法对宗教事务进行管理。一方面的任务就是依法保护正常的宗教活动，另一方面也依法制止违法和打击非法的宗教活动。

第三，积极配合各级政府有关部门做好本辖区内有关爱国宗教人士的工作，充分发挥他们在团结广大信教群众，执行党的宗教政策，推进社会主义建设事业上不可替代的特殊作用，支持他们努力对宗教教义做出符合社会进步要求的阐释，支持他们与各族人民一道反对一切利用宗教进行危害国家和人民利益的非法活动，为民族团结、社会发展和祖国统一做出贡献。

第四，支持、配合党和政府坚定不移地打击非法宗教活动和境外敌对势力的渗透破坏活动，维护社会的和谐与稳定。

六、构建和谐和维护稳定的功能

党的十六大报告明确把社会更加和谐列为全面建设小康社会的一个重要目标。党的十六届四中全会进一步提出构建社会主义和谐社会的任务，把不断提高构建社会主义社会的能力确定为加强党的执政能力建设的重要内容。党的十六届五中全会把构建社会主义和谐社会明确为全面贯彻落实科学发展观必须抓好的一项重要任务，并明确提出了一系列工作要求和重大措施。党的十六届六中全会通过了《中共中央关于构建社会主义和谐社会若干重大问题的决定》，站在时代和全局的战略高度，深刻总结我们促进社会和谐的实践经验，进一步明确了构建社会主义和谐社会在中国特色社会主义事业总体布局中的地位、构建社会主义和谐社会的指导思想、目标任务和原则、主要任务和重大措施。党的十七大进一步指出，和谐社会要靠全社会共同建设。我们要紧紧依靠人民，调动一切积极因素，努力形成社会和谐人人有责、和谐社会人人共享的生动局面。

自党的十六大以来，我国社会主义和谐社会建设取得明显成效。目前我国社会总体是和谐的。但我们必须清醒地看到，改革开放 30 多年，我国经济和社会发展进入新阶段，国内外环境发生了重大变化，实现社会和谐面临着新的形势和任务。目前，我国正处在历史上难得的发展机遇期，同时也是社会矛盾的凸显时期。西部地区尤其如此，一方面，经过改革开放 30 多年，特别自 20 世纪 90 年代末期中央实施西部大开发战略以来，西部经济、社会发展取得历史上从未有过的巨大成就，各族人民的生活水平有了显著提高，呈现出民族团结、政治稳定、经济发展、社会进步的欣欣向荣的局面；另一方面，由于历史的、自然的、现实的原因，我国西部民族地区的经济社会发展壮大同全国平均水平的差距，尤其是同东部地区发展水平的差距正在逐步扩大，加之西部地区宗教盛行，民族众多，宗教关系与民族关系一直是全国最复杂的地区，而这种关系对西部社会和经济具有长远而深刻的影响。同时，西部地区一直是民族分裂主义、宗教极端主义以及恐怖主义主要渗透的地区，西部地区的宗教，与地域的广袤、环境的恶劣、经济的落后特别是民族问题和境外渗透（如 2008 年 3 月 14 日在西藏拉萨市发生的打砸抢烧严重暴力犯罪事件；2009 年 7 月 5 日在新疆乌鲁木齐市发生的打砸抢烧严重暴力犯罪事件）等交织在一起，从而对西部社会稳定、经济发展以及国家安全等产生巨大的影响。

当前，面对席卷全球的金融危机，国际国内形势更加复杂，维护社会稳定、构建和谐社会工作面临着重大的挑战。各级党委、政府必须花大气力加强社会治安综合治理、加强基层基础建设，维护社会和谐稳定。

西部城镇社区自治组织是西部城市社会的细胞，是西部城市管理的基础，是西部城市各级党委、政府加强基层政权建设的基础，也是西部城市政府行政管理和社会自我管理的衔接点和结合部，也是构建和谐社会、维护社会稳定的最前沿阵地。正因为如此，维护社区稳定，构建和谐社区成为西部城镇社区自治组织的应有之义和不可或缺的功能之一。为此，西部城镇社区自治组织必须认真贯彻落实《组织法》赋予的各项权利，以科学发展观为指导，深入贯彻落实党的十六届六中全会和十七大会议精神，切实从西部城镇社区实际出发，依靠社区内全体居民，认真做好社区内安全稳定工作，推进西部城镇和谐社区建设向纵深发展。

第二节　发挥西部城镇社区自治组织功能的对策

一、依法推进西部城镇社区自治组织功能的创新

以科学发展观为指导，深入学习贯彻《组织法》、《民政部关于在全国推进城市社区建设的意见》（中办发〔2007〕23 号）、《国务院关于加强和改进社区服务工作的意见》（国发〔2006〕14 号）、国家发展改革委、民政部

联合颁发的《"十一五"社区服务体系发展规划》(发改社会〔2007〕975号)
等文件及党的十七大会议精神，紧密结合西部城镇社区自治组织建设实际，
认真总结西部城镇社区自治组织建设实践中功能发挥的成功和有益的经验，
研究分析存在的主要问题，改革创新西部城镇社区自治组织功能的内容、方
法、途径和措施。

二、深化社区管理体制改革

长期以来，传统的"街居制"管理体制不利于西部城镇社区自治组织的
自治与发展，政府职能转变困难，西部城镇社区自治组织的"自治"功能
难以较好发挥。要根据"面向社区，工作重心下移，权随责走，费随事转，
责、权、利配套"的工作思路，明确街道办事处、政府职能部门与社区居委
会的关系是"指导与协调、服务与监督"关系，从根本上转变"权力在上，
责任在下"的不合理状况。目前西部城镇社区自治组织职责模糊，功能错
位，难以发挥社区群众自治组织的作用，实际上处于被街道办事处领导的地
位，不得不服从其安排，从事大量本来应该由政府职能部门或社会中介组织
承担的事务性工作。因此，深化和改革西部城镇社区自治组织管理体制，逐
步推进"街道体制"向"社区体制"的实质转换，使西部城镇社区自治组织
的功能得到更充分的发挥。

三、积极吸收和借鉴我国东、中部地区和国外社区自治组织功能发挥的经验

我国东部和中部地区社区建设起步早，自20世纪90年代开展社区建设，
思想观念先进，经济发展水平、城镇化水平较高，环境条件优越，人员素质
高，社区参与意识强，从而形成了比较成熟的社区治理、功能发挥的成功经
验。比较具有代表性的社区管理模式有沈阳模式、上海模式、江汉模式和青
岛模式等。比如：沈阳以"社区自治、议行分离"的原则，通过社区定位、
建立新型的社区组织体系（由决策层、执行层、议事层和领导层构成），促
进社区的发展，体现了现代社会民主政治的发展方向。江汉模式将政府职能
重心下移，做到"五个到社区"，即工作人员配置到社区、工作任务落实到

社区、工作服务承诺到社区、考评监督到社区、工作经费划拨到社区。实践证明，江汉模式有利于行政功能与社区自治功能互补，有利于行政资源与社会资源整合。上海构建的领导、执行和支持系统的事情管理体制较好地协调了社区各主体的关系与职责。从国际上看，在众多的社区管理模式中，较为突出的有：以美国为代表的社区自治型模式，其特点是政府行为与社区行为相分离，政府的主要职能是通过制定各种法律法规协调社区利益主体之间的关系，并为社区成员的民主参与提供制度保障。社区内的具体事务则完全实行民主自治，依靠社区居民选举产生的自治组织来行使社区管理的职能。以新加坡为代表的政府主导型模式，国家发展局负责对社区工作的指导和管理，主要职能：社区公共服务设施的规划和建造；对社区领袖和社区委员会的领导人进行培训；发起社区活动，倡导特定的社会价值观；对社区建设和活动予以财政支持。以日本为代表的混合型（或合作型）模式，其政府的主要职能是规划、指导和经费支持。日本的市政府设立社会部全面负责社区工作，基层区政府设立"地域中心"具体执行申请事务。以上成功的国际国内社区自治管理的成熟经验对西部城镇社区自治组织功能发挥具有重要的借鉴意义。把这些成熟、成功的经验与西部实际结合起来，将有效地推进和完善西部城镇社区自治组织自治功能体系建设，从而有效推进西部城镇社区自治组织建设。

四、构建具有西部城镇社区自治组织特色的功能发挥模式

尽管西部城镇社区自治组织建设相对滞后，但西部也有自己的后发优势，可以直接汲取东部和国际经验中的"精华"，尤其要充分利用中央西部大开发的良好机遇及其对城镇化建设的优惠政策，切实从西部地区的经济、政治、文化和社会发展的实际出发，构建具有区域性、民族性特色的西部城镇社区自治与功能发展模式。

五、正确处理好西部城镇社区自治组织六大功能的关系

在上述六大功能中，各功能之间相互联系又相互制约。其中充分发挥宗教在构建和谐社会中的作用功能及民族和谐功能具有鲜明的西部地域性特

色，这两大功能作用发展的好坏，直接关系到西部城镇社区自治组织能否良性发展，也关系到西部的和谐与稳定，并直接影响到我们国家的和谐与稳定，我们必须高度重视并认真分析、研究和充分发挥其独特作用。国际国内社区建设的经验证明，社区愈发展，其服务功能的地位和作用越明显、越重要，因此，要不断总结和探索构建西部城镇社区自治组织服务功能的机制和体制，使其服务功能最大化。组织运行和协调发展功能是西部城镇社区自治组织最基本的功能，其功能作用的有效发挥，将影响西部城镇社区自治组织治理模式的有效运行，必须不断总结和完善协调和运行机制。经济功能目前在西部城镇自治组织功能运行中其作用还没有得到应有的发挥，但随着我国市场经济体制的深入发展，随着西部大开发深入推进，随着西部城镇社区自治组织治理模式的推进和完善，西部城镇社区自治组织各项功能的地位和作用将会逐步显现出来，我们必须深入、认真研究，使其作用得到充分发挥。

第七章　西部城镇社区自治组织体制

构建具有西部城镇社区特色的、充满活力的自治组织体制是有效配置社区资源，充分发挥西部城镇社区自治组织功能、构建社会主义和谐社会的基础。因此，必须从西部城镇社区的实际出发，认真总结西部城镇社区自治组织体制存在的问题及其原因，深入探讨研究西部城镇社区自治组织体制的内涵和管理模式，提出符合西部实际的具有西部地域和民族特色的城镇社区自治组织体制，对于加快西部城镇社区自治组织体系建设，构建西部和谐社会具有十分重要的理论意义和实践意义。通过深入广泛的调查研究，目前西部城镇社区自治组织体制存在行政化倾向严重、管理体制滞后、自治组织体制障碍、自治组织工作人员自治意识和居民参与意识欠缺、中介组织发展比较虚弱、机构设置不科学等问题。其原因是自治观念滞后、政府职能转变不到位、单位制的困扰、社区中介组织发展滞后、居民参与率低。改革西部城镇社区自治组织体制的对策是创新西部城镇社区自治组织体制、转变基层政府职能、改革创新西部城镇社区自治组织体制模式、进一步完善西部城镇社区自治组织体制的治理结构、加强党组织建设与自治组织建设和中介组织建设、推进西部城镇社区自治组织体制建设跨越式发展。

第一节　西部城镇社区自治组织体制模式及其存在的问题

一、西部城镇社区自治组织体制的形成

体制是指"国家机关、企事业单位在机构设置、领导隶属关系和管理权

限划分等方面的体系、制度、方法、形式等的总称"①。如：领导体制、政治体制、经济体制、学校管理体制、社会体制等。"体制"是国家基本制度的重要体现形式。它是为基本制度服务的，具有多样性和灵活性的特点。社区自治组织体制是指社区自治组织的机构设置、领导隶属关系和管理权限划分等方面的体系及相关法律、制度、方法、形式等，它服从服务于我国基层群众自治制度。我国社区自治组织体制是随着我国基层群众自治制度建设的发展变化逐步建立起来的，不同时期，不同地区，社区自治组织的体制都不尽相同，并随着社会的发展日益完善。

西部城镇社区自治组织建设起步较晚，现行的体制是在西部新旧体制转轨、社会转型的大变革中逐步建立和发展起来的新生事物。从严格的意义来说，西部城镇社区自治组织建设发端于中共中央办公厅、国务院办公厅转发的文件：《民政部关于在全国推进城市社区建设的意见》（中办发〔2000〕23号，以下简称《意见》），随着《意见》的颁布，社区自治组织建设工作才在西部各省全面启动并被纳入各级党委、政府的重要议事日程。以《意见》颁发为标志，西部城镇社区自治组织建设已步入新的发展时期，并且由点到面，由大城市向中小城市，再由中小城市到乡镇全面展开。在这个过程中，西部各省、市、自治区城镇社区自治组织从自身实际出发，积极吸收借鉴东、中部地区以及国外社区建设的成功经验，经过近十年的探索实践，初步形成了具有西部特色的自治组织体制模式。从总体上看，西部城镇社区自治组织体制的发展大致经历了两个阶段。

第一阶段：起步探索和推进发展阶段（2000—2005年）。根据中共中央办公厅、国务院办公厅转发《民政部关于在全国推进城市社区建设的意见》（中办发〔2000〕23号）精神，围绕党的十六大提出的"完善城市居民自治，建设管理有序、文明祥和的新型社区"的要求，西部各省（市、区）围绕如何服务于城镇经济社会发展，积极探索社区管理模式，初步建立起社区党组织领导的居民自治管理模式和组织体制框架。在此基础上围绕建设现代新型社区，推进以街道为重点的城市基层管理体制改革，加快发展社区服务，使

① 《辞海》，上海辞书出版社1989年版，第596页。

西部城镇社区自治组织建设走上一条管理逐步有序、居民依法自治、服务日益完善的新型发展道路。

第二阶段：深化创新阶段（2006年至今）。这是在前一阶段发展的基础上，根据《国务院关于加强和改进社区服务工作的意见》（国发〔2006〕14号，以下简称《服务工作意见》）精神，围绕党的十七大关于"要健全基层党组织领导的充满活力的基层群众自治机制，扩大基层群众自治范围，完善民主管理制度，把城乡社区建设成为管理有序、服务完善、文明祥和的社会生活共同体"的要求，面对新课题、新挑战，传统的城乡基层管理体制机制亟待完善和健全，需要确立新型城乡基层治理模式。由侧重管理向管理与服务相结合转变，强化社会服务功能；由侧重外部约束向外部约束与居民自治相结合转变，强化自我管理、自我服务、自我教育、自我监督；由线条的单向的管理运行向网络的互动的基层治理运行机制转变，强化社会自治功能。政府行政管理与基层群众自治有效衔接和良性互动是形成新型城乡基层治理模式的重要标志。实现政府行政管理与基层群众自治有效衔接和良性互动，是新形势下发展基层民主的客观要求，是深化基层机构改革、转变基层政府职能、加强基础政权建设的客观要求，是发挥社会组织积极作用、增强社会自治功能的客观要求。如何实现西部政府管理与基层群众自治有效衔接和良性互动的目标，进一步加强西部城镇社区自治组织体制建设，主要做好以下工作：一是建立健全领导体制和工作机制；二是进一步规范基础政府的职责和权限；三是完善城乡居民自治制度；四是把城乡社区的各类组织纳入规范化、法制化的轨道，逐步实现社区工作的专业化、社会化。从而使西部城镇社区自治组织体制建设更加健全、更加完善。

但由于我国西部地区长期以来，观念落后，改革开放程度低、经济基础薄弱、环境条件（多民族、边疆地区、宗教盛行等）较差，人员整体素质低等主客观原因，与我国东、中部地区城市社区自治组织体制建设发展相比，相对滞后，西部地区城镇自治组织体制还是政府主导型的治理模式，社区治理主要以行政和法律等强制手段为主，政府通过对社区组织和资源控制来达到社区治理的目标，西部现有的"街居制"管理体制制约着社区"自治"功能的发挥，此外，人员素质低、地理条件恶劣、生态环境脆弱、交通不便、居住分散、多民族性等特征，限制了社会公共事业的发展，制约西部城市化发展。

二、西部城镇社区自治组织体制及其存在的问题

（一）西部城镇社区自治组织体制的含义及其主要内容

西部城镇社区建设相对于东部等发达地区而言，起步较晚，发展相对滞后。但其后发优势也较明显，据我们课题组成员 2007 年 7 月 30 日—8 月 25 日对贵州省贵阳市、遵义市，四川省成都市，峨眉市，重庆市，新疆维吾尔自治区的乌鲁木齐市、吐鲁番市，陕西省的西安市，云南省昆明市、曲靖市等各省（市、自治区）的杭天社区、龙坑镇共青社区、西南交大社区、迎宾路社区、小南街社区、前进路社区、古城社区、嘛黄社区等50多个西部城镇社区自治组织建设及其自治组织体制的访谈调查和西部 300 多个社区的问卷调查可以看出，西部各省（市、自治区）各级政府对城镇社区自治组织建设是高度重视的，除认真学习贯彻《组织法》、《意见》、《服务工作意见》等文件精神，加强城镇社区建设力度以外，还认真学习吸收借鉴国外和我国东、中部地区城镇社区建设的经验，紧密结合西部实际，走跨越式发展西部城镇社区自治组织建设之路，逐步缩小了与东中部地区城镇社区建设的差距，有部分社区还有所创新，体现出自己的特色。如：贵州省遵义市汇川区大连路街道航天社区的"四民社区"（安民、便民、乐民、康民）创建活动和"四进社区"（"三级联创"进社区、远程教育进社区、办公阵地进社区、党员承诺进社区）创建活动就具有很强的典型性和示范性。据我们对所调研的十省（市、自治区）基层城镇社区自治组织情况统计，大部分城镇社区自治组织是经过社区体制改革后作了规模调整的居民委员会辖区，并经近 10 年来的实践，其自治组织体制、体系框架初步建成。

1. 西部城镇社区自治组织体制的含义

西部城镇社区自治组织体制是指西部城镇社区自治组织在机构设置、领导隶属关系和管理权限划分等方面的体系、制度、方法、形式等的总称，即通过一系列的制度，规定了西部各级政府对社区的指导关系，规定了西部城镇社区党组织、社区居民自治组织、社区居民代表大会、社区协商议事会和

社区中介组织的权责利关系，建立起以西部地域性为特征、以认同感为纽带的具有西部多民族特色的新型社区组织体系。

2. 西部城镇社区自治组织体制的建立

依据《组织法》、《意见》有关规定，根据课题组对西部六省（市、自治区）社区建设调研的基本情况，我们认为这些基层社区自治组织体制模式具有广泛的代表性，充分体现了西部的特色，其体制框架和各级政府对社区组织的指导制度日益完善有效。西部各省（市、自治区）的各级政府还从自身的实际出发都成立了以党政领导挂帅的社区建设工作领导小组，协调统筹制订社区发展规划，构建具有西部特色的城镇社区自治组织体系，明确对社区的指导关系，明确社区自治组织的权、责、利关系，逐步建立起以社区党组织、社区自治组织、社区中介组织（包括民间组织、社区志愿者组织等）和社区议事会为主体的西部城镇社区自治组织体系。

社区党组织是社区一切工作的领导核心，在街道党组织的指导下开展社区自治工作的基层党组织。据我们课题组的调研，西部城镇新型社区基本达到了"一居一支（或一总支）"的目标，有部分社区还在具备条件的新经济组织和新社会组织中建立了党组织。

社区自治组织包括社区成员（居民）代表大会、社区居民委员会、社区协商议事会等。社区成员（居民）代表大会是社区的决策机构，依法行使议事、决策和监督的权力，具体负责选举产生社区居民委员会，讨论决定社区建设重大事项，反馈居民意见和建议等；社区居民委员会是社区成员（居民）代表大会的办事机构，由社区成员（居民）代表大会选举产生，处理社区的日常工作，在政府有关部门和政府派出机构指导下开展工作；此外，在调研中，我们还了解到，相应部分城镇社区还建立了社区议事协商委员会（以下简称"议事会"）。社区议事会是社区成员（居民）代表大会下设的议事协商机构，在居民代表大会闭会期间代表居民代表大会行使对社区事务的议事、决策职能，对社区居委会和物业公司以及其他服务机构的工作进行监督。议事会成员由社区居民代表大会推选产生或由社区居民代表大会聘请，除主任外，其余成员为社会服务，均实行义务工作制。议事会对居民代表大会负责，并主持召开居民代表大会，议事会有权建议召开居民代表大会对社区居委会工作进行质询。

社区中介组织是社区居民为满足自身物质文化需求而建立的社区内各类社团组织和服务组织。西部各省（市、自治区）建立的中介组织有：社区老年协会、残疾人协会、计划生育协会等社团组织，物业管理公司、保洁公司、家政服务、公共中介服务企业，社区服务站、社区计生服务站、劳动保障服务站、老年活动中心、老年公寓等非企业中介服务机构。这些组织在为社区减负、广大居民参与社区建设渠道、方便居民生活等方面发挥了应有的作用。

以上西部城镇社区自治组织体制的初步建立，是西部各省（市、自治区）党委、政府高度重视社区建设、加强社区领导、创新社区体制机制、认真吸收借鉴国外和东、中部地区的先进经验，并经过西部各省（市、自治区）基层城镇社区自治组织实践探索的结果。随着我国社会主义市场经济的深入发展，随着西部大开发的深入推进、随着西部城镇社区的加速发展，西部城镇社区自治组织体制将进一步完善和健全，对推进西部城镇社区建设跨越式发展，对构建西部和谐社区建设和我国和谐社会建设将发挥越来越重要的作用。

（二）西部城镇社区自治组织体制存在的主要问题

从以上分析我们可以看出，西部城镇社区自治组织体制建设取得明显的成绩，对于整体推进西部城镇社区建设发挥了重要作用，但同时我们也必须清醒地看到，西部城镇社区自治组织体制因西部特殊的主客观原因的制约，存在着许多弊端，还存在着诸多不适应社区自治组织发展的问题。主要表现在以下几个方面：

1. 政社职能界定不科学

由于政社职能界定不科学，政府必然利用控制社区资源的优势，实现对社区的控制和领导，在不付出成本的条件下把大量的行政工作转移到社区，形成"政府压力型的管理模式"①。从西部地方政府和社区自治组织的运行来

---

① 李勋华、刘永华、张杨：《论和谐社会背景下城市社区管理体制创新》，《云南行政学院学报》2007 年第 5 期，第 94 页。

看，这种体制最明显的特征是政府将各种社会服务指标从区政府分解到街道办事处，分解到社区自治组织，如再就业指标、各种统计指标、卫生指标、安全指标、计划生育指标等，而完成了这些任务和指标是评价社区自治组织工作人员"政绩"的主要标准，这些标准成为社区干部提拔或提高福利待遇的主要依据，从而形成了一种自上而下的压力。这种"压力型体制"，必然导致政府对社区管得过多，统得过死，政府采取行政手段将大部分本应该自己完成的任务转嫁到社区，从而出现明显的"越位"，西部城镇社区自治组织迫于政府的压力，不得不接受政府的行政任务而没有时间和精力从事社区的工作，导致社区工作行政化。

据课题组调研得知，由于西部地区经济落后、环境条件差、人员素质整体偏低，且社区建设起步晚，思想观念落后，西部一部分城镇社区自治组织还习惯于接受政府的领导，认为社区治理主要是政府的事，与自己关系不大，因而很多事情唯政府指令是从，离开政府社区建设举步维艰，他们主要从事政府安排的工作，进一步导致社区工作行政化。

2. 企（事）社不分

在西部城镇社区现行的社区管理体制下，"单位制"的影响还严重影响和制约着社区自治组织的发展。主要表现为企（事）社不分，企（事）业单位，特别是效益比较好的企（事）业单位还从事大量的社区工作，社区成员的住房、就业、福利等社会职能主要由单位承担，社区只不过是单位以外的辅助性组织，社区内的其他组织无论是在思想上还是在行动上都没有真正参与到社区治理中来，许多社区居民不认识社区，更谈不上社区的认同，因此社区居民参与率比较低。

3. 权责利不对应

权、责、利一致是各种管理体制构建必须遵循的一条重要原则，也是充分调动管理主体积极性必须遵循的原则，是社区自治组织顺利开展工作的有效保证。从课题组对西部城镇社区体制的调查可以看出，西部城镇社区自治组织体制权责利不对应主要表现在三个方面：一是权力关系不一致，地方政府的权力过大，得到的利益多，特别是社会利益效益高，而城镇社区自治组织的权力小，利益少，不能充分调动城镇社区自治组织的积极性。二是权责关系不一致，表现为地方政府的权力大而责任小，城镇社区自治组织的权力小而责任大。三是责、利关系不一致，表现为地方政府的责任小而利益大，社区自治组织的责任大而利益小，社区工作人员收入低，由于权、责、利不对应，必然导致社区行政化。

4.管理体制的滞后性

由于西部城镇社区自治组织建设滞后，受过去传统管理体制影响较深，因此传统体制惯性难于一时消除，现有的政府主导型组织体制虽然在一定时期内促进了社区建设的发展，但从长远看，不利于社区的自治与发展，政府职能转变困难。社区运行依然体现出自上而下的体制模式，社区自治组织受制于政府，特别是财政权和决策权依然由政府掌控，因而社区的"自治"功能难以较好发挥。

5.西部城镇社区自治组织体制障碍制约着社区自治组织的自治职能

尽管法律和西部各级政府都规定西部城镇社区自治组织是群众性基层自治组织，政府与社区的关系是指导关系，但在具体实践中，行政色彩仍然较浓。社区自治组织实际上是政府的准下属机构，它在职能上和街道办事处几乎是对应设置，在经济和管理上依附于街道办事处，种种因素使社区自治组织难以有效地依法履行其民主自治职能。本来《组织法》明确规定了街道办事处、政府职能部门与社区居委会的关系是指导与协助、服务与监督的关系，而不是领导与被领导、命令与服从的行政隶属关系，但西部许多地方政府把对居民委员会的指导责任变成领导责任，社区自治组织实际变成街道（镇）的派出机关，承办了大量具体的行政工作，有少数地方还直接任命居委会有关工作人员，直接管理社区的日常活动，在西部城镇社区自治中造成了体制障碍。

6.西部城镇社区自治组织自治意识和居民参与意识欠缺

在我国城市社区自治中，浓厚的社区意识至关重要，在西部尤其如此。这种社区意识包括居民的自治观念、社区归属感与参与意识等。社区之所以区别于社会，就在于其组织和成员拥有较强的共同的社区意识，同一社区的居民由于共同的社区意识而被凝聚在一起，出于对本社区的强烈关注而积极参与社区事务与管理。但这种强烈的社区关怀意识在我们西部城市社区组织和居民中与东部地区相比有较明显的差距。由于西部城镇社区建设起步较晚，广大居民还没有完全摆脱单位体制的影响，只把社区当成居所，没有很强的归属感和认同感，社区意识不强，导致西部城镇社区自治组织建设的动力不够。

另外，从社区自治委员会成员层面上看，社区自治委员会组成人员作为居民代表大会选举产生的、代表社区利益与意志的代表者，本应向居民负责，但却在很大程度上将自身视为基层政府的工作人员，认为自己应当向基层政府负责报告工作，甚至有的委员会成员认为社区自治组织委员会是基层政府的派出机构。因此，社区自治组织委员会成员在工作中唯基层政府之命是从，而很少以维护居民自身利益和自治意识作为工作的出发点，从而导致社区自治组织工作开展不开，广大居民对社区自治组织及其成员的评价和认同感低，正确行使民主权利意识不够，部分社区居民为了宗派、家族或个人的私利想怎么干就怎么干，不高兴就闹事，不满意就上访等。

7. 西部城镇社区自治组织体制中介组织发展比较虚弱

在前面分析中，我们虽然充分肯定了西部城镇社区自治组织体制中的中介组织有一定的发展，但同东部发达地区相比，西部城镇社区自治组织体制中的中介组织的培育和发展仍然处于起步阶段，不仅数量少、规模小，且作用离在西部城镇社区建设中应发挥的作用还有很大差距。

8. 西部城镇社区自治组织机构设置不科学

城镇社区自治组织机构设置科不科学、合不合理，关系到城镇社区自治组织体制建设的运行效率和职能的有效发挥。由于西部地区社区建设起步较晚，观念落后，受计划经济体制影响较深，落实《组织法》不到位，相当城镇社区自治组织机构设置不尽科学。从课题组的调研可以看出，一些只有3—5人编制的社区，自治机构达到40多个，签订各种责任状多达20—30个，悬挂的各种牌子也在15—20块，承担着社区党建、精神文明建设、社会治安综合治理等100多项行政性事务，社区工作人员要用70%的精力应付党政机关和职能部门的各项工作，"上面千条线，下面一根针"的局面没有得到根本的改变。此外，大部分社区虽然建立了社区成员代表大会、社区居民委员会、社区协商议事会和社区中介组织等，前三项组织功能发挥得较好，但后两项功能发挥的比较有限，从而制约了西部城镇社区自治组织体制建设的运行效率和功能的有效发挥。

第二节 西部城镇社区自治组织体制存在问题的原因

西部城镇社区自治组织体制之所以长期滞后于东、中部地区，存在问题的原因主要是：

一、观念滞后是根本原因

西部地区社区建设、改革开放分别落后东、中部地区 10 年、15 年左右，长期受计划经济体制和"街居制"的影响，观念十分落后，社区行政化倾向非常严重。一是现有的街道办事处对社区的管理体制与真正意义上的社区管理体制，在性质上和功能上存在一定差距，街道办事处与居委会存在政社不分的矛盾，其领导人还没有真正形成社区自治的理念。二是社区自治组织职责模糊，功能错位，自治意识差，难以发挥社区自治组织承担的工作。三是我国长期形成的"单位人"观念，使得不少居民认为社区工作仅仅是街道、居委会的事，与己无关，因而西部城镇社区绝大部分在职职工尤其是中青年很少参与社区事务。

二、政府职能转变不到位

《组织法》明确规定了街道办事处、政府职能部门与社区居委会的关系是指导与协助、服务与监督的关系，而不是领导与被领导、命令与服从的行政隶属关系。但西部城镇政社不分，地方政府仍然控制着社区资源，利用所控制的社区资源对社区进行领导和控制，习惯于向社区分派任务，对社区进行检查和评估，从而实现政府的目的。从西部城镇社区自治的实践看主要表现在三个方面：一是地方政府把大量的行政工作直接下放到社区，只对社区检查考核。二是由政府制定的构建社会主义和谐社区的标准及考评细则中，地方政府把政府的一部分职责下放到社区，考核主要由政府进行，考核成绩与社区自治组织工作人员的收入紧密挂钩。三是通过对社区自治组织的干部提拔、选聘、考核、奖惩等领导和控制社区自治组织干部。不利于调动社区自治组织的积极性。

三、单位制的困扰

长期以来，我国实行的是一套行政全能主义的"地区管理"和"社会管理"，国家行政权力具有至高无上和绝对的支配地位，这体现在人们的经济生活、政治生活、文化生活和社会生活等各个方面。通常情况下，这种支配地位又总是通过控制人们的工作单位来实现的。单位形成了"小而全"的小社会即"单位制"社会。由此产生了一种"单位人"现象。而"单位人"对于自己所属的单位有着高度的依附性与依赖性、强烈的认同感与安全感。与之相反的是，对于自己的居住地则始终无法形成社区归属感和社区意识。这种行政全能主义和"单位人"现象在西部地区至今尚未消除，而且在效益好的单位表现得更为突出，单位负责职工的一切，职工对工作单位的依赖感非常强，有的还相当严重，对社区的认同感、归属感较弱，不少居民认为社区工作仅仅是街道、居委会的事，与己无关。同样，社区的单位，由于体制上的原因属于不同的"条"，单位领导人及其职工社区意识的缺乏，再加上单位未能与社区利益捆绑在一起，这就导致这些单位对于参与社区活动、社区自治仅仅是应付了事，很难自觉地加入社区，自治也就很难实现。

四、社区中介组织发展滞后

西部地区由于经济不发达，观念落后，环境条件差、又大多处于边疆、民族地区，社区建设起步晚，中介组织发展滞后。从而导致西部城镇社区自治组织体制建设不完善、不科学。

五、居民参与率低

西部地区多数居民受计划经济的影响较深，"单位人"的意识仍强于"社区人"，对于从事自由职业、固定单位的社区居民，往往仅把社区看做栖身之所，缺乏归属感，不大关心社区建设，参与意识不强。据有关调查，一项社区活动中社区成员的参与面达到15%—20%已是很高了，相当部分的活动参与面是在5%—10%。而且参与者多数是老年人，其次是青少年，在职职工参与度低是一个普遍现象。就参与内容来看，主要是局限于出席居民会议、楼院清扫、文体健身等一般性社区活动，对社区活动的参与还很不深入、广泛，这也是社区自治组织体制建设不完善的原因之一。

第三节　加强和完善西部城镇社区自治组织体制的对策

党的十七大报告指出："要坚持中国特色社会主义政治发展道路，坚持党的领导、人民当家作主、依法治国有机统一，坚持和完善人民代表大会制度、中国共产党领导的多党合作和政治协商制度、民族区域自治制度以及基层群众自治制度，不断推进社会主义政治制度自我完善和发展。"把基层群众自治制度确立为我国民主政治的四项制度之一，把坚持和完善基层群众自治制度作为坚持中国特色社会主义政治发展道路的重要内容，这是我们党的一个重大决策，是对基层群众自治制度地位的重大提升。这里的基层群众自治制度主要指我国农村的村民委员会建设和城市（城镇）的居民委员会建设，据有关部门统计，截至2007年底，全国有居委会（社区居委会）82006个，居民小组122.3万个，居委会成员41.6万人；村委会61.3万个，村民小组466.9万个，村委会成员241.1万人。自《村民委员会组织法》和《组织法》实施以来，全国绝大多数农村和城市已进行了6次以上的村（居）民委员会换届选举。85%的农村建立了实施民主决策的村民大会或村民代表大会，90%以上的农村建立了保障民主监督的村民理财小组，村务公开监督小组等组织，村务公开、民主评议等活动普遍开展；89%的城市社区建立了居民（成员）代表大会、64%的社区建立了协商议事委员会，22%的社区建立了业务委员会、居民评议会、社区听证会等，城市基层民主形式普遍推行，收到了很好的效果。总体来看，经过长期的发展，我国基层群众自治制度体制已基本确立，组织载体日益健全，内容不断丰富，形式更加多样，城乡基层群众自治在社会主义民主政治建设中发挥着越来越大的作用。与全国形势相适应，西部城镇社区建设出现了喜人的形势。

总结新时期西部城镇社区自治组织体制建设发展的经验，认真贯彻党的十七大精神，进一步加强和完善西部城镇社区自治组织体制建设，特提出如下对策建议：

一、创新西部城镇社区自治组织管理体制

西部城镇社区自治组织体制建设必须突破原有的体制框架，深入贯彻党的十七大关于加强基层群众自治机制建设和构建新型城乡基层治理模式的新要求，以科学发展观为指导，认真总结西部城镇社区建设的经验教训，大胆吸收借鉴国外和我国东、中部地区社区自治组织管理体制建设的成功经验，从西部实际出发，大胆实践，使现有的西部城镇社区自治组织的政府主导型治理模式向政府支持的自治型模式转变。要正确认识和处理好社区建设中政府指导、支持和社区自治组织的关系，首先必须对政府指导和社区自治的含义给予准确定位。社区建设中政府的指导作用主要是：协调统筹拟订社区发展规划，推行社区发展政策，规划构建社区组织体系，推动社区资源整合，协调社区各方关系，协调加强社区基础建设，完善社区服务功能，把握社区发展方向。城镇社区居民自治是指社区居民对社区事务的自我管理，以及社区生活和社会交往中的自我教育、自我服务的过程。在以上政府支持与居民自治关系中，政府支持是宏观指导，居民自治是微观主体，也就是说，政府是社区建设与发展不可或缺的，但也不是什么事情都要管，包办代替本应该由社区自治组织通过居民自治可以解决的事，更不是管理体制的回归。其次，要充分发挥社区自治的主体作用，正确引导和逐步推进居民自治进程，积极推进社区管理体制的创新。社区建设的阶段不同、条件不同，社区自治的程度也有所不同，但坚持居民自治主体的方向是不容改变的。推进社区居民主体自治，是推进基层民主政治建设，建设社会主义民主国家的重要途径之一，也是社区建设发展的必然趋势。因此，我们在明确政府指导作用的同时，必须实实在在地推进社区自治。社区居民自治有三个基本特征，即社区

组织必须是社区管理（社区工作）和社区建设的主体；社区必须有相对独立的管理范围和管理权限；社区必须建立横向的居民参与网络。如何体现和突出这三个特征，一是逐步下放权力，"还权于民"，"放权于民"，使社区在本区域范围内成为自治主体，让社区居民有权依法管理自己的事情。二是真正转变职能、改变领导方式，使社区相对独立的行使社区事务管理权。政府要确实在社区事务中减少直接干预，确实淡化社区管理中的行政色彩，真正由微观管理转变为宏观指导，由直接介入转向间接参与，由依靠权力行政转向依法行政，强化民主决策、维护群众利益。政府职能转变的核心是深化行政体制改革，要划清职责，处理好政府与社会、企业、群众的关系，疏通民意渠道，"有所为，有所不为"。三是促进"单位人"向"社会人"转变，充分调动社区居民的积极性，积极引导居民参与社区事务，把过去对"单位"的需求转变为对"社会"的需求，增强居民对社区的认同感和归属感，培养居民参与社区事务的意识，逐步建立健全居民参与社区事务组织化、规范化的工作机制，走出一条具有西部自身特色的城镇社区自治组织管理体制建设的路子，实现西部城镇社区自治组织建设的跨越式发展。

二、转变基层政府职能

《组织法》第四条明确规定："不设区的市、市辖区的人民政府或者它的派出机关对居民委员会的工作给予指导、支持和帮助。但不得干预依法属于社区自治范围内的事项。"这是《组织法》第四条明确规定的基层政府的基本职能。总结近十年来西部城镇社区自治组织体制建设的教训，基层政府过多包揽社区事务，把指导与协助、服务与监督的关系，变成领导与被领导、命令与服从的行政隶属关系，基层政府对社区工作"越位"、"错位"和"缺位"的现象十分突出，针对这种情况，要深入推进西部城镇社区自治组织的创新发展，基层政府社区的职能，必须回归本位，必须认真落实科学发展观，认真落实《组织法》，以实际行动履行对社区指导、协助、服务和监督的职能，从而保证西部城镇社区自治组织体制建设沿着正常有序的轨道前进。

三、改革创新西部城镇社区自治组织体制模式

长期以来，西部城镇社区建设实行的是政府主导型治理模式，没有认真落实《组织法》各项要求，政府在西部城镇社区自治组织建设中占据主导地位，缺乏有效的制约机制，加上传统习惯因素，政府还没有理顺自己在社区自治组织治理中的角色，导致不该管的事务管了，该管的事务没管或没有管好，出现越位、错位、缺位的现象，致使社区自治组织功能不能很好发挥，因此，随着我国政治体制改革的深入，随着公共领域的形成，制约社区自治因素会逐渐消失，与此相适应，必须认真贯彻落实《组织法》的各项规定，因此建议加快修订《组织法》，研究制定基层政府指导居委会组织法实施办法，形成有利于发展基层群众自治的体制环境。必须从西部实际出发，改革创新西部城镇社区自治组织体制模式，使现有的西部城镇社区自治组织的政府主导型治理模式向政府支持的自治型模式过渡，这是我国社区自治的未来方向，也是国际社区建设的有益经验。

四、进一步完善西部城镇社区自治组织体制的治理结构

城市社区的未来必须是一个多模式探索的过程，因此必须依据西部城镇社区自治组织体制中居民参与和自治的具体情况，进一步改革和完善西部城镇社区自治组织管理体制，使其治理结构从单一垂直结构向网状的水平结构转变，实现西部城镇社区自治组织体制的多层次、自治形式的多样化和自治手段的多样化，使西部城镇社区自治组织体制中政府、市场和社会三大板块形成真正合作的互动关系。

五、切实加强和改进西部城镇社区自治组织体制建设

1. 切实加强和改进西部城镇社区自治组织体制党的组织建设，构建具有西部特色的城镇自治组织党建体系。

一是创新西部城镇社区党组织设置，扩大党组织覆盖面，加大在街道社区辖区内的集贸市场、商务楼宇、工业园区、特色商业街、居民楼院、住宅小区、行业协会、流动人员服务组织中建立党组织的力度，使党组织的设置

延伸到社区的各个角落。探索建立社区建党委、楼宇建支部、"单元"建服务岗的西部城镇新型社区党组织网络体系，扩大城镇党的工作覆盖面。

二是健全工作制度，充分发挥西部城镇社区党组织的政治领导、组织保证、力量整合、重大事项把关、工作监督等职能，进一步完善街道社区党组织工作会议制度，加强对社区治理和社区共建的统筹协调；进一步加强和完善西部城镇社区党员议事会议制度，加强社区党组织对居民自治的领导。在民主选举过程中，社区党组织要积极参加各项准备工作，把握选举的正确方向。社区党组织领导和班子成员应该通过合法程序进入社区民主选举机构，主持选举机构的工作。在民主决策中，社区党组织要与社区群众性自治组织一道，积极组织群众参与民主决策，保障群众当家作主的权力。在日常管理和民主监督中，要组织党员和群众监督民主决策事项的实施情况。

三是创新服务方式，充分发挥党员的先锋模范作用，充分发挥党员带头服务群众、带动群众相互服务的"双带作用"。

四是强化分类管理，增强党员教育管理的针对性和实效性，社区党组织要适应西部经济政治文化和社会发展的需要，不断完善社区党组织的领导方式和领导体制。

2. 切实加强西部域镇社区自治组织建设，构建具有西部特色的城镇社区自治组织体系。

一是继续推进街道职能转变。深入推进西部城镇社区自治管理体制改革，按照"重心下移，权力下放"和"责、权、利"统一原则，进一步向街道下放事权，规范明确街道"统筹辖区发展、突出社区建设、强化城市管理、组织公共服务"的基本职能，强化街道对辖区服务的统筹能力，逐步建立起条块结合、以块为主的西部城镇社区自治组织管理体制。

二是多管齐下，切实改变社区行政化倾向。进一步明确和规范西部城镇社区自治组织职责，建立部门工作进社区申报准入制度，实行统一审核、归口管理。建立"权随责走、费随事转"的运行机制，对批准进入社区的行政事务，切实做到"权随责走、费随事转"。同时，根据工作需要增加社区工作力量，切实解决有人办事、有钱办事、有权办事的问题，使西部城镇社区自治组织有足够的人员和精力组织居民开展自治。

三是健全党组织领导、通过居民代表大会决策、社区自治委员会执行、民间组织推动、群团组织协同、驻区单位参与"六位一体"的西部城镇社区自治组织工作运行机制。健全党组织领导，就是要通过制度保障，充分发挥西部城镇社区党组织在工作中的领导核心作用。通过居民代表大会决策，就是要从西部实际出发，建立完善西部城镇社区自治组织干部和居民代表联系居民户制度、社区民情恳谈会制度、社区民主听证会制度、社区居民代表会议制度四项制度，切实拓宽社情民意表达渠道，规范民主决策程序，确保社区重大事项由居民群众决策，巩固社区居民在社区中的主体地位。社区自治委员会执行，就是要提高西部城镇社区自治组织组织各方力量共同办理社区事务的能力，加强社区自治组织对驻区单位、社区民间组织、物业管理机构的指导、协调和监督。充分发挥社区居委会组织共建社区的积极作用。同时，通过完善事务公开制度和民主评论社区自治组织工作制度，加强社区居民对社区自治组织执行的监督。民间组织推动，就是要大力培育活动类、维权类、救助类、服务类等公益性民间组织，把西部城镇社区民间组织作为增强社区管理和服务的重要载体，提高居民参与社区建设的优化程度。群团组织协同，就是要充分发挥西部城镇社区内工、青、妇、残、老龄等群团组织的组织、协调作用，增强西部城镇社区建设的活力。驻区单位参与，就是要在西部城镇社区积极推进"资源共享、共驻共建"，充分调动社区内机关、团体、部队、企业、事业组织等广泛参与社区建设，最大限度地实现社区资源的共有、共享，营造共驻社区、共建社区的良好氛围。总之，就是要把增强西部城镇社区凝聚力作为社区建设的重点，通过理顺社区组织关系，完善社区民主管理制度，推进社区居民自治，整合社区各方面力量。

四是正确处理西部城镇社区自治组织体系中的各种关系。在社区治理结构中，政府行政管理服务体系与社会自治体系的关系是最核心的关系。我们强调重心下沉，就是要让政府真正负起社会管理与公共服务的责任。在社区建设过程中，政府最重要的责任就是为社区提供高质量的公共服务、公共设施和公共环境。社区自治组织切实围绕居务服务开展工作，实现政社分开、政企分开、政事分开，真正实现政府到位、社区归位、市场入位。结合西部实际进一步完善社区自治组织体系，必须认真处理好以下五大关系。

第一，街道办事处与社区自治组织的关系。西部城镇社区自治组织由于长期以来形成的体制惯性作用，街道办事处与社区自治组织之间有着十分紧要的相互依存、相互依赖关系。因此，要进一步理顺街道与社区自治组织的关系。理顺街道与社区自治组织的关系，不仅要明确它们之间在管理地位和隶属关系上的区别，更重要的是进一步明确划分街道与社区自治组织的职责，切实把西部城镇社区自治从繁重的行政事务中解脱出来。街道办事处与社区自治组织之间主要是以下三种关系：其一是街道工委与社区自治组织党支部（党总支、党委）的关系。根据《组治法》规定，社区自治组织党支部（党总支、党委）在街道党工委的领导下开展工作，负责社区党建、社区自治组织建设和社区事务的领导、统筹和协调，它们是上下级之间、领导与被领导的党内组织关系。其二是街道办事处与社区自治组织之间的关系。社区自治组织在街道办事处的指导下实行社区自治组织民主自治，它们是指导与协助、服务与监督的行政协调关系。其三是街道六大体系与社区事务代办站的关系。代办站接受街道党工委、办事处的领导并完成其交办的任务，与街道六大体系同属办事机构，在行政上是领导与被领导的关系，在业务上是相互指导、相互融合、相互服务的关系。

第二，社区党组织与社区自治组织的关系。西部城镇社区党组织是社区建设的领导核心。西部城镇社区自治组织在西部城镇社区党组织的领导下开展工作。但这种领导作用的发挥不是靠组织或系统内部自上而下的行政领导，而是通过加强党组织的思想建设、组织建设和作风建设，努力增强党组织的创造力、凝聚力和战斗力，充分发挥广大党员的先锋模范作用，通过不断探索创新党的工作机制和活动载体，扩大党的工作覆盖面，加强为居民服务，通过引导居民正确行使权利支持社区自治组织的工作，来保证社区民主自治的正确方向，实现有效的政治领导。

第三，西部城镇社区自治组织与西部城镇社区事务代办站的关系。西部城镇社区事务代办站是为社区和广大人民群众服务的工作机构，与西部城镇社区自治组织是相互支持、互相帮助、互相配合的关系。因此，理顺西部城镇社区事务代办站与西部城镇社区自治组织之间的关系，关键是要按照政社分开的要求，进一步明确划分政府与社区的职责，剥离社区承担的行政工作。西部城镇社区事务代办站应当做好自身的行政工作，要直接把工作做到位；凡需社区配合协助的工作，要在社区党组织的统一协调下明确责任主体，有时还应向社区支付一定费用；凡属于社区民主自治范围内的事务，代办站一般不插手。与此同时，西部城镇社区自治组织也要认真贯彻党的路线、方针、政策，依照有关法律法规，围绕西部城镇社区工作大局和群众需要，创造性地开展工作，并协助代办站做好有关工作。

第四，西部城镇社区中介组织与西部城镇社区自治组织、西部城镇社区事务代办站的关系。首先，中介服务组织实行市场化运作，与社区自治组织、社区事务代办站之间是相互合作与支持的市场关系。社区自治组织和代办站通过委托代管、招标发包等方式，将便民利民服务以及社区社会管理与公共服务中的一些专业性和技术性较强的业务交给中介组织，比如引入物业管理公司对老旧小区实施物业管理，引入停车管理公司对小区停车进行专业管理等。社区居民自治组织作为居民利益的代表，负有根据有关政策法规对社区中介组织进行监督和指导的责任。其次，作为驻区单位，中介服务组织有与社区居民及其他组织共同建设家园的义务，与社区自治组织是"资源共享，共驻共建"的关系，具有互相协助的义务，社区自治组织和代办站对中介组织具有监督和指导考核的权力。

第五，西部城镇社区自治组织内部的相互关系。西部城镇社区居民代表大会（社区成员大会）是社区党组织领导下社区居民进行社区民主自治的最高决策权力机构；西部城镇社区议事协商委员会是社区居民代表大会闭会期间，由社区居民代表大会授权对社区居民大会或社区居民代表大会作出的决议、决定和社区自治事务，行使议事、协商、监督和有限决策权力的机构；城镇社区自治组是社区自治义务的执行机构。西部城镇社区内部建立的各种协会组织在西部城镇社区自治组织指导下开展自治活动。

3. 切实加强西部城镇社区中介组织建设。社区中介组织建设是指建立健全社区中介组织的管理机制和运行机制，逐步发挥这些组织承担社会公共事务和公共福利事业、协助开展社会服务和管理职能。西部城镇社区中介组织的成长还处于起步阶段，相对而言，在西部城镇社区中是属于发展比较滞后的组织。但社区中介组织参与社区建设，是大力推进西部城镇社区建设不可或缺的重要一环，所以要大力推进中介组织建设。西部城镇社区中介组织建设包括以下内容：其一是政府加大对中介组织的支持力度，包括在舆论上的倡导、扶持和政策、经济上的支持；其二是重点培育和发展具有志愿性、公益性的社团组织；其三是建立中介组织健康发展的激励和约束机制，通过制定相关政策、法规，使中介组织逐步走上制度化、规范化的轨道，使其充分发挥推进西部城镇社区建设的重要功能和作用。根据西部城镇社区建设的需要和现有条件，西部城镇社区建设要重点培育以下四类中介组织：第一是街道或街道以上层面的中介组织延伸到社区的分支机构，如职业介绍所、调查统计所、社区服务中心、社区卫生服务中心、社区民事调研中心、社区计划生育宣传中心、社区文体中心、环卫所、绿化站、物业管理公司等；第二是社区活动类中介组织，如养花协会、钓鱼协会、摄影协会、读书会、秧歌队等；第三是社区权益类服务中介组织，如社区志愿者组织、社区互助组织等。政府通过项目管理、政府采购、委托代管、招标投标等方式，使西部城镇社区中介组织承担其行政管理工作中的服务性、技术性事务；为政府职能转变提供承接载体。

六、大力培养西部城镇社区居民的社区意识

社区意识是社区成员（居民）对本社区的关心、认可、依恋等的心理感觉和价值观念。从西部城镇社区建设的实践和我们调研情况看，西部地区城镇社区成员的社区意识比较淡薄，这种情况任其发展下去，必然会影响该区域的城镇社区建设。因此，必须从西部地区城镇社区建设的实际出发，从构建和谐西部的大局出发，从进一步完善西部城镇社区自治组织体系建设的高度出发，来探索培养西部城镇社区成员的社区意识的有效途径。据此，我们认为，培养西部城镇社区成员的社区意识要以实践为基础，选准载体，使其在社区活动中得以实现。社区活动要坚持社区需求本位原则，把解决群众普遍关心的热点、难点问题作为社区建设工作的重点。在社区活动设计时，坚持先进性与广泛性相结合的原则，力求使每个参与者都能找到自己的位置。社区建设活动，尤其是其中的志愿者活动必须从居民群众的实际承受能力出发，做到尽力而为与量力而行相结合，无偿服务与低偿服务、有偿服务相结

合。既要提倡无私奉献精神，又要肯定和支持兼顾个人合理利益的参与行为，不使参与社区活动成为居民的沉重负担。

七、推进西部城镇社区自治组织体制建设跨越式发展

在城镇社区自治组织体制建设方面，国外和我国中、东部地区积累了有益的经验，对于城镇社区建设起步较晚的西部地区来说，没有理由拒之门外，必须虚心学习，认真借鉴，取长补短，有机结合，为我所用，切实推进西部城镇社区自治组织体制建设跨越式发展。

第八章 西部城镇社区自治组织机构的构建

在我国西部地区，随着计划经济体制向市场经济体制的变迁，由不同的单位、不同的组织和不同个人构成的社区随之产生，改变了以前的与所属单位、机关、组织甚至基层政权的依附关系，实现由传统的"单位制"向"社区制"转型。与社区产生相适应，社区组织也随之产生，经历了由行政化组织向社区自治组织的变迁。为了更好地构建西部城镇社区自治组织机构，必须从我国西部城镇社区自治组织机构的产生出发，深入研究了西部城镇社区组织机构存在的问题，主要表现为西部城镇社区自治组织机构设置行政化，与社区职能不匹配，社区关系不顺，组织机构不健全四个方面。研究提出了构建西部城镇社区自治组织机构的原则，根据不同社区类型，构建和完善西部城镇社区组织机构，对于实现社区自治，构建社会主义和谐社会具有十分重要的理论意义和实践意义。

第一节 西部城镇社区自治组织机构的产生

一、我国西部城镇社区的产生

西部城镇社区自治组织是西部城镇社会的基层组织。在计划经济时期，与我国西部特有的经济、政治、文化和社会体制相适应，西部社会不存在也不需要现代意义上的社区自治组织。改革开放初期，由于西部地区市场经济发展滞后，"单位制"并没有发生实质性改变，西部地区地方政府和"单位"

仍然扮演着"全能主义"的角色，它们不仅承担组织生产经营和教育、文化、医疗、卫生、住房、社会保障等活动的职能，甚至包括职工的生、老、病、死等一切，而且还承担直接组织社会、管理社会以及有关的社会动员和控制职能。真正成为一种"政社不分"的"政府人、单位人"体制。这种体制决定了社会成员只能作为"政府人、单位人"而存在，人们的利益、地位和关系纽带完全依赖自己所属的"单位"；单位不仅成为社会成员生存和发展的经济载体，也成为获取社会关怀、社会支持和社会保障的最基本的社会载体，也是国家对社会成员实行政治、经济、文化和社会控制的最重要与最有效的组织载体。因此，单位职工对于自己所属的单位有着高度的依附性与依赖性，强烈的认同感、责任感与安全感，自己的居住地与自己的单位或爱人的单位或父母的单位紧密联系。当时的社区只是进行户籍管理，以及对城镇非就业者、无劳动能力的残疾人员、无子女赡养的孤寡老人等人群提供社会救助、社会保障和社会控制。总体来看，当时的社区并不具有现代社区的功能，而只是单位人管理的一种补充或辅助性措施。党的十四大明确提出我国经济体制改革的目标是建立社会主义市场经济体制，现代企业制度的建立，逐步实现了"政企分开"、"政社分开"，政府把基层的社会性问题下放到社区；单位把一些社会性工作转移到社区，特别是一些失业、下岗工人的产生，单位无法管理；特别是随着住房市场化改革的进行，"小区房"的大量建立，打破了"单位"住房的格局，单位人跨越了单位的空间，出现了单位无法管理的真空；同时随着西部城镇化建设的发展，产生了大量的失地农民和流动人口，随着户籍制度的改革，大量农村劳动力流向城镇。因此为了更好地解决这些问题，西部城镇社区得到了迅速发展，其发展经历了从乡村到城镇、从传统到现代的变迁过程，社区组织也经历了从行政化组织向城镇社区自治组织的变迁过程。总之随着我国西部城镇化的发展、市场化改革的深入、"政社职能"、"政企职能"的分开及其实践，西部城镇社区随之产生和发展了。西部城镇社区自 1999 年之后，经历了两次大的规模性调整，结合旧城改造、小区开发、道路建设等逐步形成了结构合理的社区。

二、西部城镇社区的类型

西部社区组织机构的构建，与社区类型紧密相关，不同类型的社区必然要求构建与之相适应的社区组织机构。关于社区的类型，民政部在总结全国社区建设实验区试点工作的基础上，提出社区划分的三种主要类型。一种是地缘型社区，以主要街巷、道路为界，规模比较大，也比较完整；另一种是单元型社区，是一个规模比较大的封闭型小区。是改革开放以后特别是住房市场化改革后由开发商开发的，很完整的小区；第三种是单位型社区。一个单位所形成的社区，包括规模比较大的高等学校、大型企业。

社区的类型是根据一定的标准进行分类的结果。这里所说的社区不是人们通常理解的大社会，而是由人口、地域、各种设施、社区意识和社区文化等要素构成的一个社会实体，包含着人们的多种社会关系和社会群体，包含着多种社会活动的地域性社会生活共同体。[①]《民政部关于在全国推进城市社区建设的意见》第一次比较明确地界定了社区的含义："社区是指聚居在一定地域范围内的人民所组成的社会生活共同体。目前城市社区的范围，一般是指经过社区体制改革后作为规模调整的社区自治委员会辖区。"我们这里要研究的西部城镇社区自治组织的类型就是依据这一定义、《城市居民委员会组织法（修订稿）》以及《国务院关于加强和改进社区服务工作的意见》（国发〔2006〕14号）等文件精神，并密切结合西部城镇社区建设的实际，根据新建社区的不同特点将社区划分为以下五种类型。

1. 街区型社区——以街巷、道路为界限所划分的板块社区类型（也叫地缘型社区）。街区型社区作为社区的一种类型，它是从最初城市内的行政区域规划逐步演变而来的，是借助于某一特定的道路名称而划定的城市区域。它体现了政府职能和社区社会职能的有机统一，因为街道（巷）将城市分割为一个个具体单元，犹如块状，因此我们称之为板块型社区。这种类型的社区在西部城镇分布较多，如贵州省贵阳市的和睦路社区、成都市金牛区的迎宾路社区、新疆天山区前进东路社区、敦煌市沙洲镇小南街社区、曲靖市的

① 孔桂华:《社区建设》，中国劳动社会保障出版社2008年版，第15页。

古城社区等。

2. 单位型社区——具有中国特色的亚社区。单位型社区是计划经济时代的产物，由于同属于一个单位而居住在一起，居民对自己的单位有高度的依赖性，强烈的认同感与安全感，在他们的心里，他们是"单位人"，而不是"社区人"。这类社区主要分布在人数较多的企事业单位，从而独立形成社区。如：银川市西夏区的地矿局社区、平吉堡社区；成都市金牛区西南交大社区、四川大学社区；云南曲靖市麒麟区的曲靖卷烟厂社区等。

3. 小区型社区（也叫新型社区）——以居民小区为依托的城市小区型社区。小区型社区是近年来随着城市经济社会不断发展、城市规划不断完善、房地产开发商合力开发而打造出来的新型社区，一般属于封闭型小区。小区型社区在银川市兴庆区较为典型，如星光华社区、北安社区等。社区内硬件设施较好，社区服务设施齐全，社区内卫生、绿化、治安等环境管理由物业公司负责。这类新型社区主要是由房地产开发而形成的社区。房地产开发型社区是居民在购房过程中不自觉地实现的，这类社区又可分为以较富人群为代表的别墅区或高档住宅区、以中等收入阶层为代表的普通商品住宅区和以工薪阶层为代表的经济实用住宅区。房地产开发型社区最主要的特征表现为：一是这类社区构成是典型的经济动力型，是以经济为主导因素的，由于居民的经济收入、社区地位、受教育程度、从事的职业差异很大，因而居民表现的异质性较多。二是这类社区的物业管理部门比较规范，有较大面积的绿地，环境卫生及其他便民服务系统较为完善，居民的民主政治意识较强。

4. 集镇型社区——兼具农村社区和城市社区某些成分与特征的社区类型。集镇社区是农村和城市相互影响的一个中介，主要以不从事农业劳动生产的人群形成的居住区域。它在人口结构成分上和城市较接近，而与农村社区的差距较大；在社会心理要素上，它又和农村社区的特征相类似；在人口的经济和社会地位方面，它又介于城市社区和农村社区之间。如遵义县龙坑镇共青团社区等。这类社区随着我国城市化进程的加快，数量将会不断增加，如何管理好这类社区，是社区管理中的新课题。

5. 特殊社区——城市化进程中出现的新一类社区即城中村。城市化的快速发展使得西部城市市区边缘的大部分农村社区被逐渐包围在城市之中，村委会的职能不断弱化，从而形成了这类特殊社区类型——城中村。例如银川市金凤区双渠口社区、石嘴山市长兴街道办事处所在社区就是典型的城中村。城中村这类社区一般基础设施建设很差，农民就地盖起了许多二三层的水泥简易楼房，出租给外来人口特别是进城打工的农民工居住。有些城中村已经变成以外来务工人员为主体的社区。其特性表现为：一是人口流动量很大，社区治安和公共卫生环境很差，很难形成社区规范。二是居民人口的文化素质普遍很低，居民的政治参与意识不强。三是这类社区缺失资源共享、权利共享。因此，这类社区地方行政管理的难度很大，居民没有主动参与社区的积极性。城中村的改造将是城市化进程中面临的一个极大的难题。

三、西部社区的组织机构

根据西部社区组织的功能和社区类型，西部地方政府根据社区组织法分别设立了社区组织机构。

街区型社区是西部最普遍的社区，是政府按照便于服务管理、便于开发利用社区资源、便于社区依法自治的原则，综合地域性、认同感等要素，从实际出发，因地制宜科学合理划分的社区，一般在1000—3000户左右为一个社区。其功能主要是党建职能、权利监督职能、运行职能和议事监督职能，根据社区党建职能分别建立了社区党委或社区党支部，根据社区党建要求，设立了组织委员、纪检委员、宣传委员、统战委员，负责社区党建工作，发挥在社区领导中的核心作用。根据社区权力监督机构职能的要求，成立了社区居民代表大会，发挥了社区最高权力机构的职能，在社区党支部的领导下，行使民主议事、民主管理、民主决策、民主监督的职能。根据社区运行职能的要求，构建了社区居民委员会，设立社区服务和社区福利委员、社区治安和人民调解委员、社区医疗和计划生育委员、社区文化体育和教育科普委员、社区环境和物业管理委员、社区共建和协调发展委员等。根据社区建设的要求，社区协商议事会是社区的议事协调机构，其成员由社区内人大代表、政协委员、居民代表、单位代表、知名人士等组成，经社区居民代表大会聘请产生。充分讨论社区内的重大事件，并在社区居民代表大会授权下，对其进行决策；协助和督促社区居委会实施年度工作计划，对社区居委会工作进行监督和评议，提出意见和建议；对事关社区公共利益的重大事项进行表决，并向社区居民代表大会报告工作；代表社区居民提出搞好社区建设的意见和建议。对不称职的社区居委会干部提出罢免、撤换的建议。

城乡结合部社区和集镇型社区（或称城市边缘社区），主要分布在西部各省、直辖市、自治区大城市的郊区和地、州城市和中小城镇。是西部城市特别是中小城镇存在比较多的社区。是"乡村城市化过程中的半城市化地域，也是城市文化与乡村文化、本土文化与外来文化、现代文化与传统文化产生激烈碰撞的地区，其较城市社区或农村社区而言具有明显的复杂性、动态性和异质性"①。与城市社区相比，其特点是外来人员比例较高、人口流动性大，非农人口和农业人口并存；居民文化水平较低；同时具有单位组织、社区组织和居民小组三种不同的行政管理结构；社区内居民的世界观、价值观差异比较大，在各种文化、心理、观念交互中，区内居民道德、行为失范现象普遍增多。西部城镇边缘社区除了这些特征外，还具有经济发展落后，民族、宗教关系复杂、社区环境较差、治安环境差的特点。这些新特征决定它存在着不同于农村和城市的各种新问题，给城镇边缘社区组织机构设置带来新的挑战。面对这些挑战，西部地方党组织和政府根据这类社区的特点，构建了社区组织，建立了社区党委或社区党支部，根据社区党建要求，设立了组织委员、纪检委员、宣传委员、统战委员，负责社区党建工作，发挥在社区领导中的核心作用。建立社区居民代表大会，发挥了社区最高权力机构的职能，在社区党支部的领导下，行使民主议事、民主管理、民主决策、民主监督的职能。根据城乡结合部社区运行职能的要求，构建社区居民委员会，有的社区根据社区的实际设立农业、林业、水利、计划生育、科教文卫和治安等职能部门。有的社区设立社区社会保障、劳动保障、社会事务（包括计划生育、社区教育）、社会服务（包括家政、卫生）、综合司法和信访接待部门。下设居民小组村民主任和楼栋主任，有的社区设立民族工作站或民族工作委员。

---

① 魏竹琴：《城市边缘区社会环境的问题及对策研究——以南京市栖霞区为例》，《现代城市研究》2002 年第 3 期，第 20 页。

单位型社区。单位是中国所特有的一种社会组织单元，主要是指行政、事业单位和国有大中型企业长期以来形成相对独立的生活、工作区域，它具有社区的特征即一定的地域、相当规模的人口、较强的文化认同感、基本完善的设施和完整的管理体制。又具有单位的"强势"与社会的"弱势"、具有典型的"熟人社会"的鲜明特点。单位制度在新中国成立后建立，具有很强的社会功能和单位功能，它不仅是国家进行社会调控和整合的工具，还有效缓解了新中国成立初期城市就业压力，提供了社会福利保障的功能。随着社会主义市场经济改革的深入，西部地区传统单位制度发生了深刻的变化，单位制度的许多社会功能也逐渐被社会功能所替代，从而形成社区。从对西部城镇的访谈调查中可以看出，西部城镇单型社区主要有以下特点，单位制度的福利保障等许多社会功能由社区来接替；体制改革引起的贫富分化和失业问题比较严重，特别是一些国有大中型企业，在改革过程中，出现了大量的失业下岗工人，社会保障问题等社会问题复杂，社会职能突出；进行社会控制和资源配置的有效途径将由社区进行配置。其特点决定了单位型社区具有社区社会保障、劳动保障、社会事务（包括计划生育、社区教育）、社会服务（包括家政、卫生）、综合司法和信访接待等职能。因此，西部地区大多数社区都设置了相应的部门。

第二节　西部城镇社区组织机构存在的问题

从课题组对西部城镇社区组织机构进行调查可以看出，西部城镇社区的组织机构存在许多问题，主要表现在以下几个方面：

一、西部城镇社区自治组织机构设置行政化

1. 社区机构设置行政化现象更为严重。虽然西部城镇社区的机构设置千差万别，居民需求也各不相同，社区组织机构设置各有特色，但现实中我国西部城镇社区组织都有一个共同点，即社区机构的设置主要体现政府基层管理的需要，很少从社区居民的利益出发，居民缺乏归属感、认同感。从理论

上讲，社区居民委员会是基层群众自治组织，主要目标是实现居民的自我管理、自我教育、自我服务、自我监督，其次是协助政府及其派出机构去做与居民相关部分的工作，实现居民的利益最大化，体现居民的意志。但是，西部城镇社区组织机构的设置并不完全是从实现居民的利益，体现居民的意志出发，而是根据政府的规定和安排设立相应的组织机构，特别是城乡结合部社区，许多社区的组织机构直接与政府部门机构相对应，如有的社区设立农业、林业、水利、计划生育、科教文卫和治安、社会保障等职能部门，与政府部门的机构设置完全一样，实际上是把居民委员会看成是政府组织而非居民自治组织，把居委会看做是政府行政组织的延伸。

2. 机构人员产生行政化。尽管目前各社区普遍制定了居民自治章程、居民公约和社区自治委员会工作职责等规章制度，但它们是由上级民政部门或街道制定，分发给各社区遵照执行的，没有经过居民会议或居民代表会议的讨论、通过。这种做法反映了基层政府对社区居委会自治范围和自治程度的控制。《中华人民共和国居委会组织法》规定，居民委员会由居民会议选举产生，居民会议有权撤换和补选其成员。许多社区组织换届确实是经过社区选举，但候选人资格由政府确定，特别是社区居民委员会主任是由政府提名的，这实际上是由政府主导社区选举，很多社区选举基本流于形式。一些地方政府还规定新进入社区自治组织工作队伍的人员必须通过市区招考（应届毕业生和下岗职工）——选举——街道党工委集体研究决定等程序。在这样的选举方式和人事制度下，社区组织委员会成员实际上成了街道聘用的干部，有的街道办事处可以随意撤换社区自治组织委员会成员，这必然会从根本上影响社区居委会自治组织的群众性和自治性。

3. 经费收支行政化。西部城镇社区自治组织的工作经费来源有三部分：政府财政拨款、社区物业收入和社区自筹，其中主要经费来源是政府的财政补助。社区物业收入不高，驻区单位共建意识不强，社会捐助收入很少且不稳定，社区居委会工作经费的缺口较大，其经费缺口普遍由街道和乡镇政府提供。有的街道和社区对社区自治组织的工作经费实行统一管理，由街道和乡镇财政所设立社区账户，统一做账。社区经费由市区下拨到街道，由街道统一收支的方式，造成"端谁的饭碗归谁管"，社区自治组织不得不依附于街道办事处。

4. 运行方式、考核机制行政化。社区自治组织采用行政化的运行方式，社区居委会的服务功能不强，社区自治组织与居民之间的沟通和交流渠道不多不畅，居民对社区事务的参与程度和支持程度不高。目前对社区居委会的监督考核名义上有两种形式：一种是居民民主评议社区自治组织，另一种是由街道和政府有关职能部门对社区进行考核评比。但在两种监督考核形式中，由于街道和政府职能部门的考核结果与社区的工作经费、人员任免、奖励惩罚等挂钩，因此街道及政府职能部门的考核占据着绝对的主导地位，左右着社区居委会的工作取向，居民群众的考核效率则显得软弱无力。

二、与社区职能不匹配

社区机构的设置必须与社区职能相匹配，社区机构及其工作人员才能真正履行职能，实现社区自治。社区自治组织是履行社区职能的核心，一般来说主要负责社区福利（包括社区低保福利、社区医保福利、社区就业服务）；使用社区财政；制订社区工作计划，实现社区居民的各项需求目标；选举社区委员会主任；制订和实施社区服务计划；申请基金、创造经济发展环境促进社区发展、增值社区经费；领导社区工作人员开展社区工作，处理社区日常工作，监督社区资金的使用情况并提高其经济效益。

然而，西部地区现行的区民政部门并没有按照"议行分设"的原则设立社区组织，有的在社区组织下面设立社区工作站和社区服务站两个专门的工作机构，使社区自治组织成为专职机构对社区事务和社区管理行使决策权，社区工作站和社区服务站则共同执行社区自治组织的决策，服务辖区居民，实现社区自我服务，自我管理，同时，完成政府有关职能部门交办的各项工作。社区工作站和社区服务站工作又各有侧重，其中社区工作站主要是完成区、街道有关职能部门交办的各项工作。如计划生育、卫生城管、社区治安等；社区服务站则主要是根据居民的需要及社区居委会的安排，开展各种社区服务，满足居民自身的需求，将居民的自治意志落到实处。实现在"议行合一"的情况下，实现开展"自治"与协助政府工作统筹兼顾，使社区开展自治成为可能。甚至有的地区制定出台了《关于明确社区自治组织、社区工作站和社区服务站权责关系的意见》和《区政府向社区居委会实行"费随事转"暂行办法》，明确了社区自治组织、社区工作站和社区服务站的基本职责和基本权利，界定了社区相关组织、有关政府机构与社区自治组织的权责关系，为社区自治组织行使自治权、理顺社区建设中的各种关系提供了法规和政策依据。同时，还明确了"费随事转"的原则、程序及具体操作办法，规定政府有关职能部门需要社区居委会协助工作的，必须报区社区建设领导小组批准，并就工作内容、任务、标准完成时间，经费数额等协商一致后，与社区自治组织签订协议或合同向其"购买"服务，避免有关职能部门随意向社区自治组织摊派任务，同时使社区自治组织通过为政府提供服务获得必要的经费实现以服务促发展，确保了社区自治组织以平等的独立主体地位与政府开展合作，使社区自治组织拥有独立的人权、事权和财权，成为独立的法人实体，使社区自治由可能成为现实。

这种社区组织的目的主要是把政府的社区治理目标与社区自治组织的目标和满足居民的利益要求统一起来，解决城镇社区行政化问题，由居民自己组织起来为本组织成员提供自我服务和进行约束管理的过程恰恰就是解决城镇社会问题的过程。但却人为的把社区职能分为政府职能和社区职能。实际上，社区的许多职能如社区的计划生育职能、社会保障职能、社区安全职能、社区卫生职能等，既是政府职能，也是社区职能，只是其具体职能不同，因此在社区自治组织下面设立社区工作站和社区服务站两个专门的工作机构，实际上也没有与社区职能相一致。

有的社区只设立社区居民委员会，下设社区服务和社区福利委员、社区治安和人民调解委员、社区医疗和计划生育委员、社区文化体育和教育科普委员、社区环境和物业管理委员、社区共建和协调发展委员等机构，没有体现社区居民需求，体现社区居民意志，与社区职能也不匹配。如地缘型社区一般设立社区服务和社区福利委员、社区治安和人民调解委员、社区医疗和计划生育委员、社区文化体育和教育科普委员、社区环境和物业管理委员、社区共建和协调发展委员等；或设立相应的工作委员或小组。这些机构的设置基本上是根据上级民政部门的要求设立的，没有体现社区居民的意志，或者说没有体现大多数居民的意志，因此，社区实际上成为民政部门的社区，或者成为地方政府的社区。如城乡结合部社区设立农业、林业、水利、计划生育、科教文卫和治安等职能部门。有的社区设立社区社会保障、劳动保障、社会事务（包括计划生育、社区教育）、社会服务（包括家政、卫生）、综合司法和信访接待。单位型社区具有社区社会保障、劳动保障、社会事务（包括计划生育、社区教育）、社会服务（包括家政、卫生）、综合司法和信访接待等职能，都与社区职能不匹配。

三、社区关系不顺

从西部地区的调查可以看出，社区关系不顺主要包括：

1. 社区党组织与社区居民委员会的关系不顺。社区党组织是社区建设和发展的领导核心，社区自治是在中国共产党领导下的依法自治，社区自治组织不仅要体现和满足社区居民的意愿，代表社区居民的利益，而且必须遵守国家宪法、法律和法规，自觉接受党的领导，模范地执行党的路线、方针和政策。同时社区党组织作为党在城镇社区的基层组织，是党的群众工作和战斗力的重要基础，在社区机构中起着领导核心的作用。社区党组织通过把党的基本路线以及党中央的重大方针、政策与社区民主建设的实际结合起来，加强对社区自治发展的科学规划与决策，为社区建设和发展提供政治保障。社区自治委员会是社区自治的执行机构，社区自治组织委员会应是社区居民代表大会或社区代表会议的执行机构，由社区居民代表大会或社区代表会议选举产生，负责执行社区居民代表大会或社区代表会议的决定、决议，向社区居民代表大会或社区代表会议报告工作并向其负责，受其监督。社区自治委员会要在社区党组织和社区居民代表大会或社区代表会议的领导下，组织社区居民、驻区单位和社区中介组织以及社会各方面力量参与社区工作，具体负责组织社区服务、社区文化、社区卫生、社区环境、社区治安等各项社区服务事业，并为政府职能部门履行某些行政管理职能提供协助。两者的关系是领导关系，社区居民委员会必须服从社区党组织的领导。

然而从西部城镇社区的实践中可以看出，社区党组织实际上是街道办事处，即是政党和国家利益的代理人。因为西部社区党支部书记的产生方式有三种：一是公开选拔方式。如四川省一些社区通过党员自荐、群众推荐和社区、单位党组织推荐符合条件的人选，通过公开竞选的方式选举产生社区党支部书记，这种产生方式有利于实现社区居民利益，体现社区居民意志，但是当社区居民利益与党和政府利益发生矛盾时，社区党组织很难处理好两者的关系。二是社区党支部书记兼社区居民委员会主任，但大多数都由（街道办事处）同级的党组织任命的，有些社区党支部书记直接由街道办事处指派（如贵州的小河社区），上级政府在任命时虽然也会考虑社区成员的利益，但主要是代表党和政府的利益，保证党和国家的路线、方针和政策的贯彻执行，但不利于实现城镇社区自治。

以社区自治组织委员会主任为代表的社区居委会应该是一个自治组织。在理论上，社区自治组织应该是社区居民利益的代表者，而且社区自治组织委员会主任及其成员由居民选举产生。但西部地区的现实情况是社区自治组织委员会主任及其成员的提名和任职条件由政府决定，加之由于社区自治组织委员会成员的工作津贴由区派出机构——街道办事处或者乡镇下发，社区自治组织承担了繁重的行政工作，社区组织也实际上必然成为街道办事处的手脚，主要为街道办事处办事，很少从居民的利益出发，体现社区居民的利益。综观西部地区社区建设的实际，社区建设和发展都依靠市、区、街三级政府政策倾斜和资源支持，依靠社区自己的组织资源和物质资源、走内源性发展道路的社区很少真正出现，各个社区的发展在很大程度上依靠社区负责人到市、区、街三级政府组织争取发展的资源和政策。显然，由于最终决定权在政府的手中，因此，在实际意义上，社区自治组织委员会主任也是国家的代理人。不过，由于社区自治组织委员会成员必须由全体社区成员或社区成员代表大会选举产生，如果社区自治组织纯粹只代表政府的利益而不代表社区居民的利益，那么这样的社区自治组织是不可能得到居民的支持。

因此如何协调社区党组织和社区自治组织的关系，实现党和政府的利益与社区居民利益的协调发展，必须进一步明确社区党组织和社区自治组织的职能，实现社区党政职能分开。

2. 社区自治组织与基层政府及其派出机构的关系不顺

作为社区居民必须认识自己在居民自治中的主人翁地位，正确行使选举、决策、管理和监督权，由居民代表大会选举产生的社区自治组织要从居民利益出发，实现居民利益，体现居民意志。基层政府及其派出机构为了实现政府的社区的治理，必然要从基层政府的利益和意愿出发，通过制定社区自治组织委员会主任、委员的标准和人选来实现自己的治理目标。在社会主义市场经济体制下，两者的目标基本上是一致的，但是也会发生矛盾，两者的矛盾表现为自治和行政化的矛盾，其外在表现就是两者的关系不顺，因此，政府及其派出机构必须转变政府职能，给社区提供必要的经费支持和社会服务，支持社区自治。

四、组织机构不健全

组织机构的正常运转，必须建立健全其科学的内部机构。各内部机构明确分工、相互协调，才能发挥其职能，发挥其效率，实现正常运转。在我国西部社区机构中，内部机构设置完全是按照政府的需求和行政化机构设置的，没有根据西部社区特点设置机构。如：没有按照西部城镇社区特点设置社区发展委员会，为西部城镇社区经济、政治、文化和社会发展创造条件，为治理社区环境、生态环境创造条件；没有设置社区民族委员会，处理社区民族关系，促进民族团结、实现民族平等和实现各民族共同繁荣。没有根据社区的职能设置社区居民需求组织，调查了解并且落实社区居民的要求，如对社区的设施、交通、环境，生命和财产的安全、居民的人际关系、居民对社区的归属感等没有设置相应的机构。只有少数社区安排人员进行调查研究并且组织实施。如重庆市人和街道的和睦路社区，定期向社区居民进行调查研究，了解社区居民的需求，并且进行落实，社区居民对社区具有很强的归属感、认同感和使命感。

第三节　西部城镇社区自治组织机构的构建

一、构建西部城镇社区自治组织机构的原则

1.议行分离原则

从西部城镇社区组织建设的实践看，要实现西部城镇社区自治，必须摒

弃社区传统的议行合一的组织体系，在社区推行注重权力分工、合作和制衡的议行分离组织体系，这种新的社区自治组织机构一般由社区的"领导层"、"决策层"、"执行层"和"议事层"四个部分配套组成，而社区党组织作为社区的"领导层"，对社区自治组织和社区自治事务起到重要的领导和保障作用。因为社区自治是在中国共产党领导下的依法自治，社区自治组织不仅要体现和满足社区居民的意愿，而且必须遵守国家宪法、法律和法规，自觉接受党的领导，模范地执行党的路线、方针和政策，要实现党对社区的领导，必须加强社区党组织的建设。

"决策层"：社区自治组织的决策层是社区居民大会或社区居民代表会议。社区居民大会或社区居民代表会议是处理社区自治事务的最高决策机构，对社区内的重大事务行使民主协商、民主决策、民主监督的职能；社区居民大会或社区居民代表会议作为社区成员表达自己意愿的组织形式，负责对社区居民委员会主任和委员的组成人员进行民主选举，同时对这些人员有权罢免、撤换、补选；对涉及全体居民利益的社区公共事务进行民主决策；对市区政府部门、街道办事处和社区居民委员会的工作进行民主监督；反映社区居民的意见、建议和要求。

"执行层"：社区自治委员会。社区居民委员会是社区居民大会或社区代表会议的执行机构，由社区居民代表大会或社区代表会议选举产生，负责执行社区居民代表大会或社区代表会议的决定、决议，向社区居民代表大会或社区居民代表会议报告工作并向其负责，受其监督。社区自治委员会要在社区党组织和社区居民代表大会或社区居民代表会议的监督制约下，组织社区居民、驻区单位以及社会各方面力量，优化资源配置，进行社区工作，实现社区服务、发展社区文化、搞好社区卫生、优化社区环境、保证社区治安、确保社区民族团结、发展社区经济、实现社区居民需求等各项社区事业，并有偿协助政府职能部门履行某些行政管理职能。

"咨询层"：社区议事委员会。社区议事委员会一般由社区内的单位代表、人大代表、政协委员、知名人士、中介组织等有关方面人员组成的机构，是社区的咨询机构，行使对社区事务的协商、议事和咨询职能，其建议和意见主要供社区决策机构和执行机构参考，但对社区事务没有法定约束力。

2. 以社区居民为本的原则

西部城镇社区组织机构的设置必须坚持以社区居民需求为本的原则。以社区居民需求为本的组织机构设置观，首先是要让每个居民实现需求最大化，包括生存需求。就西部城镇社区来讲主要包括社会保障需求、就业需求和社区设施、交通设施和环境设施等方面的需求；安全需求主要包括社区居民的生命财产的需求和有效防止意外事件发生的需求；社区居民交往的需求，主要包括社区居民能保持良好的人际关系，社区居民之间互相信任，对社区的认同感和归属感强。尊重的需求，主要包括社区居民互相关心和尊重对方权利，对社区有强烈的责任感；自我实现和自我发展的需求。

从市场供求的基本规律来看，以西部社区居民为本的核心内容是了解社区居民（即市场）的需求，不管是高层次的需要还是相对次要的需要。社区组织机构的设置就是要根据社区居民的需求设置相应的机构，满足不同层次居民的需求。

坚持以社区居民为本的原则意义深远，尤其在我国西部这样一个经济、政治、文化相对落后的社区，提倡以人为本将更为彰显其巨大意义。首先，提倡以社区居民为本将为个人个性的充分张扬提供前提条件。在构建社会主义和谐社会中，任何组织机构的设置都应是人性化的，都应体现有利于人性的合理张扬，压抑组织机构的本质是反人本的。其次，以社区居民为本也有利于社区居民的权利的合理实现。以人为本本质上应该是人人平等，不能只有义务而没有权利或者只有权利而没有义务。所以，提倡以社区居民为本会促使社区权利结构向更加均衡方向发展。再次，以社区居民为本有利于推进社区居民自由度的增加，而对自由的追求进一步实现人的本质。

3. 契约方式原则

从我们课题组对西部城镇社区的访谈调查中可以看出，西部城镇社区建设和发展实际上存在着三个方面的职能和任务，即政府承担的大部分行政管理职能和服务职能、政府承担但需要社区协助的某些行政管理职能和服务职能以及社区承担的社区管理和服务职能，这三个方面的职能完成得如何，直接关系到西部城镇社区的稳定，实现政府与社区双方的目标。因此，通过制度创新来整合政府组织体系和社区组织体系的资源，建立合适的管理体制来分别实现这些职能就成为西部城镇社区治理的当务之急。为了实现社区自治目标，政府需要社区协助的行政职能必须坚持契约方式的原则，也就是在法律规定的基础上建立起政府与社区合作共治的管理体制来共同承担。这里的契约方式包含：一是这种协助责任的范围应有法律明文规定，否则，社区可以依据社区自治原则拒绝承担这种协助责任；二是法律规定只是原则性的，具体协助事项的内容应由政府与社区双方在地位平等的前提下进行协商，并由本级人大依法批准，防止政府职能部门随意增加社区负担，影响到社区自治地位；三是在内容上权利与义务要一致，社区既然承担了协助义务就必须享有政府让渡的相应权力和利益；四是在社区的具体协助方式上，主要是依靠社区居民委员会下设的社区管理站来承担，配合政府职能部门履行管理职责。

4. 与社区职能相匹配原则

社区组织机构的设置必须与社区职能相匹配，才能真正履行职能，实现社区自治。社区自治组织是履行社区职能的核心，一般来说主要负责社区福利（包括社区低保福利、社区医保福利、社区就业福利）；使用社区财政；制订工作计划，实现社区居民的各项需求目标；选举社区委员会主席；制订和实施社区服务计划；申请基金、创造经济发展环境促进社区发展、增值社区经费；领导社区工作人员开展社区工作，处理社区日常工作，监督社区资金的使用情况并提高其经济效益。

二、西部城镇社区自治组织机构的构建

西部城镇社区自治组织的设置应该坚持议行分离原则和契约方式原则，根据不同类型社区的职能要求和西部城镇社区的实际构建西部城镇社区自治组织机构。

（一）地缘型社区自治组织机构的构建

地缘型社区是政府按照便于服务管理、便于开发利用社区资源、便于社区依法自治的原则，综合地域性、认同感等要素，从实际出发，因地制宜科学合理划分的社区，一般在 1000—3000 户左右为一个社区。这种社区在西

部大、中城市普遍存在。其职能主要包括发展社区党组织、宣传和贯彻执行党和政府的路线、方针和政策,构建西部城市和谐社区。为此,必须设立社区党委或社区党支部,在设立党的书记副书记的前提下,下设组织委员会、宣传委员会和纪律检查委员会,负责党组织的日常工作,保证党对社区的领导,保证宣传、贯彻党和政府的路线方针政策。根据社区居民的需求构建社区居民委员会及其下设机构,主要包括:1.根据社区居民生存需求分别设立社区保障委员会,负责社区的就业保障、医疗保障和最低生活保障,做好社区的保障工作,实现社区居民的生存需求,为构建社会主义和谐社区奠定物质基础。2.设立环境卫生委员会,调查研究并实现社区居民的环境卫生需求,向社区居民委员会和党组织提出需要政府提供的环境卫生资源,切实开展环境卫生工作,满足居民的环境卫生需求。3.设立治安协调委员会,保证社区安全,满足社区居民保护自己生命财产和防止意外事件发生的需求;协调好社区居民的人际关系,保持社区居民良好的人际关系,使社区居民相互信任,形成良好的社区认同感和归属感。充分调动社区居民参加社区建设的积极性,尊重社区居民的权利,增强社区居民的社区责任感。4.设立社区医疗和计划生育委员,做好社区医疗和计划生育工作,既满足政府的计划生育工作,又满足社区居民的医疗和计划生育需求。设立社区文化体育和教育科普委员,负责社区的文化体育和教育科普工作,提高社区居民素质,实现社区居民的发展需求和自我实现的需求。5.设立民族和谐委员会,负责社区民族的和谐工作,实现社区内民族平等、民族团结和各民族共同繁荣,保持社区

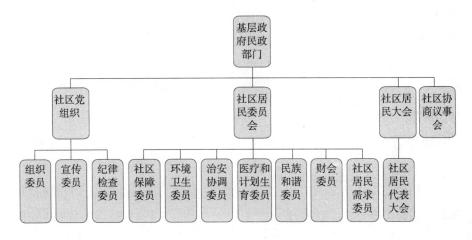

民族特别是边疆少数民族社区的稳定。6. 设立社区财会委员会，负责社区的财会工作和财产工作。7. 设立社区居民需求委员会，负责调查研究社区居民的其他需求，实现社区居民的其他需求。在社区居民委员会下设立居民小组和楼栋小组。根据"决策层"要求设立社区居民大会或社区居民代表会议。根据"咨询层"要求设立社区议事委员会。

（二）城乡结合部社区和乡镇社区自治组织机构的构建

城乡结合部社区和乡镇社区是西部城市特别是中小城镇存在比较多的社区，与东部发达地区城乡结合部社区相比，仍具有很多特点。因此，城乡结合部社区自治组织机构的构建必须体现有利于宣传、贯彻落实党和政府的路线、方针、政策，体现民族区域自治的特点；有利于体现西部城镇社区建设的实际；有利于实现西部社区居民的需求。为了更好地宣传、贯彻落实党和政府的路线、方针、政策，体现民族区域自治的特点，必须建立健全社区党组织，宣传和贯彻执行党和政府的路线、方针和政策，构建西部城市和谐社区。为此，必须设立社区党委或社区党支部，在设立党的书记副书记的前提下，下设组织委员会、宣传委员会和纪律检查委员会，负责党组织的日常工作，保证党对社区的领导，保证宣传、贯彻党和政府的路线方针政策。根据社区居民的需求构建社区居民委员会及其下设机构，主要包括：1. 根据社区居民生存需求分别设立社区保障委员会，负责社区的就业保障、医疗保障和最低生活保障，做好社区的保障工作，实现社区居民的生存需求，为构建社会主义和谐社区奠定基础。2. 设立环境卫生委员会，调查研究社区居民的环境卫生需求，向社区居民委员会和党组织提出需要政府提供的环境卫生资源，切实开展环境卫生工作，满足居民的环境卫生需求。3. 设立治安协调委员会，保证社区安全，满足社区居民保护自己生命财产和防止意外事件发生的需求；协调好社区居民的人际关系，保持社区居民良好的人际关系，使社区居民相互信任，形成良好的社区认同感和归属感。充分调动社区居民参加社区建设的积极性，尊重社区居民的权利，增强社区居民的社区责任感。4. 设立社区医疗和计划生育委员，做好社区医疗和计划生育工作，既满足政府的计划生育工作，又满足社区居民的医疗和计划生育需求。设立社区文化体育和教育科普委员，负责社区的文化体育和教育科普工作，提高社区居民素质，实现社区居民的发展需求和自我实现的需求。5.设立民族和谐委员会，负责社区民族的和谐工作，实现社区内民族平等、民族团结和各民族共同繁荣，保持社区民族特别是边疆少数民族社区的稳定。6.设立社区财会委员会，负责社区的财会工作和财产工作。7.设立社区居民需求委员会，负责调查研究社区居民的其他需求，实现社区居民的其他需求。8.设立社区发展委员会，为社区经济、政治、文化和社会发展创造条件；促进社区发展。在社区居民委员会下设立居民小组、楼栋小组和村民小组。根据"决策层"要求设立社区居民大会或社区居民代表会议。根据"咨询层"要求设立社区议事委员会。

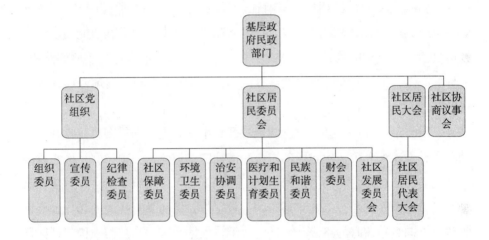

（三）单位型社区自治组织机构的构建

单位型社区自治组织机构的构建优点是容易形成"共同体"，这是因为单位型社区居民有比较好的"同质性"，其在本质上属"熟人社会"。相同的文化背景、共同的命运乃至共同的利益使社区中的每位成员对社区具有天然的认同感，容易形成很强的凝聚力。但制约单位型社区自治组织机构的构建主要有九大因素，即"法律框架、章程制定、人事权归属、经费来源、日常决策权归属、运行方式、激励机制、监督制度和自治组织的主观倾向"[1]，特别是社区功能的不一致。从对西部社区的调查看，可以分为两种类型：一

---

① 窦泽秀：《社区行政》，山东人民出版社2003年版，第185页。

种是效益不好，甚至倒闭的企业社区其功能与地缘型社区基本一致，只是工作量更大。另一种是效益比较好的企事业单位社区，这些社区无论社区党组织、社区居民委员会主任及其委员的安排上，单位都不同程度地进行干预，在经费上给予支持，其社会医疗保障、环境卫生、交通、居民的教育和发展、社区安全等功能都由单位来完成。社区自治组织的功能主要是社区保障、社区卫生、社区教育、社区安全、社区文化建设，因此，应该设置相应的社区机构。

（四）小区型社区自治组织机构的构建

小区型社区是随着我国住房的市场化改革特别是城市化的发展而形成的社区。与其他类型社区相比，具有比较好的物业公司管理，其职能包括安全、交通、环境卫生等职能，因此社区的职能相对少。根据其职能，小区型社区自治组织机构的构建必须体现有利于宣传、贯彻落实党和政府的路线、方针、政策；有利于体现西部城镇社区建设的实际；有利于实现西部社区居民的需求。为了更好地宣传、贯彻落实党和政府的路线、方针、政策，体现民族区域自治的特点，必须建立健全社区党组织，宣传和贯彻执行党和政府的路线、方针和政策，构建西部城市和谐社区。为此，必须设立社区党委或社区党支部，在设立党的书记副书记的前提下，下设组织委员会、宣传委员会和纪律检查委员会，负责党组织的日常工作，保证党对社区的领导，保证宣传、贯彻党和政府的路线、方针、政策。根据社区居民的需求构建社区居民委员会及其下设机构，主要包括：1.根据社区居民生存需求分别设立社区保障委员会，负责社区的就业保障、医疗保障和最低生活保障，做好社区的保障工作，实现社区居民的生存需求，为构建社会主义和谐社区奠定基础；2.设立协调委员会，协调好社区居民的人际关系，保持社区居民良好的人际关系，使社区居民相互信任，形成良好的社区认同感和归属感。充分调动社区居民参加社区建设的积极性，尊重社区居民的权利，增强社区居民的社区责任感。3.设立社区医疗和计划生育委员，做好社区医疗和计划生育工作，既满足政府的计划生育工作，又满足社区居民的医疗和计划生育需求。4.设立社区文化体育和教育科普委员，负责社区的文化体育和教育科普工作，提高社区居民素质，实现社区居民的发展需求和自我实现的需求。5.设立民族和谐委员会，负责社区民族的和谐工作，实现社区内民族平等、民族团结和各民族共同繁荣，保持社区民族特别是边疆少数民族社区的稳定。6. 设立社区财会委员会，负责社区的财会工作和财产工作。7. 设立社区居民需求委员会，负责调查研究社区居民的其他需求，实现社区居民的其他需求。在社区居民委员会下设立楼栋小组。根据"决策层"要求设立社区居民大会或社区居民代表会议。根据"咨询层"要求设立社区议事委员会。

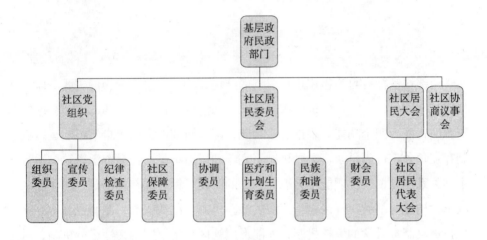

第九章 西部城镇社区自治组织的运行机制

西部城镇社区自治组织运行机制的结构和功能主要表现为促进西部城镇社区自治建设的发展，促进西部城镇社区功能的发挥，提高西部城镇社区的资源配置能力四个功能。根据社区功能，深入研究西部城镇自治组织运行机制存在角色定位不科学，激励机制不完善和压力不足，社会资源短缺，运行主体关系不顺，政社职能不分五个方面的问题。针对存在的问题，深化社区改革，构建西部城镇社区自治组织的激励机制、制约机制、制衡机制、多元化投资机制、科学的考核机制，才能形成社区自治组织的良性运行机制，对于促进西部城镇社区自治组织的发展，构建和谐城镇社区，推进西部城镇社区民主政治建设进程，具有十分重要的理论意义和实践意义。

第一节 西部城镇社区自治组织运行机制的结构和功能

一、西部城镇社区自治组织运行机制的含义

机制是指各个零部件之间相互联系、相互制约的联系关系和运行方式。社区运行机制是指社区内社区自治组织、社区中介组织、驻社区单位、社区居民在工作运行过程中，各种内在和外在要素之间相互作用的过程和方式。社区自治组织机制是指一定社区内自治组织内部和外部相互之间构成要素的相互联系和作用的制约关系及其功能，机制具有连接构成要素黏合性、流动

性、外显性和稳定性的特点。社区自治组织运行机制是指社区自治组织各构成要素及其政府主管部门等各构成要素之间相互联系和作用的制约关系及其功能，它存在于社区运行的全过程。社区运行机制的内部构成要素是包括社区自治组织，构成要素主要有社区党组织、社区自治委员会、社区居民代表大会、社区协商议事会。社区中介组织，包括社区团体、社区志愿者组织、社区公益机构。另外还包括驻社区单位和社区居民。建立健全社区自治组织建设是实现社区自治的核心，是全面推进社区自治的基础保障，是整个社区工作的载体，也是在新形势下推进社区自治工作的核心。社区自治组织要根据党和国家，以及社区组织建设的规章制度进行组建和管理，通过社区自治组织机制各构成要素良性运行来实现社区自治。

西部城镇社区自治组织的运行机制是指西部城镇社区自治组织内部各构成要素之间和西部地方政府及其主管部门等各构成要素之间相互联系和作用的制约关系及其功能，它存在于西部地区社区运行的全过程，其目的是实现西部城镇社区居民的自我管理、自我教育和自我服务，构建社会主义和谐社区。它具有地域性、基层性、社区居民性和自治型的特点①。因此要促进西部城镇社区自治组织的有效运行必须构建西部城镇社区自治组织的运行机制。

构建西部城镇社区自治组织运行机制就是要使西部社区城镇自治组织的各构成要素在实现社区治理目标过程中相互结合，动态展开而形成的稳定方式或运行模式。在这种稳定方式或运行模式中，社区自治组织和社区中介组织、驻社区单位、社区居民一般在不需要外部力量强制干预和管理下，城镇社区自治组织和利益相关者可以通过相互尊重信任、民主协商、传统习惯和交往活动等方式整合资源，通过共同参与社区公共事务的自治管理，运用民主协商等方式进行合作和处理西部城镇社区公共事务，实现西部城镇社区的自我教育、自我管理、自我服务、自我约束秩序的过程和状态，实现西部城镇社区自治。

---

① 浦兴祖:《中华人民共和国政治制度》，上海人民出版社 1999 年版，第 743 页。

二、社区自治组织运行机制功能的内涵

社区自治组织运行机制的功能发挥既要受社区自治组织自身结构的影响和制约，又要受社区与外界社会环境关系结构的影响。社区自治组织运行机制的功能得以发挥的内在依据是社区自治组织内部各要素之间的相互作用。而社区环境则是决定、影响社区自治组织运行机制功能发挥的外部因素，是社区自治组织的功能变化发展的重要依据。两者呈正相关关系，即一个社区的运行结构越完善和优化，那么它的功能实现程度和质量就越高，反之则相反。从课题组对西部城镇社区的调查可以看出，社区自治组织自身及社区内部居民自治功能发挥较好的，其外界社会环境、自治组织运行机制的功能发挥也较好。因此，我们可以把城镇社区自治组织运行机制的功能划分为内部功能机制和外部制约机制。

1. 内部功能机制

内部功能机制包括：

第一是内部动力机制。社区自治组织内部动力机制主要是社区党组织、社区居民代表大会、社区居民自治委员会、社区协商议事会、社区中介组织和社区居民组成的一个社会系统及其动力支持。社区自治组织运行的动力源于社区组织、社区居民对社区提供资源和机会方面的需要，特别是社区利益相关者，他们在本社区的公共生活中必然会表现出稳定的行为方式，是内化于本社区自治组织及社区居民社区意识和行为方式的一种社会心理和社会公共生活模式。建立西部城镇社区自治组织良性的运行机制，就要通过各级政府向社区自治组织提供动力源，通过社区自治组织向社区居民提供动力源，通过动力机制，推进西部城镇社区自治组织和社区居民实现"四个民主"，充分发挥社区自治组织的功能，提高居民参与率。西部城镇社区自治组织运行机制就是要采取多种措施，努力构建起社区自治组织与政府之间、社区居民和社区之间的利益平台，建立二者共同的利益体系和制度架构。要使社区组织能根据社区居民需求，结合社区实际开展自治，社区居民积极参与社区发展，必须使他们能够切身感觉到这种参与和他们的利益息息相关，能够实现其利益。否则，社区居民不可能有参与的热情，即使有也难以将热情长久

地保持下去。社区利益相关者不需要外部力量的强制性干预，就能够通过民主协商，达成共识，整合资源，合作参与，共同治理，从而实现解决社区公共事务的治理目标。

第二是西部城镇社区自治组织内部制约机制。实现西部城镇社区自治组织的良好运行，必须做到社区自治组织的人权、事权、财权相统一和责、权、利相一致。主要包括权力制约机制，权力制约机制是一种权力的制约和平衡的制度。从内容上看，社区自治组织的制约机制是由内部制约机制和外部制约机制共同构成的。其中内部制衡机制主要是社区组织内部的制约机制，包括社区党组织、社区居民委员会、社区居民代表大会和社区居民相互发挥作用时的制约机制。主要是通过科学设计、组织安排和有效运行来实现社区党组织、社区自治委员会、社区居民代表大会、社区居民权利义务的平衡，其目的是既要确保社区自治组织有职有权，又要确保党和政府的路线方针、政策措施的贯彻执行，使利益相关者利益最大化，防止出现贯彻执行党和政府的路线、方针、政策措施的不力和损害社区居民利益等问题的出现。

第三是有效的投资机制。物质保障是西部城镇社区自治组织运行的基础和保障，没有必要的和基本的物质基础，社区自治组织是不可能有效运行的。我国还处于社会主义初级阶段，特别是在西部城镇社区，由于经济和文化发展滞后，仅仅依靠政府的投资是不可能满足社区自治组织的资金需求和物质保障。因此，必须建立健全有效的投资机制，实现政府投入、社区自创、社会捐赠、发展社区福利事业的有效的投资机制。

2. 外部制约机制主要包括政府制约机制和社区居民的制约机制。政府制约机制是指各级政府通过对社区发展的规划、对社区自治组织的考评的激励和约束。社区居民的制约机制是指由社区居民、社区中介组织等社会外部力量形成的监督约束机制，是外部制约机制的主体。

社区组织的内部制约机制和外部制约机制是相互联系、相互促进的，他们共同发挥作用，促进社区自治组织的有效运行。

三、西部城镇社区自治组织运行机制的功能

健全西部城镇社区自治组织的运行机制，能有效维护西部城镇社区自治

组织的良性运行，促进西部城镇社区民主政治建设，发挥西部城镇社会服务和社会福利保障功能，实现社区居民的社区化和社区社会管理，促进西部城镇社区自治组织的有效运行，结合西部城镇社区实际，西部城镇社区自治组织的运行机制的功能主要包括：

1.民主政治建设功能。一方面通过激励机制、制约机制提高社区居民的参与率，促进西部城镇社会民主政治建设的发展，实现西部城镇社区居民知政、参政、议政，落实西部城镇社区居民的基层民主权利，提高社区居民自我管理和自我服务的能力。另一方面是通过提高西部城镇社区自治组织的广泛参与社区公共事务的决策，实现社区党组织的领导和社区居委会决策的科学化、民主化。并有效地监督地方公共权力，促使社区政务透明化、法治化。使各种社区自治组织和志愿者组织成为沟通地方政府和社区居民的桥梁。

通过激励机制、制约机制，促进社区中介组织的发展。西部城镇地方政府与社区居民的合作常常需要西部城镇社区自治组织的协调，西部城镇社区自治组织具有这种优势，一方面及时把社区居民对社区公共产品的要求、愿望、建议和批评集中起来，转达给西部地方政府，另一方面又把西部城镇地方政府的政策意图和处理意见转达给社区居民，推动西部城镇社区居民与西部地方政府的合作。通过社区自治组织参与社区公共事务的管理，既可以满足西部城镇社区居民参政的要求，也可以解决西部城镇社区居民直接参与社区管理不够落实带来的困境。

西部城镇社区自治组织的这种民主政治建设功能，在新中国成立初期就开始发挥，20世纪90年代初期进一步作为一项具有全面法律保障的民主制度得到了进一步的实践，并且在适应市场经济发展和城镇管理体制改革中进行了新的探索，取得了比较好的效果。到了新世纪，随着西部城镇社区自治组织的构建，社区自治组织的民主政治建设功能得到了进一步的发挥。

2.实现西部城镇社区自治组织的社会服务和社会福利保障功能。有效的西部城镇社区自治组织的运行机制能更好地发挥西部地方政府和社区自治组织的积极性，向社区居民提供更多的服务产品，发挥社区服务功能。社会服务功能向社区居民提供的"半公共产品"和为提高社区居民经济、文化、生活等活动而进行的生产、分配、交换、消费的社区服务功能，表现为支持创办社区医院、社区交通、社区商店、社区超市等，为社区居民提供衣、食、住、行等基本的生活必需品和服务，并为社区居民提供就业与谋生的机会，担负这一功能的主要是社区自治组织和各种经济组织。社区工厂、商店、旅店、餐馆以及其他第三产业项目等，它们能为居民提供生产、流通、消费、娱乐、文化等服务。它们在整体推进多样化的社区服务中，将服务对象由传统的弱势群体拓展到全体社区居民，服务资源由内部共享拓展到全区共享，服务体系由封闭式拓展到开放式。

良好的西部城镇社区自治组织可以通过组织社会福利机构与居民互助体系，发动组织本社区的力量，为社区居民解决困难和提供各种福利服务，它所提供的是就地直接和及时的社会服务帮助。这种功能表现为社区福利部门或慈善团体、民政部门扶贫助弱，社区居民之间的相互帮助、互相支援，社区医院、诊所为居民提供医疗保健服务等。譬如，帮助军属烈属，照顾孤寡老人和残疾人，整修小街小巷的道路，保护公共环境卫生，组织文化活动，兴办托儿所、幼儿园，建立敬老院、老年人活动中心、青少年活动中心和文化馆等，为居民提供各种服务。守望相助、邻里相帮是西部城镇社区居民特别是少数民族地区的一个优良传统，一个友好的"近邻"赛过亲密的"远亲"，它能解"燃眉之急"。

社会服务和社会福利保障功能直接提供属于居委会职责范围内的社区公共服务。例如，按照西部城镇地方政府的要求，西部城镇社区自治组织应根据地方政府的规定，直接为社区贫困人群提供最低生活保障、医疗救助、廉租房救助，对特殊困难群体和未成年人进行教育救助，以及给予援助的其他保障项目，保证社会服务和社会保障的准确、即时、公平、公开、公正，直接为社区服务和为保障对象提供优抚保障服务，维护他们的合法权益。譬如，直接为社区老年人、残疾人提供福利服务，为下岗失业人员提供就业、再就业与社会保障社会化服务，促进社会公平正义等。西部城镇社区自治组织的运行实践证明，仅靠西部城镇社区自治组织力量，远远不能满足社会居民的多元化生活需要。必须构建良好的西部城镇社区自治组织，激发地方政府、西部城镇社区自治组织各要素、社区居民的活力，促进社会公平、倡导互助友爱、疏缓就业压力、反映公众诉求、推进公益事业、化解社会矛盾、构建和谐社区。

总之,只有构建良好的西部城镇社区自治组织的运行机制,才能加快建立西部城镇社区服务中心、劳动和社会保障服务中心、文化活动中心、老年人活动中心,才能完善西部城镇社区自治组织的社区低保、就业、社会保障职能,才能真正履行企业退休人员社会化管理服务等方面的公共服务职能,才能充分发挥社区自治组织开展社区服务活动和社会保障功能,同时发挥西部城镇社区自治组织吸引社区其他社会力量开展便民利民服务的功能;才能配合有关部门做好特殊困难群体和未成年人教育救助工作,才能更好地帮助贫困家庭子女不因贫困而辍学;才能更好地配合有关部门构建社区医院,帮助西部城镇社区居民解决"医疗难"的问题;才能配合有关部门进一步完善社会捐助制度,发展慈善事业,增加社区经费,为实现西部城镇社区自治奠定物质基础。有的西部城镇社区自治组织就具有良好的运行机制,构建了社区劳动保障工作平台,围绕社区服务和社会保障功能,大力发展社区服务和社会保障事业,特别是通过增加公益性岗位,发展公益性事业,促进了社区服务和社会保障功能的发挥,为构建社会主义和谐社会奠定了基础。

3. 社区居民的社区化功能。社区居民的社区化指社区居民成长为社区人的过程。构建良好的西部城镇社区自治组织的运行机制可以通过激励机制、制约机制、社区教育等各种机制,使社区居民逐渐学习社区知识、学习社区工作技能与规范,从而形成自觉遵守与维护社区秩序和价值观念与行为方式,取得社区人的资格,这一成长过程即社区化。社区组织、社区教育、社区家庭和社区环境对社区居民的社区化起着重要作用、产生重大影响,社区所有居民在参加社区各项活动中受到教育,不断社区化。社区化的最大特点,是能否密切协调各种组织的活动,使社区的社会化活动形成一个整体,从而在功能上达到最大的效果。同时通过有效的激励机制、制约机制,可以促使西部城镇社区自治组织为居民提供经济、政治、教育、康乐和福利等方面活动的参与机会,可以促进社区内人们的相互交往与互助,使居民对社区有更多的投入和更强的认同感。通过社区开展各种文化娱乐活动、体育锻炼活动,提高社区居民们的参与意识。在参与社区活动中产生互助,发挥居民的潜能，充分挖掘社区资源，促进社区的繁荣与发展。西部城镇社区可以充分发挥本社区教育文化资源优势，发展面向社区自治组织的公益性教育文化事业，丰富和活跃社区居民生活，增强社区的凝聚力。

西部城镇社区自治组织在突出社会化和社区教育功能上可以倡导"以人为本"的社区建设理念，着力建设健康向上的人文环境，使居民生活称心、开心、舒心、放心。在社区社会化和社区教育建设中保持社区可持续发展，按照区域推进、重点突破、典型引路、形成特色的思路，初步实现本社区社会化和社会教育的队伍专业化、系列化、特色化、科学化的目标，以及智能型、科普型、学习型、共建型等各具特色的社会文化和社会教育社区，增强社区居民的凝聚力。

4. 西部城镇社区的调控功能。只有构建良好的西部城镇社区自治组织的运行机制，才能充分发挥西部城镇社区自治组织的社会管理和调控功能；才能把维护社会稳定，保持社会协调发展的任务落到实处，实现其对社区居民的内在管理和调控，维护好社会秩序和保持社会协调发展。进入新世纪后，西部一些条件比较好的社区，都构建了良好的运行机制，使城镇社区自治组织在维护社区秩序、保障社区安全等方面发挥了重要作用，促进了西部城镇社区自治工作的开展，为构建社会主义和谐社区奠定了基础。

西部城镇社区自治组织的运行机制贯穿于构建和谐社区的全过程，其具体手段和形式是多种多样的。例如，利用行政手段和经济手段，把西部城镇社区建设纳入社区自治组织工作目标管理体系，并经常性地开展督促和检查；利用法律和行政手段对西部城镇社区建设过程中可能发生的偏差行为实施有效地预防，对已经出现的问题及时纠正等。

第二节 西部城镇社区自治组织运行机制的障碍因素

随着西部城镇社区自治组织的发展，西部城镇社区自治组织运行机制的构建取得了比较好的成绩，但同时还存在着一些障碍因素，其主要有四个因素：

一、西部城镇社区自治组织的角色定位不科学

改革开放之前，西部城镇社区组织主要是以行政级别作为身份标识和管理定位的，与计划经济体制相适应，社区组织的一切工作及其运行机制也是由上级党组织和各级政府及其派出机构——街道办事处安排，相应地，绝大多数居民也是以工作单位人员作为身份标识的，他们的一切社会活动也是在工作单位中进行。那些没有工作单位的人和其他社会人员才由街道办事处来"接管"。

改革开放以后，随着计划经济体制逐渐向市场经济体制转换，特别是20世纪90年代后，西部城镇社区组织建设和管理体制也逐渐地由垂直型的行政管理体制向现代社区自治组织体制变迁。在这种变迁中社区自治组织已不再以行政级别作为主要的社会身份出现，取而代之的是以社区自治、社会服务身份及其相关的产权关系出现。西部城镇社区自治组织在发挥自身的作用和追求自身利益中，不仅需要所在社区提供适宜的社会环境或条件，而且需要所在社区减轻负担，从而能够更好地实现组织目标。就社区个人而言，这种变化是西部城镇社区居民逐渐摆脱统一的单位身份，从而获得多样化的社会身份。譬如，在人力资源社会化流动中，西部城镇社区先后出现了个体户、返城知青、进城民工、自由职业者、下岗职工群体。这些人都是脱离工作单位的"社会人"，难以用一种身份来进行标识。

受西部城镇社区居民对社区发展多样化需求的推动，也必然会推动劳动力资源社会化和职工福利的社区化，譬如，有的社区医疗、工伤失业保险及保障制度的建立，使得没有正式工作单位而需要从社区中获得社会保障的社区居民越来越多。而社区居民中的在职人员也不能再从工作单位中获得现实的社会服务和社会福利，譬如，西部城镇社区的物质生活环境和社区的文化生活条件。正是由于西部城镇社区居民在社会身份和社区需求上出现多样化，因此，西部城镇基层社区自治组织在工作任务上发生了相应的变化，必然要求我们对社区自治组织的角色进行科学定位，他的角色应该是社区自治组织。然而，从课题组的调查可以看出，西部城镇社区组织的定位不科学，

社区自治组织仍然是"政府组织的延伸"。

二、西部城镇社区自治组织激励机制不完善和压力不足

实现西部城镇社区自治，必须充分调动社区党组织、社区居民代表大会、社区居民委员会、社区协商议事会、社区中介组织的积极性，必须充分调动社区居民参与的积极性，提高社区居民的参与率。因此必须努力构建起社区组织、社区居民之间的利益平台，建立二者共同的利益体系和制度架构，通过搞好社区公共服务、共享社区建设成果等途径，建立并强化社区与社区居民，尤其是居民之间共同的利益关系，实现社区居民的自我管理、自我教育、自我服务、自我约束，形成社区居民民主选举社区组织成员，民主决策社区内重大事项，民主管理社区内公共事务，民主监督社区组织工作和社区权力运作；充分发挥社区组织在社区建设中的作用，实现群众自己的事自己议、自己办、自己管的良好运行机制；不断挖掘社区自治的潜力，通过社区自治激活社区居民的内在参与动力；进一步建立健全社区事务公开、服务承诺、民主议事等各项制度，规范社区各项工作，对社区实施全面有效的管理，从而实现社区参与和社区自治的相互促进、相互提高。通过教育培训机制，培养社区居民对社区的归属感和认同感，激发社区居民参与社区建设的内在动力。

然而，从我们对西部城镇社区的走访调查和问卷调查可以看出，西部城镇社区自治组织激励机制不完善，西部城镇社区很少建立自己的激励机制。主要表现在两个方面，一是政府与社区组织之间没有形成利益激励机制，各级政府只是通过建立示范社区、和谐社区等活动对社区进行一定的奖励，没有建立健全完善的考核奖惩机制，形成工作好坏一个样，社区自治组织的动力和压力都不足。见表9—1。

表 9—1　西部城镇社区自治组织运行机制彰碍因素表

制度不健全	动力不足	压力不足	资源短缺	说不清楚
20.1%	27.2%	14.6%	49.1%	20.1%

从表9—1中可以看出，西部城镇社区自治组织中有 27.2% 的社区工作

人员和社区居民认为社区运行机制的障碍因素是动力不足，有 14.6% 的社区工作人员和社区居民认为是压力不足，还有 20.1% 的社区工作人员和社区居民是说不清楚，说明动力不足、压力不足是影响社区自治组织运行机制的重要因素。二是社区组织主要是根据政府组织的要求开展工作，结果导致社区运行与社区居民需求脱节。社区运行中政府干预过多，社区居民没有形成社区的共同利益，缺乏社区认同感、归属感，社区自治组织与社区居民的关系日渐疏离。社区建设只能变成政府的配角、街道办事处或村镇政府主演的"独角戏"，社区居民反而变成了"看客"。社区运行的内在动力不足，政府和有关部门热情高涨，但居民、驻区单位及各种社会力量对社区参与越来越冷淡，结果是一头"热"，一头"冷"，形成不了真正的合力，也没法调动居民参与的积极性，因此，居民参与率极低。见表 9—2。

表 9—2　西部城镇社区居民参与率表

参与率 20% 以上	参与率 40% 以上	参与率 60% 以上	参与率 80% 以上	参与率 100%
4.8%	32.7%	27.5%	22.7%	27.3%

从我们的调查可以看出，西部城镇社区居民参与率极低，参与率达 100% 的社区只有 27.3%，大多数只是参加居民委员会的选举；参与率达 80% 的社区只有 22.7%，大多数只是参加居民委员会的选举；参与率达 60% 的社区只有 27.5%，参与率达 60% 以下的社区还有 37.5%，参与者基本上是下岗工人、社区保障对象等，参与率极低的重要原因就是没有形成有效的激励机制，没有形成社区共同利益，社区居民缺乏社区认同感、归属感。

三、西部城镇社区自治组织的社会资源短缺

社区资源是社区运行的基础和保障。社区建设的有效运行需要各种资源的投入，在西部城镇社区中，由于西部经济、政治、文化建设的落后性，社区中介组织发展滞后，社区运行的资金主要来自于政府，社区公共资源比较缺乏，提供的社区公共产品比较少，不能满足社区居民和社区组织的需求，社区居民对社区的认同感差。正是由于资源严重短缺，严重制约社区的运

行，这是制约社区运行的主要因素。从表9—2中可以看出，制约西部城镇社区组织运行的因素是资源短缺，占全部制约因素的49.1%，是影响西部城镇自治组织运行机制的第一因素。

同时由于西部地区经济发展滞后，政府投入少、社会投入少，社区资源严重短缺。社区自治组织将相当一部分精力投入到社区经济建设上，削弱了社区的管理和社会服务职能。由于投入不足，社区有些地方也出现了由于过分强调社区经济效益，而忽视社会效益的活动。譬如，违章建筑、马路市场以及乱收费、乱罚款屡禁不止的现象。由于投入少和投入主体单一，作为社区服务业发展的运作机制尚未形成。社区服务业是社区建设的基础，是社区建设工作的重点，但由于有关社区服务业的优惠政策相对较少，已出台的有关规定又不能得到很好地落实，限制了社会各方面对社区服务业的投入，使社区服务业多依靠政府投入，福利性、事业性服务项目占大多数，基本上属于政府行为，向社会化、产业化、实体化转变的步伐不快。

由于资源短缺，投入不够，严重制约社区中介组织的发展。在国外，有数量众多、功能发达、覆盖面广、渗透性强的中介服务组织，已成为其成熟的市场经济机制和社区自治组织运行的重要组成部分。这类组织的存在，不仅可以增强社会自我管理的能力，更重要的意义在于架起了社区自治组织与市场主体之间相互沟通的桥梁。因而，许多国家都十分重视和支持社区中介组织的发展，而且实践证明这种支持对发挥社区自治组织的公共服务作用，的确能起到事半功倍的效果。

由于资源短缺，对西部城镇社区自治组织建设的投入不够，严重制约西部地区社区福利性、公益性事业的发展。由于对社区福利性、公益性事业投入不够，社区公共设施差，社区环境较差，社区福利性、公益性服务项目少。由于西部城镇社区自治组织资源短缺，对基础设施建设的投入不足，导致西部城镇社区自治组织的基础设施差，服务功能不完善。由于资金短缺，投入少，没有形成有效的培训机制，尤其是社区理论与实践的培训、社区工作技能的培训，西部城镇社区自治组织工作人员的综合素质比较低。由于资源缺乏，对社区信息服务建设的投入少，社区信息服务体系不能建立和健全，社区信息化技术在社区自治管理领域很难得到推广应用，西部城镇社区自治组织的信息服务功能就不能充分发挥，不利于西部城镇社区自治组织的长远发展。

由于资源短缺，西部城镇社区自治组织的工作和发展难以开展。随着西部城镇社区自治组织依赖行政关系的变迁和产权逐步清晰，西部城镇社区自治组织的财政来源主要靠街道办事处的财政拨款。但是，西部城镇街道办事处目前的财政拨款与社区自治组织所承担的职能远不成比例，西部城镇社区自治组织需要的物质基础严重匮乏，没有足够的办公经费、办公场所，许多西部城镇社区自治组织的工作和发展难以开展。

对西部城镇社区自治组织发展资源短缺的改善，必须综合运用经济、行政、法律等多种手段，多部门协作，要以社区自治组织推动、法律保障等多种措施协调解决。要重视对社区自治组织的培育，重视对传统组织的改造利用。对西部城镇社区自治组织发展应该实行什么样的财政政策，也就是支持谁、支持什么、支持多少、怎样支持都要通过试验提出较为完善的制度支持和经费支持的方案。

四、西部城镇社区运行主体关系不顺

西部城镇社区的运行主体主要包括社区自治组织、社区居民、物业管理机构、业主委员会、各种中介组织和社区居民，理顺各种主体之间的关系直接关系到社区组织的良好运行。如果它们的关系处理不好就会影响到社区的良性运行。在实际运行中，它们之间存在许多矛盾，如政府与社区组织之间如果是领导与被领导关系，那么社区组织就不可能实现自治。

在西部城镇社区组织中，由于运行主体关系不顺，西部城镇社区自治组织并没有实现真正的自治。具体表现为：

一是西部城镇社区自治组织主体的单一性。主要表现为在许多地方，政府与社区自治组织的关系仍然是领导与被领导的关系。作为社区领导者的政府依靠行政命令，其特征表现为行政主导，西部城镇社区自治组织的独立性和法律所规定的自治性都受到限制，社区自治组织成为基层政权组织及其派出机构的附属物。同时，由于在西部城镇社区中非营利组织相对较少，一些社区自治组织的存在仅仅是过渡性、依附性和不规范性，在经济上和组织运行上无法摆脱对政府的依赖。西部城镇社区自治组织、非营利组织及社区自治组织多元互动的关系远远没有形成。

二是西部城镇社区自治组织决策能力差和社区居民参与不足。由于"政社职能"不分，西部城镇社区自治组织的决策主动性差，实现政府目标的意识强，实现社区居民需要的意识弱。因此，大量的时间是从事政府的行政工作，社区治理的热情和能力都普遍偏低。社区居民对单位的依赖性较强，缺乏对社区的认同感和归属感，居民参与率低。

三是西部城镇社区自治组织管理主体关系不顺。其主要是原有条块分割的城市基层管理体制导致"政出多门"、"多头管理"，使社区街道办事处缺乏必要的综合协调权和组织实施权，对社区的管理不系统、不规范。西部城镇社区自治与社区居委会职能部门的执法不一致，也给社区管理带来诸多不便，西部城镇社区自治组织大都依附街道办事处或乡镇而生存，实际上是地方基础政府及其派出机构的附属品，难以在真正意义上发挥其作用。怎样才能创造优良的环境促使城镇社区自治组织良性发展，必须进一步转变"治社职能"，进一步明确政府和社区的关系。

然而，社区组织主体的关系不顺已成为西部城镇社区的普遍现象，严重制约西部社区自治组织机制的运行。如表9—3，西部城镇社区组织运行的主体关系表。

表 9—3　西部城镇社区组织运行的主体关系表

较顺畅	基本顺畅	基本不顺畅	不顺畅	说不清
12.7%	11.5%	21.7%	45.7%	8.3%

从表9—3中可以看出，西部城镇社区自治组织的主体关系不顺，只有12.7%的人认为较顺畅，11.5%的人认为基本顺畅，合计只有24.2%，有75.7%的人认为不顺畅。

五、政社职能不分

从西部城镇社区自治组织的运行机制看，只有把社区自治组织看做社会系统中的功能单位，社区自治组织不断地承担政府和单位的社会管理职能，特别是与社区居民日常生活相关的服务职能下放给社区自治组织，在发展中才能逐步理顺关系。在理顺西部地方政府职能的同时，西部城镇社区自治组织还要承担政府治理的各种职能，积极促进西部城镇社区自治组织的发展，以社区自治组织多元发展来理顺关系是一种比较好的选择。①

通过上述分析可以看到，新形势下的西部城镇社区自治建设，是对传统的计划经济体制下的单纯行政性管理模式的突破，是对以往社区相对狭窄的管理服务范畴的超越，是对日益多元化的社区管理格局新的整合。对社区健康发展的探索是一项创造性的工作，也是一个综合性的系统工程，它标志着西部城镇社区自治建设适应新形势的一个重大转变。作为西部城镇社区自治建设的基本取向，就是要在社区居委会的指导和帮助下，依靠社区自治建设的力量，利用社区资源，强化社区功能，加强社区管理，发挥社区经济，开展社区服务，优化社区环境，发展社区事业，形成与有中国特色的社会主义经济、政治、文化发展目标相适应的西部城镇社区自治。

第三节　构建西部城镇社区自治组织高效互动运行机制的对策

一、构建科学合理的激励机制

构建科学合理的激励机制是促进西部城镇社区自治组织高效运行的动力源。西部城镇社区自治组织的激励机制，包括外部激励机制和内部激励机制。外部激励机制是指西部城镇地方政府通过构建激励机制调动社区自治组织的积极性和创造性，以充分发挥其自治作用和潜力，完善社区自治组织建设，"以人为本"全面推进社区建设。可以通过考核，对社区自治较好的社区进行物质奖励和精神奖励，可以通过创建"和谐社区"、"平安社区"、"星级社区"等活动对社区进行激励，考核机制和创建机制应该是一个长效机制。通过激励，可以激发社区自治组织创建和谐社区的动力，积极主动地创

---

① 徐永祥：《社区发展论》，华东理工大学出版社2000年版，第251页。

建和谐社区，保证党和政府的路线、方针和政策的贯彻执行，实现政府的治理目标。

内部激励机制主要是指社区组织内部构建的激励机制，主要包括对社区组织工作人员的激励，对社区中介组织的激励和对社区居民参与社区工作的激励。在一定时期内，通过"评优"、"评先"对社区工作人员进行物质奖励和精神奖励，激发社区工作人员的积极性、主动性和创造性。通过政策支持、经济支持等促进社区中介组织的发展。实现西部城镇社区自治必须大力发展中介组织，因为西部城镇社区中介组织一方面能及时把民间对社区自治组织的要求、愿望、建议和批评集中起来，转达给社区自治组织。另一方面又把西部城镇社区自治组织的政策意图和对相关问题的处理意见转达给社区居民，推动西部城镇社区居民与地方社区自治组织的合作。然而西部城镇社区中介组织发展严重滞后，因此，必须通过政策支持、经济支持等手段促进西部城镇社区中介组织的发展。

通过有效的激励机制提高社区居民的参与率。提高西部城镇社区居民参与率，首先，要努力构建起社区居民和社区之间的利益平台，建立二者共同的利益体系和制度架构。使社区居民生活在有着共同利益的交往群体中，才能形成合作与互动。要提高社区居民的参与率，必须使他们能够切身感受到这种参与和他们的利益息息相关，否则，人们不可能有参与热情。因此，可以通过搞好社区公共服务、共享社区建设成果等途径，建立社区与社区居民共同的利益关系。其次，要进一步推进社区自治。社区建设的目的就是要发展社区的自治能力，实现社区居民的自我管理、自我教育、自我服务和自我约束，加强对区域性公共事务管理。广泛组织社区居民民主选举社区组织，民主决策社区内重大事项，民主管理社区内公共事务，民主监督社区组织工作和社区权力运作；充分发挥社区组织在社区建设中的作用，逐步探索群众自己的事自己议、自己办、自己管的良好运行机制；不断挖掘社区自治的潜力和能量，通过社区自治激活社区居民的内在参与动力；进一步建立健全社区事务公开、服务承诺、民主议事等各项制度，规范社区各项工作，对社区实施全面有效的管理，从而实现社区参与和社区自治的相互促进、相互提高。再次，培养社区居民对社区的归属感和认同感，这是社区居民参与社区建设的内在动力源。

二、构建科学合理的压力机制

压力和压力机制的认识最初源自物理学，是指物体受到试图扭曲它的外力作用，在其内部产生相应的力。人们把压力机制扩展到医学、社会学、心理学、管理学等几乎所有学科研究领域，深入研究压力产生的积极性和构建合理的压力机制，对于构建西部城镇社区自治组织的运行机制具有十分重要的现实意义。

社会学中的社会冲突论是构建科学合理的压力机制的代表，社会冲突论认为科学合理的压力机制对社会组织体的巩固和发展起积极作用。因为，由于竞争的客观存在就会产生冲突，有冲突就会造成一定的压力，一定的压力被社会组织体如果利用和处理得好就具有积极作用，反之就会产生消极作用。社会学家帕克认为，在社会竞争中导致了统治和继承的生态过程，这个过程具有积极作用，它是推动社会加快发展和进步的基本力量，社会竞争、冲突驱动和优胜劣汰的出现和不可抗拒就是对这种基本力量的反应。

根据西部城镇社区的实际，压力机制主要包括外部压力机制和城镇社区自治组织内部的压力机制。改革开放以来，西部城镇社区在构建和谐社区的过程中，各级政府制定了和谐社区的标准，给社区自治组织的运行形成了一定的压力，如在考核中对考核比较好的社区给予一定奖励，考核达不到标准的，扣减社区自治组织领导及其工作人员的工资，形成了一定的外部压力，但总的来说是压力不够。因此，必须构建合理的压力机制，进行经常性的考核。

内部压力机制主要包括两个方面，一是通过社区组织对其工作人员的科学考核形成的压力，通过考核把社区自治组织各位委员的收入与工作绩效有机结合起来，提高社区工作人员的积极性，主动性和创造性。对考核成绩比较差的委员及其工作人员，对不称职、不胜任工作的，对严重影响工作和社区事业的发展，影响群众利益，不能体现党和政府的社区建设目标的，群众不满意的，给予扣减工资，或建议社区代表大会召开会议罢免其职务，从而形成合理的压力。二是通过社区居民代表大会对社区自治组织委员会委员的考核，给社区自治组织及其居民形成合理的压力。因为，社区自治组织的目标就是为社区居民服务，社区组织是否为社区居民服务，是否提高社区居民的物质文化生活水平，实现社区居民利益的最大化，必然成为考核社区自治组织工作的标准。因此对社区自治组织的考核应该由社区居民或者社区居民代表大会进行考核。社区居民的考核可以通过两种方式进行考核，一是通过考核，对问题比较大的，采用举手投票的方式，罢免、撤换社区自治组织领导及其委员。二是通过考核对社区自治组织领导及其工作人员进行奖惩。

科学合理的内外压力机制的形成，既能保证党和政府社区目标的实现，实现社区稳定，构建社会主义和谐社区，又能满足社区居民的需要，提高社区居民的生活水平，克服社区行政化现象，实现社区自治。

三、构建科学合理的制衡机制

制衡机制是以强力约束为手段，使被约束对象达到某种均衡的发展状态时所表现出来的结构、功能及相互关系，制衡机制是由内部制衡机制和外部制衡机制共同构成的。内部制衡机制是该组织内部各要素之间以自我约束为手段达到的均衡状态，外部制衡机制则是该组织外部之间以相互约束为手段达到的均衡状态。社区自治组织的外部制衡机制主要包括市场制衡机制和社会制衡机制。城镇社区自治组织的内部制衡机制主要包括社区组织的制衡机制和社区居民的制衡机制。社区自治组织的内部制衡机制和外部制衡机制是相互联系、相互促进的。

西部城镇社区自治组织建设发展表明，社区自治组织的良好运行和发展，必须适应政府管理、市场环境和自身文化素质作用机制的制衡，在这三种制衡中首先是政府管理的制衡，政府管理对社区自治组织产生直接或间接影响是一个根本的制衡因素。从政府的角度看，随着西部市场经济的变迁和西部城镇化的发展，逐步形成了"小政府、强政府，大社会"，但并不是说社区自治组织不需要政府，而是需要政府的支持、引导和投入，社区自治组织的发展必然受政府的制约。当社区自治组织不能全面贯彻党和政府的路线、方针和政策时，当社区自治组织不能实现政府的社区建设目标时，政府可以通过减少社区工作人员的工资和减少公共投入等方式对社区进行制衡。

当前西部地方政府对社区自治组织的制衡存在两个误区，其一是促进社区自治组织建设发展的目的主要是贯彻执行党和政府的方针和政策，而不顾社区自治组织自身的内在动力；其二是对社区自治组织利益重视不够，社区自治组织利益相关者（特别是个人）的需要研究不够，通过改革能够给他们带来的预期利益不明确，其手段主要是行政方式，而非经济利益手段。我们应该看到，即使在政府对社区自治组织制衡的过程中，社区自治组织不过是以追求自身生存发展为基本目标的群众性基层自治组织，政府对社区自治组织的制衡必须按利益驱动与制衡原理设计，如果西部地方政府在运用制衡手段时不注重利益驱动，只要求社区自治组织加强自身建设和发展，而不能给社区自治组织带来实实在在的利益，社区自治组织建设发展就不会有持续的热情与积极性，对社区自治组织制衡就不会收到实效。因此，政府对社区自治组织进行制衡时必须坚持按利益原理来进行制度设计。

市场环境则是市场规模、市场规则、市场体系约束和市场运行机制统一，社区自治组织只有正确地认识和处理市场环境对自身的制衡才能获得更好地生存和发展。同计划经济相比，市场经济特性和市场环境及对社区自治组织的制衡主要表现在：一是市场主体的自主性对社区自治组织的制衡。在市场经济中，社区自治组织应该拥有独立的产权，是自主经营、自负盈亏、自我积累、自我发展的社区组织体。它们应该有独立的物质利益，不受任何形式的侵犯。市场主体的自主性特点要求社区自治组织按照市场经济的规律建立权责明确、管理科学的社区自治组织，要求社区自治组织建立完善的内在激励机制和约束机制，加强自我调节的能力。二是市场关系的平等性对社区自治组织的制衡。参加社区活动的社区的各个自治组织是平等的，它要求相互尊重各自的合法权益，都相互为对方的生存和发展创造平等竞争的良好环境，它要求制止一切不法行为，遵守市场规则，规范合理地开展活动，在开展活动中不仅运用法律法规有效地保护自己，而且也要尊重其他自治组织和居民的合法权益，承担相应的社区责任和义务，为社区居民提供良好的社区服务。三是市场规则强制性对社区自治组织的制衡。市场规则是每个市场主体必须共同遵守的行为规范。市场规则对于社区自治组织来说具有权威性、公开性、明确性和相对稳定性。市场规则的强制性包含着市场对社区自治组织的多方面约束。譬如，不允许任何社区组织垄断市场、封锁市场、权力介入、权钱交易、欺行霸市、欺诈无信、诋毁他人，任何愚弄公众等不法行为、不道德行为均会受到市场规则的制衡。健全的市场规则是市场经济运行的内在要求，也是保证社区自治组织持续发展的重要条件和制衡因素。

社区自治组织的文化思想建设决定着社区自治组织的生存发展，是社区自治组织内在的根本性的制衡要素。从社区自治组织的角度看，社区自治组织与政府的关系是一种不平等的关系。社区自治组织既要接受政府的管理和调控，又要面对其间接管理和调控；既要承受着政府行政手段的制衡，也要面对经济手段和法律手段的制衡；社区自治组织贯彻执行政府的相关政策，就会得到鼓励，取得收益，促进发展，如不执行或违背政府的相关政策，就会受到惩罚，丧失既得利益，甚至失去生存权利。同时，社区自治组织遵守法律，遵守国家经济秩序，遵守民俗民德就会得到保护。从长远来看，政府对社区自治组织管理和调控的制衡，实际上是促进社区自治组织持续健康发展的必备条件。

面对政府管理、市场环境、自身文明素质和道德品格机制的制衡，正确处理社区自治组织与地方政府的关系，正确处理社区自治组织和适应市场制衡机制是一个更为深层次的制衡因素。文明素质和道德品格对社区自治组织生存和发展起着根本性支配的作用，社区自治组织需要以自身诚实、正直、合作、公平、正义等良好道德形象去立足社会。因为，只有以利他和利己相结合的互利主义为道德文明基础，社区自治组织都认同权利平等、自由竞争、公平交易、诚实守信、遵守法律，就成为维系社区自治组织服从政府管理和市场经济规则良好的文明素质和道德理念。这种良好的文明素质和道德品格对社区自治组织能够发挥目标导向作用，良好的文明素质和道德品格的作用使得社区自治组织中的个体目标与组织的整体目标相一致，成为个体目标发展的导向。团结凝聚作用，良好的文明素质和道德品格影响组织居民对集体的认同感，形成组织对居民的吸引力和向心力，指导着组织居民的基本行为，提供了共同行为的标准，是一种社会黏合剂，有巨大的内聚作用，把整个组织聚合起来。激励振奋作用，良好的文明素质和道德品格建立一种精神目标和支柱，可以激励社区自治组织居民自强自信，团结进取，形成组织居民的统一意志，这种意志形成了自身的发展机制，并产生激励效应。约束教育作用，良好的文明素质和道德品格的价值准则，引导和塑造社区自治组织居民的态度和行为，对自治组织居民的思想、性格、情趣产生潜移默化的影响，这种影响作用比起权威、命令的效力更大。

四、构建多元化的投资机制

促进西部城镇社区的发展，必然需要大量的资金，如社区办公经费的投入，社区工作人员收入不低于社区居民平均人员的收入，社区公共产品的投入等，这些投入仅仅依靠政府或社区都无法提供，因此，根据西部城镇社区的特点应建立以政府投资为主、以西部城镇社区自治组织、社会捐赠、社会募捐等为辅的多元化的投资机制。这是因为政府依然承担着社区管理主要的财政责任，西部城镇社区自治组织不是一个经济实体，不可能成为投入主体，从国外社区建设的经验来看，政府也是社区投入的主体，因此，西部城镇社区现行的城镇社区建设与管理确立了政府投资、社区自筹、社会赞助的责任负担机制，但总体而言，政府及所辖城镇、街道承担的责任仍然是最主要的，是投入的主体。政府投资主要是省（市）、区两级民政部门的投资，社区自筹部分主要来源于各种管理费、税收返还及其他收费等，社会捐赠、社会福利则主要有驻区企事业单位、个人资助及社会募捐构成。根据西部城镇社区建设与管理的实践情况，借鉴国外社区建设经验，我们认为西部地方政府投资占 70%，社区自筹占 20%，社会捐赠、社会募捐占 10% 左右。由于筹资渠道狭窄，资金来源不足，社区建设与管理所需资金主要以政府投资为主。而社区本身的管理、办公经费及税收返还等仍是政府投资，社会募捐则十分有限。显示政府仍然在社区建设与管理中承担着重要乃至主要责任，也显示了政府的社区建设目标。

第十章　西部城镇社区自治组织的制度创新

在西部城镇社区自治中，必然存在利益主体的多元化、利益主体之间的矛盾冲突和协调以及不同利益主体的共同发展。这些利益主体必然要求实现利益最大化，实现利益最大化的需求必然要求社区自治，实现社区自治必然产生相应的制度需求，制度的价值在于保障人际交往中的自由创造，具有协调多元主体利益的功能，维护社区利益主体的自主权利的功能，防止和化解利益冲突构建和谐社区的功能。然而西部城镇现有的社区制度安排，存在正规制度不完善、非正规制度不完善等一系列问题，不利于西部城镇社区自治组织的发展。因此，在深入研究法律法规、社区制度变迁的成本收益关系、社区社会意识形态和其他影响因素对西部城镇社区自治组织的制度安排的影响的基础上，提出应创新西部城镇社区居民代表选举制度、创新社区自治组织委员会的选举制度、创新社区自治组织委员会的职能制度、完善西部城镇自治组织的正规制度和非正规制度，才能促进西部城镇社区自治组织的发展，构建社会主义和谐社区。

第一节　西部城镇社区自治组织制度安排存在的问题

一、社区自治是社区建设的重要目标

社区自治是社区建设的本质目标和重要原则之一。国家民政部在《关于

在全国推进城市社区建设的意见》中对社区自治提出了具体意见，即要实现社区"四自"——"在社区内实行民主选举、民主决策、民主管理、民主监督，逐步实现社区居民自我管理、自我教育、自我服务和自我监督。""四个自我"实质上是社区自治最基本的含义和要求，"四个民主"则是实现社区自治的基本途径。最终达到社区自治，是社区建设、也是社会主义民主法治建设的理想目标。

实现社区自治具有重大现实意义。开展社区自治，充分发挥社区自治组织的优势和调动广大社区居民的积极性，可以将诸多问题解决在社区内部，化解改革带来的各种社会矛盾，降低政府的社会管理成本，维护社会稳定，构建社会主义和谐社会。有利于实现以人为本，创造良好的生活环境和投资环境，提高生活质量，促进社区经济和社会的协调发展；能提高社区居民的素质，构建和谐的人际关系，培育民主意识，促进整个社会文明程度的提高。

二、制度在实现西部城镇社区自治中的作用

制度就是依靠某种禁止不可预见行为和机会主义行为的规则。实现西部城镇社区自治，必须有相应的制度安排，才能克服在社区自治过程中的不可预见行为和机会主义行为。因为从理论上看，西部城镇社区自治是一个复杂的演化系统，在这个复杂的演化系统中，必然要求处理好各种利益集团的利益和关系，才能发挥社区自治的功能，它的效能依赖于各种规则，"规则限制着人们可能采取的机会主义行为，制度保护个人的自由领域，帮助人们避免或缓和冲突，增进劳动和知识的分工，并因此而促进繁荣。"[1]能够"减少协调人类活动的成本"[2]。在西部城镇社区自治组织的建构中，制度的作用和功能主要表现在以下几个方面：

（一）协调功能

在西部城镇社区自治组织发展中，制度的首要功能就是使复杂的不同利

---

① ［德］柯武刚、史漫飞:《制度经济学》，商务印书馆 2000 年版，第 1 页。
② ［德］柯武刚、史漫飞:《制度经济学》，商务印书馆 2000 年版，第 4 页。

益主体的不同关系变得更容易理解和更可预见，从而协调好不同利益主体之间的利益，使不同利益主体能更好地预期未来。这是因为，"制度是一系列被制定出来的规则、守法程序和行为的道德伦理规范，它旨在约束追求主体福利或效用最大化利益的个人行为。"①在西部城镇社区自治组织中，必然存在着不同的利益主体，如中央政府、地方政府、社区组织、社区中介组织和社区居民。不同组织和社区居民在社区建设中的地位和作用不同，其作用和地位取决于他们在博弈过程中的地位。一般来说，中央政府在博弈过程中，处于绝对有利地位，因为中央政府是政策的制定者，具有很强的政策能力，同时具有很强的财政能力和行政能力，如果没有相应的制度约束，必然导致政府直接干预社区，把社区当做自己的下属机构，导致社区行政化，即使中央政府提出要实行社区自治，社区自治也只是空谈。地方政府在博弈过程中，同样处于绝对有利地位，他们的政策能力虽然没有中央政府强，但是政策能力和财政能力处于直接有利地位，他们控制更多的社区公共产品，必然直接干预社区，希望社区为他们服务，而不顾社区的利益，这是社区行政化的直接根源。而社区自治组织是由政府组织社区居民选举产生，由政府组织考核，因此他们更多的是代表政府的利益，很难代表社区居民的利益。社区居民处于最弱势，在社区治理过程中，从形式上看，社区自治组织领导是由社区居民选举产生，但实际上政府仍然控制着社区的选举，社区居民的选举作用得不到充分的发挥，选举产生的社区自治组织不能真正代表社区居民的利益。因此，只有通过一定的制度安排和创新，才能约束不同主体的行为，协调不同利益集团的利益和相互关系，实现社区自治。

（二）维护社区不同利益主体的自主权利

在社区治理中，制度的第二个功能是保护各个利益主体的自主权利，使其免受外部的不恰当干预。我国西部城镇社区建设的目标是政府支持型社区自治即社区自治与政府支持的治理模式。政府支持型社区自治模式的主要特点是：首先，社区治理的主体是社区自治组织与社区中介组织和社区居民。政府组织在社区自治组织的治理过程中，主要是提供经费支持、方向保证和

---

① ［美］道格拉斯·诺思：《经济史中的结构与变迁》，上海三联书店1991年版，第250页。

政策引导，逐渐提高社区自治组织的自治能力，使社区自治组织真正成为承担社区公共事务管理与决策的自治性组织。其次，政府向社区提供必要的社区公共资源并逐渐培养和提高社区吸收社会资源的能力。第三，促进社区民主政治的发展，如组织法律保障下的直接民主选举、民主决策与民主治理，成为社区民主政治发展的基本保障，同时，也为更大范围内的民主政治体制的创新提供了经验与社会基础，使城市与农村基层社区的自治逐渐成为我国基层民主政治发展的基础。第四，社区组织是一种网络组织，是由社区内的各种组织组成的资源互补、信息互通并具有一定灵活性的组织体系。政府从法律、制度上为这些组织的发展提供保障，同时，政府又通过法律、制度对社区组织进行监督和管理。

在这个过程中，政府、社区组织、社区中介组织、社区居民都必然要求相应的权力来"保护各个自主领域使其免受外部的不恰当干预"[1]，从课题组对西部城镇社区的调查可以看出，西部城镇社区行政化现象非常严重，一个重要的原因就是，由于缺乏相应的制度约束或者制度约束的效率比较低，社区自治组织的权力和利益得不到有效保障，政府不必要的干预太多。同时用制度来保护自己的权力并不是无边界的，明确各利益主体的权力边界也需要相应的权力来约束。这是因为社区各利益主体在追求自己的目标和利益时，常常会影响其他利益主体的追求。因此，只有当制度既能保护又能限制各个利益主体的追求偏好行为，才能实现社区自治。

（三）防止和化解冲突构建和谐社区功能

制度的第三个功能是有助于防止缓解社区居民个人之间和不同利益群体之间的冲突，构建社会主义和谐社区。在许多时候，地方政府、社区组织、中介组织和社区居民难免发生矛盾和冲突，当地方政府追求效用最大化目标时，其路径是选择提高经济效益而非社会效益，必然会发生地方政府与社区利用资源的矛盾和冲突，必然发生地方政府、社区组织和社区居民的矛盾和冲突。这些矛盾和冲突有些是破坏性的，如何使不同利益主体的行动自由受到最佳约束避免破坏性冲突的发生。最佳选择是通过制度约束避免破坏性冲

---

[1]　［德］柯武刚、史漫飞：《制度经济学》，商务印书馆 2000 年版，第 144 页。

突的发生，制度和行为规则可以通过划定自主行动的范围，起到防止和化解冲突构建和谐社区的作用。一方面，可以通过限制不同利益集团的任意行为和降低冲突可能性的规则，预防冲突的发生。如可以通过政府社区职能界定，可以明确政府做什么、社区自治组织做什么。通过规定一些行为规则，可以明确政府和社区自治组织的成本和收益，从而防止冲突的发生。另一方面，当冲突已经发生，制度就会被用来以先前规定好的规则来裁决和解决，构建社会主义和谐社区。如我们在西部社区调查中发现，在西部城镇社区实践中，社区组织利益代理人角色之间经常发生冲突，城镇社区是基层群众性自治组织，理所当然是辖区居民利益的代理人。同时，社区作为政府创建的社会微观组织，又是政府利益在基层无可非议的代言人。从理想状态上说，二者利益是重合的或基本一致的，但现实是，利益代理人角色之间常常发生冲突，使社区组织的自治行为"异化"，表现在：1.角色错位。社区组织成员以管理者身份自居，把服务对象——社区居民作为被管理者，各级政府作为唯一的代理人，只代表政府的利益，使社区自治变形。2.服务宗旨倒置。作为城镇社区居民自治性组织，社区工作不以居民的意愿和利益为出发点，而是唯上级行政组织号令是听。3.工作重心位移。社区工作围绕政府的指挥棒转，为政府"分忧多"，替社区居民着想少；维护政府利益多，维护居民利益少；接触上级行政组织的时间多，贴近社区居民的时间少。这些矛盾和冲突必须依靠相应的制度来解决。

三、西部城镇社区自治中存在的问题

社区自治制度的功能决定社区自治的程度和效益，然而社区自治制度本身是一种重要的稀缺性资源，因为制度资源在满足人们的需要时，由于制度供给的原因，就可能出现制度资源供给与需求之间的不均衡。这种不均衡是人们对现存制度的一种不满足，意欲改变而尚未改变的状态。[①] 它是由于社区管理体制外部环境的变化及内部矛盾相互作用的结果。当各种因素的变化引起原有制度安排和制度组合不再是净收益最大的制度时，就会产生对新的

---

① 盛洪：《现代制度经济学》，北京大学出版社 2004 年版，第 245 页。

制度安排的需求。

西部城镇社区自治组织体制不适应现代社区自治的一个突出原因是制度供给与需求之间的不均衡或不对称，这种不均衡具体可以分为两种情形：一方面是实际供给小于潜在需求。西部城镇社区自治组织的价值取向要求政府构建一整套与之相适应的社区自治制度，有利于实现城镇社区自治，它包括有关社区自治组织的产生，社区自治组织的人事制度、领导制度、财务制度、监督制度、激励机制、运行机制和考评机制等相关制度。但从调查中可以发现，我国西部城镇社区对这些制度的供给都比较落后，具体表现为适应社区改革和社区组织职能调整的法律法规还十分缺乏，国家还没有出台统一的社区建设的法规或具有可操作性的指导意见，各地只是根据实际情况出台了一些规定、条例或意见，相互间差异很大；国家对社区概念和范畴的理解和规定还没有统一，对社区建设内容、社区的规模设置、社区组织机构的建立、社区管理权力的监督、日常决策权的归属等尚未形成共识，这些都制约西部城镇社区自治的创新和社区自治的顺利进行。另一方面是传统社区管理制度供给过剩。"政社"、"企社"一体化的局面还未得到根本改变，传统计划经济体制下形成的社区管理制度还没有得到彻底的修改和废除，城镇社区还缺乏充分的独立性和自主性，政府对社区的管制还严重制约着社区自治的内在活力。主要表现在：

（一）西部城镇社区自治组织的正规制度不完善

城镇社区居民和社区自治组织依照社区建设的法律、法规，决定和管理社区事务，依法进行自我管理、自我教育、自我服务、自我监督，既是我国社会主义民主政治建设的要求，也是发达国家和地区城市社区建设，特别是依法管理社的成功经验和做法。

根据发达国家和地区城市社区建设的经验，要实现社区自治，必须明确规定城镇社区自治主体的权利和义务。一方面，城镇社区依法自治，首先必须做到有法可依，而确定法律关系主体的权利和义务，是制定法律的基础和前提条件。西部城镇社区法律制度，必然要通过规定社区自治主体的权利和义务来调整社区各种社会关系。另一方面，只有明确了社区自治主体的权利和义务，才能增强社区自治组织主体的自治意识，从而使其正确地行使社区自治权利，自觉地履行社区自治义务。因此，必须规定社区自治组织、社区居民和社区中介组织和驻社区单位在社区建设中应当享有的权利和必须履行的义务。

必须明确规定城镇社区依法自治的方式和途径。实现社区居民自我管理、自我教育、自我服务、自我监督，是城镇社区依法自治的目标，而社区居民的民主选举、民主决策、民主管理、民主监督，是实现城镇社区依法自治的方式和途径。一是民主选举。城镇社区自治组织的选举，要真正体现社区居民的意志，必然要求社区自治组织的产生和发展，应当在坚持直接性、普遍性、平等性、公开性等原则的基础上，真正由居民自己选举产生。二是民主决策。西部城镇社区中与居民利益有关的重大事务，应由社区居民参与决策，由社区居民来决定自己的事情。三是民主管理。城镇社区的公共事业、社会事务应由社区居民来行使管理权利，进行自我管理。四是民主监督。这既包括社区居民对社区自治组织的监督，也包括社区自治组织对其成员的监督；既包括社区自治组织之间的相互监督，也包括社区居民之间的相互监督。只有通过民主监督，才能约束社区自治主体正确地行使自治权利，自觉地履行自治义务，从而保证社区依法自治活动的有效开展。

但从西部城镇社区的实践看，目前涉及城镇基层社区的法律仍然是1954年通过的《城市街道办事处组织条例》和《城市居委会组织条例》以及1990年颁布实施的《居委会组织法》，由于制定时间较早，这些法律已明显不适应现代西部地区城镇社区发展的需要。同时在这些法律法规中，并没有明确规定城镇社区自治主体的权利和义务，也没有明确规定城镇社区依法自治的方式和途径。有相当一部分条款是一些原则性规定，显得很抽象，社区自治原则不明确，社区自治的原则模糊、缺乏对社区内外关系的界定等。因此，从西部城镇社区的实践看，西部城镇社区自治制度供给与需求之间不平衡特别是制度供给短缺，不仅增大了社区自治的制度成本和社区自治的交易成本，而且使体制创新面临一系列的困境。

在民政部门的推动下，西部城镇社区自治组织建立健全了一系列自治制度，在有关政策中明确规定了社区自治组织的权利主体和一定的管理权限，但这种政策规定主要是依据地方政府的行政主导而制定的，还缺乏法律和配套制度的保障。因此，社区自治的基础依然是如何巩固社区自治组织的自治主体和自治权限的问题，也就是说，依然存在如何保障社区自治组织不被政府组织所"干预"的问题。社区自治组织还没有成为真正的自治主体，社区居民与社区自治组织的利益关系不明确，缺乏将居民个体需求整合为集体需求的运行机制，社区认同感和归属感还没有真正形成，与此相适应的是居民参与度较低，也缺乏激励居民参与的机制。从课题组对西部城镇社区自治组织的调查可以看出，见表 10—1。

表 10—1　西部城镇社区自治组织正规制度表

法律法规	上级文件	传统习惯	历史传统	领导讲话
60.9%	54.5%	18.6%	13%	12.2%

从表 10—1 可以看出，西部城镇社区自治组织中只有 60.9% 的社区自治组织根据是法律法规开展社区自治，54.5% 的社区是根据上级文件进行自治，西部城镇社区自治组织的正规制度不健全。并且现有正规制度与西部城镇社区自治的实际基本脱节，见表 10—2。

表 10—2　西部城镇社区自治组织正规制度与自治实际结合表

严重脱节	脱节	部分脱节	有一定的脱节	不脱节
10.6%	46.7%	25.6%	9.6%	7.6%

从表 10—2 可以看出，西部城镇社区自治组织的正规制度与西部城镇社区自治的实际相脱节，有 10.6% 的社区组织工作人员和社区居民认为严重脱节，有 46.7% 的社区组织工作人员和社区居民认为脱节，有 25.6% 的社区组织工作人员和社区居民认为部分脱节，有 9.6% 的社区组织工作人员和社区居民认为有一定的脱节，只有 7.6% 的社区组织工作人员和社区居民认为不脱节。也就是说现有的正规制度与西部城镇社区自治是脱节的，很难规范西部城镇社区自治的行为，社区组织基本上是没法所依，社区自治很难实现。

（二）西部城镇社区自治组织的非正规制度不完善

在西部城镇社区中，"人们住在一起，或相互为邻这个事实，产生了对政治、经济、民族、宗教及娱乐等各种组织的需要"。这些需要，主要是由于政府组织规范的成本过高，由于正规组织未能演进到更有效率地满足这些社区居民和各种中介组织的需求，因此在社区组织中广泛地存在着法律及正规制度未有明确予以规定的行为规范，这些行为规范常常是以一种习俗、惯例等方式出现，它们是调整和处理社区组织内部成员间或与外部交往中的相互行为和关系的重要原则。这些固定的行为关系和"行事规则"能够规范地方政府对社区的干预程度，比较好地规范社区自治组织主体的行为，决定了这些非法律意义上的行为规范所能够调节的社区自治的范围。

如果将由国家制定和认可的完善的法律规则、具体的行为规定作为正规制度的话，我们可以将不是由国家制定和认可的、仅在一定的区域范围或一定组织内部具有竞争性并主要依靠人际关系或惯例、习俗规范等支配的相关制度称为非正规制度，这些制度最明显的特征是：他们没有得到法律的认可，当然也无法获得法律的保护，相当程度上他们是一种"自我实施"的合约。由于这些合约的达成建立于长期交往活动的人际关系基础之上，因此传统的惯例和规范对这些法律无法予以规制的、"行为的"或隐含的非正规制度。这些合约由习俗、惯例而予以规制，它们不仅能够形成稳定的预期，同时是可以具有生产性的，甚至在一定意义上这些非正规合约本身就是一种无形资产，它不仅创造和带来收入流，而且能够形成为协议双方都带来利益增进、促使生产改善、效率提高的新的制度结构。

在西部城镇社区制度建设中，西部地区各级政府的民政部门，特别是市级相关部门和各区（市）县认真抓好社区制度建设的同时，各市、区政府都制定了构建社会主义和谐社区的标准和考核细则，都制定了社区组织及其工作人员的产生及产生办法等，城镇社区都制定了党支部工作制度、《社区居民公约》、《社区居委会职责》、《社区治安保卫委员会职责》、《社区计划生育委员会职责》、《社区居委会会议制度》、《社区居委会学习制度》、《社区居委会财务管理制度》、《社区居委会居务公开制度》，很多社区还制定了《社区自治章程》，对社区自治组织产生的原则、形式、社区自治组织干部的职责任务，社区居民、驻区单位参与社区建设的权利和义务，社区民主决策、民主管理、民主监督的内容和操作方式作了较详细的规定，对于提高西部城镇社区自治水平，整合社区资源，规范社区建设工作的运作，形成社区自然人和法人参与社区建设的合力，起到了很好的促进作用。但是，如何利用社区的传统习惯，如社区中的邻居关系规则、西部民族社区的民族规则没有体现，社区的自治环境没有得到优化等。我们在调查中发现，见表10—3。

表10—3 西部城镇非正规制度表

非常完善	比较完善	完善	基本完善	不完善
14.3%	36.4%	23.6%	20.5%	5.3%

从表10—3可以看出，西部城镇社区组织成员、社区居民中认为社区的有关配套制度非常完善的只有14.3%，认为比较完善的有36.4%，认为完善的占23.6%，认为配套制度完善以上的合计74.3%，可以说明，西部城镇社区自治制度的非正规制度也基本完善，但还有25.8%的社区组织成员、社区居民认为不完善，说明社区自治组织的非正规制度还有待进一步完善。

第二节 西部城镇社区自治组织的制度安排的影响因素

对西部城镇社区自治组织的制度安排的影响因素比较多，但主要因素有法律因素、制度变迁的成本收益、社会意识形态和社区的历史文化等因素的影响。

一、法律对西部城镇社区自治组织的制度创新的影响

一个有效的法律制度体系对于西部城镇社区自治组织的发展和推行社区自治起到决定性作用。社区自治中的法律法规和规范性文件为社区自治组织进行独立决策、自主自治提供了制度保证，而且这样的政策法规覆盖面越全面、越具体，对基层政府和社区组织的约束力就越强。我国的宪法、民法、行政法规等法规应明确规定政府、社区组织和中介组织、社区居民的权利和义务，使政府、社区组织和中介组织、社区居民参与社区治理都有法律依据和保障。

我国法律、法规明确规定了实现社区居民自我管理、自我教育、自我服务、自我监督的城镇社区的自治目标，而且也规定了社区居民的民主选举、民主决策、民主管理、民主监督的城镇社区自治的方式和途径。为西部城镇社区推行社区自治提供了法律保障。但是，目前涉及城镇基层社区的法律仍然是1954年通过的《城市街道办事处组织条例》和《城市居委会组织条例》以及1990年颁布实施的《居委会组织法》，由于制定时间较早，这些法律已明显不适应西部城镇社区发展的需要。其中有相当一部分条款是一些原则性规定，显得很抽象，特别是实现城市社区依法自治的方式和途径没有明确的规定。如城镇社区自治组织的选举，并没有规定社区自治委员会领导及其成员的选举方式是自下而上的选举，不能真正体现社区居民的意志。对城镇社区自治委员会及其他社区自治组织成员的选举和产生也没有明确规定，应当在坚持直接性、普遍性、平等性、公开性等原则的基础上真正由居民自己选举组成。对于城镇社区中与居民利益有关的重大事务，没有明确的规定，社区居民必须参与决策，由居民来决定自己的事情。城镇社区的公共事业、社会事务，并没有由社区居民来行使管理权利，实现社区居民自我管理。社区居民对社区自治组织的监督，社区自治组织对其成员的监督，社区自治组织之间的相互监督，社区居民之间的相互监督并没有规定并加以落实，从而影响和制约社区自治。而法律法规、红头文件又是社区自治的主要依据，从调查问卷中可以看出，有60.9%的社区工作者和社区居民认为社区依据的正规制度是国家法律法规，54.5%的社区工作者和社区居民认为社区依据的正规制度是上级红头文件。而82.9%的社区工作者和社区居民认为法律法规、红头文件又与社区自治的现实脱节。因此，要促进社区自治，必须加快配套法规制度建设，建立健全社区自治法律法规，为西部城镇社区自治组织的体制创新创造一个良好的法律制度和政策环境。

二、制度变迁成本收益对西部城镇社区自治组织的制度创新的影响

制度变迁理论认为，制度创新之所以会发生是因为旧制度下潜在利润的存在，新制度较之原有体制能给人们带来更大的好处，使人们的社会福利得到提高，但"天下没有免费的午餐"，任何体制的创新都要付出一定的成本。

按照制度创新的成本—效益分析原理，只有创新收益大于创新成本时，改革才会进行下去。也就是说，"如果预期的净收益超过预期成本，一项制度安排就会被创新"。①

在西部地区，由于政府特别是地方政府利用自己掌握的公共资源对社区进行控制和管理，干预社区工作不得不支付大量的管理控制成本，并且承担极高的政治风险和社会风险，但实际管理效率却很低。在社区行政化前提下，虽然城镇社区做了大量的行政工作，政府的经济成本比较低，但社区居民的要求与期望都难以得到满足，社区居民的参与率低，必然导致政府权威的下降，提高了政府的社会成本和一定的道德成本。因此，社区行政化的高成本为社区自治组织制度创新提供了一个契机。

西部城镇社区自治组织制度创新的成本主要包括自治组织制度运行中正常耗费的人、财、物等经济性投入，由于社区自治的变化而导致基层政府传统行政权威下降，社区贯彻、执行党和政府的路线、方针和政策的能力、部分合法的公共产品和公共资源能力下降等。当然，如果真正实行社区自治，它的收益也是非常明显的，主要包括：由于实行社区自治，社区自治组织的成立及其有效运行必然降低政府在社区管理上的经济成本、政治成本和社会成本，激活城镇社区的自治能力，促进居民政治参与和社区建设，推进党和国家的民主化进程，加快国家与社会关系的重构，促进西部地区市场经济体制完善，社区居民的需求得到比较好的满足，从而构建社会主义和谐社会。很显然，从总体预期来看，社区自治组织的制度创新，其收益是远远大于成本的。随着社区自治的稳步推进，尽管反弹或阻力也可能增大，但相对来说，社区自治的制度创新的成本将会进一步降低，收益则会不断增多。因此，西部地区政府应进一步把握创新机遇，大力推进社区自治。

三、意识形态对西部城镇社区自治组织的制度创新的影响

一种新制度创新的过程总是表现为一种新的制度安排逐步代替传统的制

---

① ［美］科斯·诺思:《财产权利用权与制度变迁》，上海三联书店、上海人民出版社1994年版，第274页。

度安排，是一种新的行为规则逐步取代旧的行为规则的社会过程。在这个过程中，意识形态发挥着非常重要的作用。主要表现在：首先能够科学解释为什么新的制度安排要代替旧的制度安排，为什么新的行为规则要代替旧的行为规则。如果不能合理地解释这些问题，人们就不可能从根本上认同这些新的制度安排与行为规则。通过合理的宣传，使人们能够认识和认同新的制度安排，从而减少制度创新的阻力，顺利实现旧的制度安排与行为规则向新的制度安排与行为规则的平稳过渡。其次，意识形态作为一种被构造好的信仰体系与世界观，它能够用它内在的逻辑力量有力地去论证这种创新的合法性，用语言逻辑和舆论宣传的魅力去征服人心，使人们被感动，从而相信新的制度安排与行为规则的合法性。再次，"意识形态是一种节约机制"①，它通过提供给人们一种世界观而使决策过程简化。意识形态不可避免地与个人观察世界时对公正所持的态度相交织。当人们的经验与其思想不相符时，他们就会改变其意识形态观点。成功的意识形态大都是灵活的。诺思甚至认为，在经济组织中，对合理性的投资，即使人们信奉一种旨在表明现存制度和规则合理的意识形态的投资，考核费用和执行费用也可等量齐观。"同时制度选择的空间取决于意识形态的宽容程度"②。

　　西部社区自治的制度创新必然受西部社区意识形态的影响和制约，意识形态既可以成为社会变迁的动力，实现西部社区自治，也可以成为社会变迁的阻力，阻碍西部社区自治。首先，必须发挥意识形态的解释功能，宣传说明传统的政府主导型社区的制度安排是如何导致社区行政化，制约社区居民的需求，不能体现社区居民的意志的，社区居民参与率低，也不利于实现政府的社区治理目标，构建社会主义社区和谐。而社区自治的制度安排一方面可以满足社区居民的需求，体现社区居民的意志，提高社区居民参与率，协调社区矛盾，构建西部和谐社区，另一方面又能实现政府的社区目标，构建社会主义和谐社会。使基层政府和社区居民能够从内心里认识和认同新的社区自治的制度安排，那么这就会在很大的程度上减少这种变迁与创新的阻力，

　　①　［美］道格拉斯·诺思著，陈郁、罗华平译：《经济史中的结构与变迁》，上海三联书店1994年版，第53页。

　　②　李露亮、李露钢：《制度经济学》，黄河水利出版社2000年版，第214页。

从而顺利地实现社区自治。其次，通过意识形态的宣传，使地方基层政府和社区居民形成社区自治的价值观，通过提供给人们一种价值观和世界观而使社区自治决策过程简化，从而顺利实现社区自治，构建社会主义和谐社会。

四、其他因素对西部城镇社区自治组织的制度创新的影响

制度的选择、新制度的创新、制度的执行必然受到历史、区域、文化等各种条件的限制，虽然同一个服务可以有多种制度安排来实现，但是可以选择的制度安排经常会受到当地人们的认知能力和当时的历史环境的局限。在评判最优制度时，考虑新制度安排所能够带来的效用和维持这种制度安排所需要的成本时，必然受历史、文化和价值观的影响。在新制度的创新过程中，如果新制度在一定的区域有一定的历史基础、有一定的文化基础，新制度会更加完善，新制度的执行成本会比较低，收益会更高。

新中国成立后，我国西部地区在党和政府的领导下，设立了自治区、自治州、自治县等，有60多年的自治历史，已经形成了丰富的自治文化，具备了丰富的自治经验，已经形成良好的城镇社区自治环境，社区居民对社区自治的认知能力比较高。因此在选择社区自治时容易形成共同的意识，认同感比较强，从课题组对西部城镇社区的相关调查可以看出，见表10—4。

表10—4　社区自治环境对社区自治的绩效影响表

非常大的影响	较大的影响	有影响	有一定的影响	没有影响
2.4%	31.8%	31.4%	24.5%	9.9%

从表10—4可以看出，西部城镇社区组织成员、社区居民中认为社区自治环境对社区自治的绩效有非常大的影响的只有2.4%，认为有较大的影响的有31.8%，认为有影响的有31.4%，认为有一定影响的有24.5%，有影响以上的合计65.6%，可以说明，西部城镇社区自治环境对西部城镇社区自治的绩效有比较大的影响，但还有24.5%的社区组织成员、社区居民认为有一定的影响，9.9%的西部城镇社区组织成员、社区居民认为没有影响，说明社区自治组织的自治环境还有待进一步完善。

同时，西部地区的自治历史对西部城镇社区自治的绩效也有比较大的影

响。见表10—5。

表 10—5　西部地区自治历史对社区自治的绩效影响表

非常大的影响	较大的影响	有影响	有一定的影响	没有影响
8.4%	37.1%	30.5%	16.2%	7.7%

从表10—5可以看出，西部城镇社区组织成员、社区居民中认为西部地区自治历史对社区自治的绩效有非常大的影响的只有8.4%，认为有较大的影响的有37.1%，认为有影响的有30.5%，认为有一定影响的有16.2%，有一定影响以上的合计92.2%，可以说明，西部地区自治历史对西部城镇社区自治的绩效有比较大的影响，但还有7.7%的西部城镇社区组织成员、社区居民认为没有影响，说明社区自治组织的自治历史还有待进一步完善。

总之，所在社区的社会自治环境对自治绩效有影响的占65.6%，所在社区的社会自治历史对社区自治的绩效有影响的占76%，有86%的社区工作者和社区居民认为民族区域自治的社会环境和历史能够提高社区自治的有效性。因此，我们可以说，西部地区民族区域自治的社会环境和历史基础为社区自治奠定了良好的基础，可以提高政府、社区组织和社区居民对社区自治的认同感，可以减少传统社区向社区自治变迁的成本，可以更加完善社区自治组织。

第三节　西部城镇社区自治组织的制度创新及其实现途径

西部开展社区自治建设实践以来，各地都进行了不同程度的改革和创新，积累了一定的创新经验，但这些经验还不完全适应西部城镇社区自治组织的发展，因此还必须进一步进行制度创新。这些创新主要包括：

一、创新西部城镇选举制度及其实现途径

西部城镇社区自治组织的选举制度是西部城镇社区在民主选举中普遍实

行的一项制度。西部城镇社区自治组织的选举制度的实施有利于促进社区民主选举依法有序进行，保证选举过程公正透明，提高选举质量，奠定社区自治的基础。随着西部城镇社区自治制度的发展与逐步完善，选举制度开始在西部一些省份的城镇社区自治组织委员及代表选举中试行，但还很不完善，必须进一步创新。

（一）创新社区居民代表选举制度

在新的形势下，通过直接选举产生社区自治组织的相关领导及其委员的制度，是实现西部城镇社区自治制度创新的基础，是公共治理改革在西部城镇社区的制度选择和创新的必然选择。要实现社区自治，就必须实行自下而上的直接选举，以选举为媒介进行利益维护、协调解决矛盾、信息流通、人员选拔和社区意识培育，真正使城镇社区自治组织成为内生于社区需要的基层组织，从而获得社区居民的认可，有效地采取集体行动的基本政治资源，成功实现社区自治。

社区居民代表是指居住在本社区的居民代表，驻本社区单位代表，有固定住所和稳定职业的流动人员代表；在尊重本人意愿的前提下，可以邀请本社区内的各级人大代表、政协委员及知名人士参加。社区代表大会是本社区中最高权力机构，是全体社区居民切身利益的忠实代表，是社区居民依法行使民主权利、参与民主管理、体现自治的基本形式。对社区实行民主议事、民主管理、民主监督和民主决策。要保证居民代表能真正代表社区居民利益，体现社区居民意志，必须实行自下而上的选举制度安排，通过自下而上选举的代表才能真正代表社区居民的利益。社区居民代表应由每个居民小组（15—50 户）推选 1—2 名代表，居民小组推选居民代表必须由有选举权的全体居民推选；驻社区单位及其他方面的代表，视其规模和代表性，推选 1—5 名成员作为社区代表；常住社区外来人员代表，由外来人员推选产生 1—2 名。社区代表与社区自治委员会委员任期一致，每届三年，可连选连任，但是，当代表不能代表居民利益，不能体现居民意愿时，社区居民可以罢免社区代表，补选新的社区代表。

必须明确规定社区代表的权利和义务，社区居民代表才能充分享受权利，自觉履行义务，才能实现社区自治。在相关法律、法规中必须明确规定社区居民代表的权利和义务。主要包括：

1. 充分行使选举权、被选举权。通过充分行使选举权和被选举权，选举产生能代表社区居民利益、体现社区居民意愿的社区自治组织，罢免、撤换和补选不能代表社区居民利益、体现社区居民意愿的社区自治组织成员。

2. 充分行使表决权。在社区自治组织中，必须规定每年召开一次代表大会，在每年召开的代表大会上，代表对某项议题进行表决，重大议题必须有到会代表超过三分之二以上，才可以将此项议题形成决议；通过形成议题决议，通过对社区组织领导及其委员会委员和工作人员的解聘行使表决权，使社区自治组织及其工作人员更好地代表社区居民利益、体现社区居民意愿。

3. 行使罢免权。社区代表会议对不称职、不能代表社区居民利益的代表和因工作失误造成重大损失的社区自治委员会委员有权实行罢免。罢免事项必须召开社区代表会议，且有到会代表过半数以上通过。

4. 行使审议权。审议和通过本社区发展规划，审议社区自治组织和年度工作计划，并提出意见和建议，审议通过并修改社区自治章程。

5. 行使监督权。社区代表大会对社区居委会的各项工作及政府职能部门的工作人员实行民主监督，有权提出质疑和批评意见，社区自治委员会应对其予以说明和解答。

6. 行使调查权。经社区代表会议的授权和委托，社区代表有权对社区自治组织的某项工作进行调查，调查时无论是社区居民还是社区单位、团体等，都应为其调查提供条件，并自觉接受调查。

7. 提议权。可以单独或由几名代表联名提出议题并送社区自治组织，社区自治组织应给予妥善处理和反馈。

必须明确规定社区居民代表的义务，社区代表必须履行好义务，才能实现社区自治。主要包括：

1. 宣传、贯彻党和政府的路线、方针、政策，全面构建社会主义和谐社区的义务。

2. 认真贯彻落实社区代表会议的各项决定、决议。

3. 密切联系社区居民，广泛征求社区居民意见，并及时向社区党组织及社区居委会反映，维护社区成员的正当利益，体现社区居民的合理意愿。

4. 积极与驻社区单位沟通，了解社区单位的需求，取得他们对社区工作的支持和帮助。

5. 按时参加会议，真正履行代表权利。

西部城镇不仅创新了社区自治的选举制度，而且还进行了实践，取得了比较好的效果。如 2007 年起西安市城镇社区试点进行了社区自治组织的直接选举，建立健全了社区代表大会制度，这代表了基层治理政策的一个新阶段和重要转向。在此基础上，2007 年有超过 40% 的社区以直选方式进行了换届。通过直接选举的制度设计，政府试图在基层治理过程中赢得居民参与的主动性。这正如有的学者所看到的，"随着经济体制变革的深入，尤其是传统的单位组织的性质在社会主义市场经济条件下的变化，社区日益成为市民生活的重要归宿，与此同时，市民的社会自主性和权益意识日益增强。为了适应社会主体的变化，居委会这个基层群众组织的发展开始有意识地逐渐从行政性的归属向社会性的归属转化"[1]。

西部城镇社区居民代表的选举目的是发扬社区居民的民主参与意愿和能力。直选不仅充分尊重了广大居民的民主政治权利，也为他们行使这一权利提供机会。通过选民登记、选举宣传等活动，动员活动直接深入到每一户居民。动员过程构成了一个选举教育过程，帮助社区居民建立个人利益与社区选举的关联，而参加直选则将这种利益联系具体化了。从选举过程来看，在选举的每一个环节，包括选举委员会的选举动员、候选人与选民以及选民与选民的互动，都加强了信息的沟通和公意的形成，促进了社区居民的参与热情。

但是，实行间接选举的社区，要实现社区自治，代表的产生必须实行自下而上的选举，即以居民小组为单位召开全体选民选举能代表自身利益和意愿的代表，社区居民代表可以连选连任，但居民小组对代表有监督权和罢免权，当代表不能代表居民的利益和意愿时，社区居民可以行使监督权和罢免权，罢免不能代表居民的利益和意愿的代表。

---

[1]　林尚立：《社区自治中的政党：对党、国家与社会关系的微观考察》，《中国研究》2002年第 8 期。

然而，在我国西部城镇社区现有的社区代表选举制度中，无论是正规制度的法律法规，还是非正规制度的选举工作规程，都没有明确规定居民小组对代表有监督权和罢免权，也没有明确规定自下而上的选举，因此，必须进行制度创新，在宪法和居民自治组织法、社区自治章程中明确规定，社区代表选举必须实行自下而上的选举，社区居民对代表有监督权和罢免权等制度。

（二）创新社区自治组织委员会的选举制度

社区自治组织委员会的选举制度创新包括候选人的确定制度、正式选举制度和对社区居民委员会主任、副主任、委员的监督罢免制度。

社区自治委员会是社区居民代表大会及议事委员会监督下的群众自治组织，是社区事务的工作机构。其创新制度主要包括：

1. 创新候选人提名制度

一般来说，社区自治组织委员会主任、副主任、委员候选人的提名，对社区自治具有十分重要的意义。在选举中，候选人的提名一般有由基层政府提名或由大会筹备小组提名推荐和由社区代表自下而上提名两种方式。两种不同方式对社区自治的作用和意义不同。一般来说，由基层政府提名候选人，有利于维护政府的利益，体现政府的意愿，实现政府对社区的领导。但是必然增加政府的成本，导致政社职能不分，政府行政力量过度地介入社区事务，一方面阻止了政府、企业事业单位、社会团体和社区等各种组织的功能分化，抑制了社区自身功能的实现；另一方面又使政府自己背上了沉重的经济成本、政治成本和社会成本包袱，且导致了居民群众对政府的高度依赖性和过高的期望值。由于政府对社区进行全权控制和管理，不得不支付大量的管理控制成本，并且承担了极高的政治风险和社会风险，但实质管理效率却难尽如人意。虽然社区居民依附于政府，但其要求与期望都难以得到满足，导致了政府权威的下降，这相当于政府承担了一定的道德成本。并且社区自治委员会经常处于既要代表政府利益，又要代表社区居民利益；既不能很好代表政府利益，又不能很好代表居民利益的尴尬地位。因此，不利于实现社区自治。

由社区代表自下而上提名是由社区居民小组根据政府规定的条件，实行自下而上的推荐和选举，居民对推荐的候选人有罢免权和监督权。由社区代表自下而上提名候选人，有利于维护社区居民的利益，体现社区居民的意愿，做好社区的各项事务，通过推荐候选人，使社区居民实现更广泛的人民民主，增强社区居民的社区意识、民主意识和政治意识，真正实现社区居民自治。但问题是社区自治委员会不可能无条件地做好政府安排的任何事，不能充分体现政府的意愿。

然而，我国西部城镇社区自治委员会主任、副主任、委员候选人的提名，大多数是由政府提名，不利于实现社区自治。为了更好实现社区自治，必须进行选举制度创新，通过宪法、居委会组织法和社区章程，明确规定社区居委会设主任、副主任、委员等的条件，明确规定实行自下而上的提名方式。

2. 创新选举制度

在创新候选人提名制度的前提下，选举出能够代表居民利益，体现居民意志的社区自治组织领导及其成员，是决定居委会是否能自治的关键。

科学合理的选举方式：（1）能更好地发扬居民民主参与的意愿和能力。从选举过程来看，在选举的每一个环节，包括选举委员会的选举动员、候选人与选民以及选民与选民的互动，都加强了信息的沟通和公民意识的形成，能够提高居民的参与热情。通过候选人尤其主任候选人的竞选的领导能力和服务取向的表达，可以让居民认识到候选人能否代表居民的利益，体现居民的意愿，使社区自治组织委员会选举迅速走向基于自治的投票，有助于提高社区的问题意识，促进问题解决。

（2）能更好地改善社区权力关系。通过选举能更好理顺社区权利主体的关系，完善社区自治模式。能够更好地理顺政府组织、社区党组织、社区自治委员会以及社区中介组织的关系，特别是对于社区自治组织和业主委员会以及物业管理公司的工作关系。

（3）可以增强社区自治的合法性。通过选举产生的社区自治组织能够进一步强化社区自治组织和社区居民之间的委托代理关系，体现社区自治组织作为社区自治的主体，从而增强了社区自治的合法性，能够很好地解决社区自治组织与政府和社区居民的矛盾。通过选举产生的社区自治组织不仅需要实施所作的选举承诺，而且还面临被罢免、替换的压力。选举产生社区自治组织的代表性和对其行为的归责性，是社区民主的产物，必然是代表社区居民利益、体现居民意志的组织，而不是基层政府组织的衍生物。有利于优化配置社区资源，实现社区自治。

（4）能更好地优化社区自治组织的结构，形成一支结构优良，素质高的社区工作队伍。

但在西部城镇社区选举的实践中，选举在社区自治中实际发挥的作用极其有限，在一定意义上弱化了社区自治。主要表现在：

1. 居民实际参选率低。从我们的调查中可以看出，只有12.3%的居民认为社区居民参选率达到100%，22.7%的居民认为社区居民参选率达到80%以上，27.5%的居民认为社区居民参选率达到60%以上，32.7%的居民认为社区居民参选率达到40%以上，有4.8%的居民认为社区居民参选率达到20%以上，只有62.5%的居民认为社区居民参选率达到60%以上。居民参选率低，不利益社区自治。

2. 居民的参与多为被动式参与。调查显示，居民参与社区直接选举的热情一般。社区换届选举中居民参与率在60%左右，居民主动参与直接选举的意愿并不强烈。只是平时与社区有紧密联系的群体（如老年人、残疾人、下岗失业人员和贫困人员）和参加竞选的人员参与热情较高，而与社区缺乏紧密利益联系人群对社区选举较为淡漠（如上班族、中青年人），有部分人员即使参加选举也是被动的参加。

从调查情况来看，社区组织工作人员在推动居民参与方面起了十分重要的作用。在选举过程中，社区几乎所有的工作都让位于直接选举，社区工作者花费大量的精力用于登记选民和动员选民参与选举。如选民登记阶段，社区组织工作人员要挨家挨户进行登记，在投票日，社区在投票前会组织文娱活动以期提高参选率，同时采取种种显性的或隐性的物质奖励形式来吸引选民参选。但投票结束后的选举程序，从开箱清点选票、公开计票，到宣布当选结果候选人发表就职演说，都只有选举工作人员和少数居民代表在场，大多数居民投完票后就走了。选举日之后，社区选举委员会在各居民院内张贴公告公布当选结果，有许多居民不知道、也不关心谁当选了，反映了某些居民对选举的冷漠态度。因此可以说，社区工作人员几乎动用了所有的关系和能力来组织居民，而社区居民则处于被动接受的状态。

3. 利益关联度低是居民缺乏参与热情的主要原因。通过调查显示，64.5%的社区居民认为居民缺乏参与热情的原因是"社区行政化"，即选举产生的社区组织并不代表社区居民的意愿，而是从事政府的行政工作。有83.7%的认为选举产生的社区组织"不代表社区居民的利益"是"居民对社区公共事务不了解不关心"的直接原因，因此，居民实际参选率低。同时"组织意图明显，选举流于形式"使居民失去选举兴趣。由此可见，利益关联度低是居民缺乏参与热情的主要原因。

因此，必须创新选举制度，实行自下而上的直接选举或者海选，选举形式和选举结果公开，增强社区居民与社区组织的利益关联度，才能实现社区自治。

二、社区自治组织的职能创新

社区自治是社区建设的本质目标和重要原则之一。国家民政部在《关于在全国推进城市社区建设的意见》中对社区自治提出了具体意见，即要实现社区"四自"——"在社区内实行民主选举、民主决策、民主管理、民主监督，逐步实现社区居民自我管理、自我教育、自我服务和自我监督。""四个自我"实质上是社区自治最基本的含义和要求，"四个民主"则是实现社区自治的基本途径。最终达到基层民主自治。要实现"四个自我"，从管理职责来看，社区自治组织是在政府及有关部门的指导下，组织社区居民进行自治管理，搞好社会保障、卫生、计生、治安、文化等各项管理，完成社区居民代表大会和社区议事委员会确定的目标任务。为实现其目标，必须设计较为配套与简便易行的制度，它包括明确政府社区双方关系的界定是指导与协助、服务与监督；必须明确划分双方管理范围和管理权限，行政事务与社区自治事务的初步划分，有利于明确政府和社区管理权限。必须把行政任务落实到社区、人员配置到社区、经费划拨到社区、服务承诺到社区。然而，在对西部社区的调查中，我们发现，社区自治组织作为基层民主自治组织是代表广大社区居民利益，是为居民服务的非政府和非营利机构。然而西部社区自治组织与政府之间的关系依然是传统的"腿"，并没有因民主自治有所减轻。相反，社区自治组织的工作量却反而加重，如果社区自治组织的工作疲于应付来自政府的指令，那么民主自治的目标就很难实现。问题在于地方政府是中央政府的代理人，其目的是追求能被上级观察到的政绩最大化。"中央或上级官员从'德、智、勤、绩、廉'几方面考核下级官员，'德、智、勤、廉'比较抽象，只有'绩'具体，绩主要是通过当地经济发展水平和社会稳定来体现。"[①]尤其是以当地经济、社会发展水平体现出来。地方政府为了充分体现"绩"，首先他们的流动偏好是选择垂直管理，能直接管理到每个社区组织。同时，各级地方政府也有着自身的利益，为了维护自身的利益，各级地方政府就会利用占有资源与信息的相对优势，产生运用各种对策对抗国家政策和公民利益的可能，出现"上有政策，下有对策"和侵犯公民与社会权利的事情，自治组织的发展，意味着政府必须将原来在自己手中的部分资源和利益划分出去，破坏已形成的利益格局和利益机制。最后，地方政府最希望不付出成本或少付出成本，社区组织又能完成政府的行政任务，政府的行政管理本性具有自我不断扩张性，只有当自己的能力比较小，无法管理"大社会"时，才会选择发展社区自治组织。所以，社区自治组织的发展主要取决于地方政府的行政能力。一般来说，在制度变迁的初期，社区自治组织发展与地方政府的行政能力成正比，地方政府不希望实现社区自治，社区组织也不希望实行社区自治。因此，社区自治组织发展十分缓慢，社区职责制度不明确。然而，社区制度变迁已进入制度变迁中期，初步形成"小政府、大市场"，必须创新管理职责制度，进一步明确政府和社区的管理职责。通过正式制度和非正式制度明确规定社区自治组织是在政府及有关部门的指导下，组织社区居民进行自治管理，搞好社会保障、卫生、计生、治安、文化等各项管理，完成社区居民代表大会和社区议事委员会确定的目标任务。组织社区居民开展便民利民的社区服务和为社区特殊群体提供福利性服务；开展以劳动就业保障为重点的社会事务性服务，为社区弱势群体提供保障救助服务。组织引导社区居民开展法制教育、公德教育和科学文化知识

---

① 杨瑞龙：《阶梯式的渐进制度变迁模型》，《经济研究》2000年第3期，第4页。

教育，组织社区居民开展健康有益的文化娱乐和体育活动，形成具有本社区特色的文化氛围。增强社区居民的归属感和凝聚力，提高社区的文明的创建水平。同时对政府有关部门和其他社区特色组织履行其职责的情况进行必要的监督，并将监督意见及时向有关部门或上级投诉部门反馈。同时有条件配合、协助政府完成有关工作。

三、社区自治的制度安排

1. 完善正规制度

正规制度主要是指宪法、法律、法规和政府文件体现的相关制度。有效的法律制度对于促进社区自治起到决定性作用。社会生活中的法律法规为地方政府、社区自治主体独立决策、自主治理提供了制度保证，而且这些政策法规覆盖面越全面、越具体，对地方政府、社区自治主体的约束力越强。社区中的自然人和法人的权利和义务在我国的宪法、民法、行政法规、经济法等法规中都有明确的规定，地方政府和社区自治主体实现社区自治就有了法律依据和保障，从而促进基层自治的发展。从西部社区自治组织的调查可以看出，60% 的人认为社区的正规制度是法律法规，54.5% 的人认为社区的正规制度是党和政府的红头文件，18.6% 的人社区的正规制度是法律传统习俗，13% 的人认为社区的正规制度是历史传统，12.2% 的人认为是领导讲话。并且有 10.6% 的居民认为社区现行的正规制度与社区自治实际运行严重脱节，46.7% 的居民认为社区现行的正规制度与社区自治实际运行脱节，25.6% 的居民认为社区现行的正规制度与社区自治实际运行部分脱节，合计有 84.5% 的居民认为社区现行的正规制度与社区自治实际运行脱节或部分脱节。因此，西部地区要实行社区自治，必须进行正规制度创新。主要包括：

（1）政府应尽快完善社区居委会组织法的修订工作，明确其作为居民自治组织的性质及其具体职责；切实建立起维护社区自治组织独立管理社区事务、开展社区工作、经营社区服务项目等权力的保障机制；建立健全监管制度，明确限制政府职能部门随意向社区自治组织下派工作任务，监督政府委托事务的"费随事转"和"权随责走"原则，保障政府对社区自治组织针对社区状况开展工作项目的物资支持。

（2）政府应减少对社区事务的过度干预，鼓励社区自治组织贴近居民开展工作，根据居民对社区工作的满意度、参与度状况对社区自治组织工作进行评估，并对获得居民满意和好评的社区进行奖励。

2. 完善社区配套制度

西部城镇社区进行了大量的自治制度的创新性探索，主要有以下两种尝试：一是在昆明市五华区等进行的"一个大会、两个机构制度"，即在各社区建立社区居民代表大会、议事协商机构和办事机构。社区居民代表大会是社区居民表达自己意愿的组织形式，通过民主选举、民主表决的形式，表达和体现社区公众的利益。我们认为社区的充分自治本身就是一种自下而上的变革动力，它会逐步推动基层政府及其派出机构（街道办）朝着相对正确的方向发展；但是，一个大会、两个机构制度的安排并不会构成一个完整的权力体系。

二是撤销街道办事处，直接实行社区自治管理的体制。如贵州省贵阳市小河社区自治体制，概括起来就是"一个核心、三个组织体系"。一个核心就是党的领导核心——社区党组织；三个组织体系，即社区自治组织体系——社区委员会，社区权力组织体系——社区代表大会，社区监督组织体系——社区协商议事会。社区党组织是社区广大居民利益的代表，是社区中多种组织的领导核心，成立由社区单位党组织主要负责人参加的社区党建指导委员会，每个社区的党支部书记由区委组织部委派，在每个社区都选举产生小区党支部。这样的制度设计也实现了议行分离，但其实质是以"社区"的名义将自治推进到了"街道"的层面，有利于社区自治。但根本的问题仍然没有解决，社区党组织的产生，社区自治的权力并没有解决。社区自治较难推进，原因在于社区配套制度不完善。因此，必须完善配套制度，包括社区人事制度、财产制度、财政制度、工作制度、考评制度、激励制度等。

3. 完善社区自治环境

抓好社区文化阵地建设。各个社区都要建立文化活动场所，如兴建图书馆、文明学校、俱乐部或娱乐室，直接为广大居民服务。社区文化活动要融入各种节庆活动之中，如春节、国庆节、五一节等都是开展群众文体活动的最佳时机。采取群众喜闻乐见的各种形式，如知识讲座、歌咏比赛、象棋比赛、诗朗诵、读书征文等活动，使社会主义先进文化融入社区的每个家庭。设置社区宣传栏、板报、壁报等，加大社区文化宣传力度，配备专职人员或兼职人员对社区文化活动场所进行长效管理。特别是要发挥社区教育的功能，培养社区居民对社区自治制度创新的认可，培养社区居民的社区自治理念和自治能力，通过完善社区自治环境的制度创新，能够进一步增强社区居民的社区意识，规范社区活动，提高社区居民对社区的认同感、归属感和责任感。

第十一章　西部城镇社区自治组织发展中政府职能的转变

　　转变西部地方政府的职能，在西部地方政府与城镇社区的功能分化和西部地方政府与城镇社区的功能互补之间形成一种平衡互补机制，是真正解决社区行政化问题，实现社区自治的核心。通过研究西部地区地方政府与社区自治组织的关系，西部地方政府的社区职能与社区自治组织职能的科学界定，转变西部地方政府职能，充分发挥西部地方政府和社区的职能，对于促进西部城镇社区自治，构建西部城镇和谐社区具有十分重要的理论意义和现实意义。

　　通过课题组的调查研究，我们认为西部地区地方政府与社区自治组织的关系是主导主体关系、合作关系、支持关系。根据西部地区地方政府和西部城镇社区自治组织的关系，科学界定了西部地方政府的社区职能，地方政府的社区职能主要包括指导和组织协调职能、调控、监督和保障稳定职能、服务职能。根据政府的社区职能提出，转变政府的社区职能必须转变西部地方政府的社区职能观、提高西部地方政府转变社区职能的意愿和能力、拓展西部地方政府管理模式三个对策，才能实现政府职能转变，发展社区自治组织。

第一节　西部地区地方政府与社区自治组织的关系

一、西部地区地方政府与社区组织的关系是主导主体关系

西部城镇社区治理中的政府与城镇社区自治组织的关系既是一个理论问

题，也是一个现实问题，如何处理好两者的关系，一直是理论界争论的焦点，也是政府、社区自治组织关注的热点。综合理论界和西部地方政府、城镇社区自治组织的观点，主要有三种，一种观点认为政府与社区自治组织的关系是领导与被领导的关系；另外一种观点认为是指导和被指导的关系；还有一种观点认为政府是社区治理的主体。要真正认识政府与社区自治组织的关系，必须深入研究社区自治组织的性质。西部城镇社区自治组织的性质决定了西部地方政府与社区自治组织的关系是以政府为主导，以社区自治组织为主体的关系。这是因为："社区治理既不完全是政府行为，也不完全是基层群众的自治行为而是一个政府行为、社会管理、群众自治相结合的产物。"①西部城镇社区自治组织，是一种群众性的自治组织，而不是一级地方政府，更不是地方政府的下属机构，因此西部地方政府与城镇社区自治组织的关系不可能是领导与被领导的关系。但西部城镇社区自治组织是一个基层自治组织，自治性必然要求以社区自治组织为主体。这是法律规定的社区自治组织的权利。1982 年重新修订的新宪法中，首次以根本大法的形式明确了居民委员会的性质、任务和作用。宪法第 111 条明确规定："城市和农村按居民居住地区上建设的居民委员会或者村民委员会是基层群众性自治组织"。随后的《城市居民委员会组织法》也规定，"居民委员会是居民自我管理、自我教育、自我服务的基层群众性自治组织"，享有广泛的自治权利，包括财务、财产、人事、管理、教育、服务自治的权利。城镇社区自治组织是居民进行自我管理、自我教育、自我服务的自治组织。如果城镇社区自治组织不是社区自治的主体，社区自治是不可能实现的。

　　但是，由于西部城镇社区建设是由政府发起和组织的，城镇社区建设是西部地区党和政府工作的重要组成部分，社区尤其是西部城镇社区是西部城镇基层政权的重要基础，是西部城镇文明建设的重要力量，也是党和政府联系群众的重要桥梁和纽带。因此，社区自治组织又不同于一般的自治组织。社区自治组织的发展是根据西部地区党和政府制定的社区发展的长期、短期规划，城镇社区的发展的方向和目标，实现社区发展目标的措施和方法，是

---

① 徐祖荣：《社区治理中的政府定位》，《城市问题》2006 年第 6 期，第 79 页。

根据西部各级政府制定的社区发展的一系列政策来规范社区行为，进行社区自治的。因此，党和政府对社区建设具有主导作用。同时各级政府由民政部门来具体负责社区管理工作，为社区提供管理和服务。在社区管理中，政府是最有权威的组织，它引导社区构建社区自治组织，指导社区依法制定自治组织的规章制度并依法履行自治组织的职能，政府也承担着大量的社区职能。政府还为社区建设投入了大量的人力、物力和财力。政府运用国家财政资金投入社区建设，不断提高社区硬件建设水平，在政府强有力的推动下，社区改造，尤其是硬件设施建设在短期内得到推进和改善，政府还控制着大量的社区公共产品和公共资源，为社区提供公共产品和公共服务，满足社区居民的公共需求。另外，政府还是解决社区矛盾和利益的协调者。从西部城镇社区自治组织的实践看，社区的许多矛盾和利益必须通过政府才能很好解决，因为只有政府才能整合社区内外资源，协调社区内外各种群体的利益关系，形成社区化的内在联系和社区内各种组织之间跨行业、跨地区的联系并服务于各种群体，使社区建设的目标得以实现，并最终满足居民和单位居民的各种需求。因此，社区管理离不开政府的主导。

二、西部地区地方政府与社区自治组织的关系是合作关系

西部地区地方政府与社区自治组织的合作关系，是由政府治理目标与社区自治目标的一致性决定的。

政府治理目标是指政府在一定时期内担负的国家利益和社会利益。现阶段我国政府的重要目标是实现社会和谐，构建社会主义和谐社会，促进国家的政治、经济、社会、文化和环境的全面发展。社区是社会的基层组织和细胞，没有社区的和谐，就不可能有社会的和谐。因此，政府为了构建社会主义和谐社会，必然要构建社会主义和谐社区，实现社区经济、政治、文化、社会的全面发展。而社区自治的目标就是通过社区居民的广泛参与，有效地解决社区内部各方面的矛盾，协调社区内部各方面的关系，实现社区经济、政治、文化、社会的全面发展，构建社会主义和谐社区，这体现政府微观治理目标与社区自治目标的一致性。

政府治理目标和社区自治目标的一致性决定了在社区治理中政府和社区

自治组织的合作、政府行为和社区行为的共性。如社区服务功能，政府必须向社区提供公共产品和公共服务，满足社区居民对公共产品和公共服务的需求。在西部地区相当长的时期内，政府提供的"公共服务是社区服务的重要组成部分"①，主要包括推进社区就业服务、推进社区社会保障服务、推进社区救助服务、推进社区卫生和计划生育服务、推进社区文化、教育、体育服务、推进社区流动人口管理和服务、推进社区安全服务。这些公共产品和公共服务仅仅依靠社区是不可能提供的，必须发挥政府的主要功能。

但是，上述公共产品和公共服务的提供最终能够满足居民的需求必须依靠社区组织来实现，同时，在社区组织内，还存在大量的半公共产品和服务，必须依靠社区来提供。因此必须发挥社区组织"协助城市政府提供社区公共服务；组织社区成员开展自助和互助服务；为其他组织到社区开展服务搭建平台，提供便利条件。"②

总之，政府治理目标与社区自治目标都是构建社会主义和谐社区，必须充分调动政府和社区的积极性，充分发挥政府构建社会主义和谐社区的作用和社区组织的自治作用，实现政府和社区自治组织的合作，才能构建社会主义和谐社区。

三、西部地区地方政府与社区自治组织的关系是支持关系

西部地区地方政府与社区自治组织的关系是支持关系，是由西部地区的现实状况决定的，具体表现在三个方面。

首先是由西部地区的落后性决定的。由于西部地区经济、政治、文化、社会的落后性，西部地区社区发展的滞后性，决定了西部城镇社区发展中经费严重短缺、社区工作人员素质比较差，政策配置相对滞后，要实现社区的发展，必须得到政府的大力支持，因此，西部地区地方政府与社区自治组织的关系是支持关系。

其次是由西部城镇建设相对滞后性决定的。西部地区大中城市比较少，

---

① 詹成付：《加强和改进社区服务工作读本》，中国社会出版社 2007 年版，第 19、31 页。

② 许朗：《关于我国城市社区建设的几点思考》，《贵州社会科学》2006 年第 6 期，第 57 页。

随着我国经济、政治、文化和社会的发展，特别是西部大开发的实施，西部城镇化建设得到了迅速发展，促进了城镇社区的发展，特别是在大中城市的郊区和县、市的城镇产生了大量的社区自治组织。与发达地区的社区自治组织相比，这些组织具有滞后性、民族性、复杂性、落后性、发展性等特点。如：需要的公共产品、公共资源更多，需要解决和协调的矛盾和问题更多，特别是失地农民问题、城镇交通问题、就业问题、社会保障问题等，这些问题的协调和解决都离不开政府的支持。城镇社区自治组织的发展也离不开政府的支持，社区自治组织发展的办公设施、社区活动场所、社区工作经费、社区人才培训等都需要得到西部地区地方政府的支持。因此，只有在政府大力支持下，西部城镇社区自治组织建设才能得到迅速发展。因此可以说，只有在西部地方政府的大力支持下，西部社区自治组织才能得到迅速发展，没有政府的支持，西部城镇社区自治组织是不可能发展的，更不可能发挥其功能。

第三是由于支持西部城镇社区自治组织的发展是政府的义务决定的，这是由西部地方政府的社区目标决定的。构建西部城镇和谐社区也是西部地方政府的目的，西部地方政府通过对西部城镇社区自治组织的支持，促进社区发展，解决社区矛盾，保障社区稳定，构建社会主义和谐社区。是一条成本低社会效益最大化的路径选择。

最后是发达国家社区自治实践经验的科学总结。就社区建设的政府支持而言，也是发达国家社区自治的经验总结。在那些社区建设开展比较早，社区自治比较好，社区自治制度比较完善的国家，同样也非常重视政府特别是地方政府对社区建设的推动作用。如美国、加拿大两国，社区建设 60% 的资金来源于政府的财政支持。1999 年，加拿大安大略省投入到社区建设的资金占了全省一年财政收入的 3%，约 69 亿美元。[1]

西部地方政府也有支持西部城镇社区自治组织的优势和能力，主要表现在三个方面：

一是具有主导本辖区社区自治组织建设工作的法定资格。作为地方政府

---

[1]　许朗:《关于我国城市社区建设的几点思考》,《贵州社会科学》2006 年第 6 期, 第 57 页。

是本辖区范围内最具权威性的领导机关，具有主导本辖区社区自治组织建设工作的法定资格，肩负着促进整个社区自治组织建设发展的法定任务，在社区建设中"发挥主导作用"①。

二是具有主导本辖区社区自治组织建设的实际能力。地方政府掌握着决定本辖区自治组织发展的主要经济、政治和文化等公共资源，能够有效地运用行政、法律、经济等手段协调各种力量，沟通各方面关系，开发和协调自治组织各方面资源，推进和谐社区建设。这是全区范围内的任何一个社会团体都不可能做到的。

三是地方政府的职能发挥与社区自治组织建设追求目标高度一致。尽管地方政府的职能几乎涵盖经济、政治和文化生活的方方面面，但是，在多方面职能中，发展社会福利事业和社会保障事业、组织安排人民群众生活、发展第三产业、维护辖区社会稳定、保护和改善环境、发展文教卫生等是其主要职能。在促进社区自治组织建设，构建社会主义和谐社会新阶段，履行这些职能的过程实际上也是推动促进社区自治组织发展，构建社会主义和谐社区的过程。由此可见，地方政府职能与推进和谐社区建设具有高度的重合性和一致性。这个特点也是督促地方政府要把推进社区自治组织建设及和谐社区建设作为自身主要工作来进行改革。

第二节　西部地方政府的社区职能的科学界定

一、界定西部地方政府的社区职能的必要性

在西部城镇社区自治过程中，界定社区建设和发展中的政府职能，是指政府对社区管理实施指导、合作、支持和调控的各种具体的行为和过程。它与政府在社区建设和发展的整体职能有着直接的关联②。根据我国《街道办事处组织条例》，街道作为市或市辖区的派出机构，城镇是

---

①　许朗：《关于我国城市社区建设的几点思考》，《贵州社会科学》2006年第6期，第57页。

②　陈潇、许斌：《社会自治与政府职能的转变》，中国社会出版社2005年版。

我国城市中的最基层的行政组织。因此，科学界定西部地方政府的社区职能与社区自治组织职能特指街道及街道、城镇以上的政府机构的职能。科学界定西部地方政府的社区职能与社区自治组织职能首先是由西部地区地方政府在西部城镇社区自治中的主导作用决定的。西部城镇社区自治组织建设开始于 20 世纪 90 年代中期，发展于 21 世纪。社区的发展、社区自治组织的构建都是在政府的主导下，由政府力量加以推进而逐渐发展形成的，其制度变迁的路径是政府自上而下的创新，不是一种原生型的社区组织机构。当前西部城镇社区自治组织刚步入轨道，相关法律法规还不完善，社区自治组织发育不成熟，研究和推动社区自治的非政府组织十分缺乏，社区服务的产业化发展刚刚起步，民间资金注入十分有限，社会捐助很少，社区工作人员大多数是一些退休干部和失业下岗工人，专业素质比较低，同时，由于市场经济体制的建立和社会转型、城镇化发展引发的城镇问题和社区的矛盾比较多、并且复杂，解决这些矛盾涉及方方面面，仅仅依靠社区组织自身是无法解决的，所以社区建设和社区自治组织的运行还得靠政府的推动。政府特别是基层政府是社区自治的组织者和推动者，在社区自治中处于主导地位。这是因为政府掌握着社区发展的主要政治、经济、文化和社会资源，所以相对于社区内其他组织来说最具有资格和能力主导社区建设工作的。主要体现在，政府能制定社区建设和发展的政策和规划，制定社区组织及其工作人员的标准，提供社区组织运行的经费和资源，制定社区发展规划和任务，检查和考核社区管理的绩效。因此现阶段西部城镇社区自治仍需要政府的大力推动和支持，以整合社区资源，发挥社会功能，构建西部城镇和谐社区。其次界定西部地方政府的社区职能与社区自治组织职能，是由目前西部地方政府发挥职能方面存在着诸多问题决定的。在市场经济条件下，由于对西部地方政府的社区职能没有一个科学界定，地方政府职能转变滞后于西部城镇社区自治组织的发展，政府管理不规范，地方政府依法行政意识没有真正落实，过多地干预社区自治组织的工作。主要表现在三个方面：

第一，界定西部地方政府的社区职能与社区自治组织职能是克服西部城镇社区行政化倾向的内在需求。真正解决西部社区行政化倾向问题，必须转变政府职能，合理界定政府的社区职能与社区自治组织的职能，真正实现

"政社分开"。西部地方政府和城镇社区自治组织不是领导和被领导的关系，而是主导与主体的关系，是合作关系。因此，政府职能部门承担的社区职能应由职能部门完成，而不能转嫁到社区。城镇社区自治组织作为基层群众性自治组织，自治性是社区自治组织最重要的特征，其自治功能主要表现在自主配置社区资源，自主管理、服务和教育社区居民。但政府与社区的关系又是合作关系，对于社区自治，政府必须发挥主导作用。政府的主导作用主要是给社区提供配置公共资源，提供公共产品，主要是对社区自治组织的自治运行进行服务、协调、保障和监督。因此，合理界定政府管理与社区自治的边界，必须进一步明晰政府职能部门、街道、乡镇与社区三者各自的职责，把政府的行政权和社区自治权、协管权、监督权分开，真正做到政府的职能由相关部门独立履行，不随意转嫁到社区。政府职能部门需要社区自治组织协办的事，按照"权随责走、有偿协管、费随事转"的原则，必须给予相应的人员和经费保证，保障社区自治组织的权利、利益和责任。

第二，界定西部地方政府的社区职能与社区自治组织职能为"政社合作"奠定良好的基础。在新时期，西部地方政府和西部城镇社区的共同目标都要构建社会主义和谐社区决定了西部地方政府与社区自治组织的关系是合作关系。合作的优势是充分发挥政府和城镇社区自治组织在社区公共资源配置上的优势，为城镇社区居民提供优质的社区公共产品，实现社区效益最大化，满足城镇社区居民的政治、经济、文化、社会和自身发展的需求，构建社会主义和谐社区。要构建良好的合作关系，必须明确西部地方政府和城镇社区自治组织的共同职能，在分工协作的基础上共同履行好共同职能，实现西部地方政府和城镇社区自治组织的最佳合作，实现对社区的共治，才能构建社会主义和谐社区。西部地方政府与社区自治组织的合作过程中之所以存在一系列的问题和矛盾，重要原因就是没有科学界定地方政府和城镇社区自治组织在社区治理方面的共同职能。

总之，合理界定西部地方政府和城镇社区自治组织的职能，能更好地明确地方政府和社区自治组织在社区治理中的职能，实现"政社分开"和"政社合作"，进一步落实"权随责走、有偿协管、费随事转"的原则，全面构建西部城镇社会主义和谐社区。

二、西部地区地方政府的社区职能的界定

政府治理目标与社区自治目标的矛盾决定了必须科学界定"政社职能"。"政"是指政府在社区经济、政治、文化、自治、环境、安全、居民发展等社会事务方面承担的依法行政的管理职能和管理行为。"社"是指以社区自治组织为核心，包括各专业机构、专业团体等非政府组织所承担的社区经济、政治、文化、环境、安全、社区居民的自我发展等社会事务的相关职能。政府治理目标与社区自治目标的一致性决定了政府职能和社区自治组织职能的共同性、交叉性。政府治理目标与社区建设目标的矛盾性决定了必须实行"政社职能"分开。否则，必然会出现"政府的'越位'与'缺位'"现象①，主要表现在政府"以政代社"，直接"领导社区"、"干预社区"，甚至认为共产党和政府的社区不为共产党和政府办事，为谁办事，导致社区行政化。社区组织则主要从事政府安排的工作，很少或没有做好社区自己的工作，必然产生由社区居民选举产生的组织，不能代表社区居民的利益，不能体现社区居民意愿的"缺位"现象，因此，必须界定政府与社区职能。根据政府的社会职责和社区自治组织的自治职责，政府的社区职能包括：

（一）政府的社区职能

从我国西部城镇社区的实际出发，根据西部地方政府与城镇社区自治组织在社区治理中的职责和作用，西部地方政府的职能是通过社区建设形成政府社会管理城镇的新模式。政府应管理好公共事务、解决好公共问题，这是政府最基本的职能之一，而城镇基层无疑是一个产生公共问题、解决公共事务最基本的领域。根据西部城镇建设的实际，在西部城镇建设和管理方面，西部各级政府的社区职能主要包括：

第一，启动社区建设，规划或参与规划社区组织体系的建立。前者主要是指西部地区地方政府应充分发挥政治权威，利用政府的公共资源，使用包括直接和间接在内的一切手段，如运用媒体进行宣传，以及充分利用既有的街居体系乃至行政体制，发动、组织相关力量，使社会各界充分认识社区建

---

① 于燕燕:《社区自治与政府职能转变》，中国社会出版社 2005 年版，第 222 页。

设的必要性和重要性，调动各个方面的力量积极参与社区建设。后者主要是指西部地区地方政府以公共管理社会化为取向，以形成新的城市治理体系为目标，来规划或与社区自治组织一起规划和建立至关重要的社区自治组织体系。同时，根据需要并依据一定的原则（如公平、公正、公开的原则），进行公共服务，向社区提供公共产品，参与社区公共财务体制的建设。根据社区自治组织的要求制定社区居民委员会主任、副主任和委员人选的基本标准等。

第二，充分发挥政府在社区建设中的主导作用。深化经济体制和政治体制改革，理顺政社关系，即充分发挥政府在改革中的主导作用，选择"地方政府中间扩散型的制定变迁"路径，深化改革，一方面加快"单位人"向"社会人"的转化，为群众逐步提高对社区建设的关注和参与打下必要的基础；另一方面适时打破政府及其派出机构——街道办事处、乡镇与城镇社区自治组织之间原来客观存在的行政隶属关系，根据社区自治目标对政府与社区关系进行重新定位，同时，调整政府职能，改革行政方式，简政放权，形成群众自治必需的空间并培育和管理好社会中介组织。

第三，建立良好的运行机制。即在社区建设过程中，通过形成一定的制度和机制，如法律制度、有组织的思想政治教育体系等，保证社区建设的方向性。这里主要是指政治性，指通过社区建设所形成的社区组织及其管理一方面能保证所提供的公共产品的公平，另一方面是社区管理体系能执行党的基本方针、大政方针和国家的法律法规，与中国共产党在政治上保持一致性，同时，确保社区居民的各项政治权利得到落实，法律规定的各项义务得以体现。

第四，逐步建立和完善城镇社区自治组织的法律保障体系。在西部地区，社区建设所要形成的新型城镇社区是一个全新的事物，在以城镇社区为标志的新的城镇管理体系中，政府组织、非政府组织及企业性组织各自的地位、职责等法律法规都比较缺乏，还不完善，尤其是关于城镇社区自治组织运行的可操作性规定，如政治性责任、社区经费来源及额度、社区基础设施建设等几乎更是空白。因此，随着社区建设的进一步发展和深化，必须逐步形成和完善符合新型社区管理运行的法律法规体系。如必须通过法律法规的制定倡导和体现西部城镇社区管理的有偿服务理念等。这一有偿服务包括两个方面，一方面是政府直接提供的社区基础设施和提供的公共产品，作为一种现代公共产品，不营利不等于不收费，需要进行成本补偿时可以是有偿的，特别是社区中介组织提供的服务，作为一种准公共产品在政府规定的价格空间内是可以收费的，这也是社区中介组织存在的必然要求；另一方面，社区自治组织等承担政府委托的任务时，除了政治上的必须和技术上可行外，还必须进行经济成本收益分析，进行资源优化配置，即法律应允许社区组织深化改革，充分发挥社区组织的优势。但是，从西部城镇社区组织的实践看，由于西部城镇基层缺乏自治的传统及资源，以及经济体制改革现状下社区居民总体上缺乏自发地参与城镇社区建设的动力——与自身利益息息相关的经济推动力，因此，社区自治难以自发形成，不能不构成由地方政府启动社区建设，地方政府从人力、物力和财力等方面全面投入来推动社区建设格局。在西部地方政府的推动下，西部城镇社区自治组织初步形成，但是完善西部城镇社区自治组织必然是一个向预定目标逐步发展的过程。因为，城镇社区建设既要发展城镇社区自治组织自治，更为重要的是进行政府职能转变，而社区居民的自治意识和能力的提高是一个随着经济体制和政治体制改革深入而逐步提高的过程，政府社会管理方式的改革既是政府根据公共事务管理社会化目标主动进行的改革行动，改革目标的达成又需要公民社会的逐步发育作为保证。因此，社区建设客观过程必然是：随着整个经济体制和政治体制改革的深入，随着社区建设的展开，群众自治的意识和能力的一步步提高，社区组织建设和基础设施建设的一步步完善，相应的，政府职能及输出方式改革也会随着社区建设的深入而逐步到位，而这一步步深入的建设表现在不同的发展阶段。正是在这一持续的发展过程中，社区自治逐步加强，新型社区逐步形成即达到社区建设的最终目标。社区建设阶段性的客观存在，表明了社区建设过程是政府社会管理职能通过不同的发展阶段逐步变革的过程，是政府通过推进社区建设以最终实现公共事务管理社会化的阶段性目标逐步实现的过程，说明了要充分发挥政府在社区建设中的作用，仅仅依靠一个总目标进行导向是远远不够的。因此，政府必须针对社区建设的阶段性，以公共管理社会化为取向，制定出一个以形成新的城市治理体系为总目标的由若干分阶段的前后相续的目标组成不同的目标体系。

城镇社区建设阶段性的存在，决定了在社区建设发展的不同阶段，不仅政府职能不会完全相同，发挥职能的方式也可能会因客观条件的变化而有所不同，即在整个城镇社区建设中政府的职能及输出方式并不会始终如一。因此，针对社区建设的不同发展阶段，正确界定政府与社区组织的职能，对于发展社区自治组织，构建西部城镇和谐社区具有十分重要的理论意义和实践意义。

总之，政府主要从事宣传动员、制定实施方案、组织落实，进行社区划分、建立社区组织，制定社区工作人员的选聘条件和标准，提供硬件设施的配备，组织选举社区居委会和议事委员会的组成人员，提供社区工作人员的工资及日常办公费用，提供社区公共服务产品，检查、监督社区组织对党和政府的路线、方针、政策的贯彻和落实。

（二）政府和社区自治组织的共同职能

政府的微观职能是指政府直接从事社区工作的职能，而这部分职能往往与社区组织的职能互相交叉，如社区服务职能，政府、社区都必须提供社区公共产品和服务，履行服务职能。政府必须"大力推进公共服务体系建设，使政府公共服务覆盖到社区"①。包括推进社区就业服务、社会保障服务、社区救助服务、社区卫生和计划生育服务、推进社区文化、教育、体育服务。作为城镇治理主体的政府必然要承担相应的职能。如社区就业职能既是政府职能，又是社区职能。一方面政府必然大力推进社区就业服务，政府必须搭建社区劳动保障工作平台，挖掘就业资源和潜力，开发就业岗位，为下岗失业人员自谋职业和自主创业提供条件。而社区组织则可以利用社区了解社区居民需要，了解社区就业需求的优势，把适合的人推荐介绍到适合的岗位，进行一定的就业培训，培养和输送就业劳动者。再如社会保障职能，同样既是政府职能，又是社区职能。政府制定相应的社会保障内容、保障标准、保障条件和保障人数。社区根据政府的相关规定，发挥社区的优势，确定保障对象，实现社会保障最大化，等等。

---

① 詹成付：《加强和改进社区服务工作读本》，中国社会出版社 2007 年版，第 19 页。

第三节　西部城镇社区自治组织发展中
政府职能的转变

一、转变西部城镇社区地方政府的社区职能观

转变西部城镇社区地方政府的社区职能观，首先是确立西部地方政府在西部城镇社区治理中的主体地位，自觉履行在西部城镇社区治理中的职责。

政府职能是指政府对国家和社会经济的发展应具有的职责和功能，它揭示了政府在社会经济中的基本方向和基本作用，回答政府在社会经济活动中"应该做什么，不应该做什么"的问题。政府的社区职能是指政府在社区治理中具有的职责和功能，转变政府的社区职能是一项复杂的系统工程，在这个系统工程中，首先是转变地方政府的社区职能观，明确政府与社区自治组织的关系是主导主体关系。但是，从我们课题组对西部地区主管社区的民政组织的调查中可以看出，有部分民政组织领导和工作人员往往认为，地方政府与社区自治组织的关系是领导与被领导的关系，社区自治组织必须接受政府的领导，严重制约城镇社区自治组织的发展和社区自治，导致政府组织的"越位"和"缺位"现象，出现社区行政化现象，因此还必须进一步转变观念，转变西部城镇社区地方政府的社区职能，树立西部地方政府在西部城镇社区治理中的主体地位，充分发挥其职能，全面推进城镇社区自治组织的发展。

其次要确立西部地方政府为西部城镇社区自治组织的服务观念。建立服务型政府是我国政治体制、政府机构改革的主要目标，为城镇社区自治组织服务是建立服务型政府的重要组成部分，因此必须确立西部地方政府为西部城镇社区自治组织服务的观念。为了有效地转变政府职能，建设服务型政府，西部地方政府部门和机关工作人员应该树立服务社区的新观念。从西部城镇社区自治的实际出发，主要要树立五种新观念：

一是科学发展的观念。转变政府职能，建设服务型政府和构建和谐社区是一个长期建设的过程，在这个过程中，地方政府工作的重点就是要推动社

区自治组织的发展，促进社区经济、政治、文化和社会的科学发展，全面提高社区居民的生活水平，构建社会主义和谐社区。

二是问题观念。虽然西部城镇社区建设取得了长足发展，人民生活水平有了很大提高。但在取得成绩的同时，也面临着新的压力和挑战。对此，西部地区地方政府应采取正确的问题意识观，既要正视问题的存在，更要辩证地分析问题，采取多种形式努力解决问题。

三是反思观念。在转变政府职能，建设服务型政府和构建和谐社区的过程中，西部城镇社区地方政府既会有成功经验，又难免失误和教训。对此，要经常认真地进行反思和总结，让宝贵经验进一步"发光发热"，避免再走弯路。

四是前瞻观念。转变政府职能，建设服务型政府和构建社会主义和谐社区是一项长期的战略任务，是一个新课题，因此，西部城镇社区地方政府要加强对和谐社区建设发展规律的研究，预见构建和谐社区的进程中可能出现的新情况、新问题，主动制定相应的发展规划和措施，积极创造条件，以适应未来发展格局的需要。

五是整合观念。转变政府职能，建设服务型政府和构建和谐社区面对社会各阶层、各要素明显的分化和组合，西部城镇社区地方政府要善于协调不同群体之间的利益，形成共同的价值观念，切实增强社区凝聚力和认同感，切实形成和谐社区建设的整体合力。全面准确地理解和把握构建和谐社区建设的时代内涵和基本原则。

二、提高西部地区地方政府转变社区职能的意愿和能力

西部地区地方政府职能转变是一个庞大而复杂的系统工程，它涉及提高西部地区地方政府转变社区职能的意愿和能力，涉及政府理念、政府体制、政府结构、政府行为等诸多问题。在政府职能转变过程中，地方政府职能转变是否成功，关键取决于西部地区地方政府转变其社区职能的意愿和能力。

西部城镇社区的建设和治理，并不单纯是自然禀赋、技术、人才以及社会自身发展所能决定的，必须调动政府和城镇社区自治组织等各种社区建设主体的积极性。城镇社区自治的程度取决于地方各级政府社区职能的转变，

地方政府社区职能的转变程度则取决于地方各级政府对待社区自治的意愿和能力，如图11—1所示。

		政府能力	
		弱	强
政府意愿	弱	I	II
	强	III	IV

图11—1　政府意愿和能力的搭配表

图11—1首先说明，如果不支付成本，中央政府必然愿意转变政府职能，发展社区自治的，因为实现社区自治有利于构建社会主义和谐社区而实现社会稳定发展的。因为只有构建和谐社区，才能实现社会稳定，促进改革开放的顺利进行。但问题在于，选择社区自治的路径，意味着中央政府一部分公共资源和公共产品权力将下放到社区，即意味着一部分权力的转移。如果中央政府有足够的能力管理社会，是不愿意转变政府职能的，也就是说中央政府是否转变职能取决于中央政府的能力。改革开放后，随着我国经济发展，中央政府的财政能力和政策能力显著增强，但由于管理社会，特别是管理基层社会的能力不足，其目的是构建"小政府、强政府，大社会"的治理结构。中央政府具有转变政府职能的意愿，又不具备管理社区的足够的能力，社区自治组织才能顺利发展，转变政府职能才能变成现实。

其次，在改革开放初期，中央政府的行为是短期的。它更注重短期的经济增长，中央政府则不会偏好于社区自治。道理很简单，集中力量发展经济，促进经济增长是人们的迫切要求，更容易显示政府的政绩，更有利于短期社会发展，而实行社区自治，构建社区自治组织对社会发展有利，但其绩效往往需要一个较长的时间才能得以体现，因此很难纳入某一届政府的效用函数，转变政府职能是不可能实现的。

在第I种的情况下，中央政府实行社区自治，构建社会主义和谐社区的意愿和能力都较弱，实行社区自治、构建社会主义和谐社区不可能成为中央政府的社区建设目标，中央政府是不可能转变政府职能的。在第II种的情况下，政府实行社区自治、构建社会主义和谐社区的意愿较弱，但政府能力却较强，实行社区自治、构建社会主义和谐社区的目标不但得不到确定，反而会受到阻碍，中央政府必然会加强政府职能；在第 III 种的情况下，政府实现社区自治、构建社会主义和谐社区的意愿较强，政府能力有限，有利于形成"小政府、大社会"，才会选择转变政府职能，实行社区自治、构建社会主义和谐社区的路径，既有利于提高政府的效率，又有利于社区自治组织的发展。因此，中央政府提出了发展社区自治、构建社会主义和谐社区的目标。而在第 IV 种的情况下，政府虽然有较强的实现社区自治、构建社会主义和谐社区的意愿，也有强大的能力。由于政府的能力强大，虽然政府信息不完善，也不会选择转变政府职能，实行社区自治，构建社会主义和谐社会的路径。

另外，在这个博弈过程中，地方政府起着特别重要的作用。在转变政府职能，发展社区自治组织的问题上，如果选择转变政府职能，发展社区自治组织没有成本的话，地方政府同样会选择转变政府职能，发展社区自治组织，问题在于地方政府是中央政府的代理人，其目的是追求能被上级观察到的政绩最大化。"中央或上级官员从'德、智、勤、绩、廉'几方面考核下级官员，'德、智、勤、廉'比较抽象，只有'绩'具体，绩主要是通过当地经济发展水平和社会稳定来体现。"[①]尤其是以当地经济、社会发展水平体现出来。地方政府为了充分体现"绩"，首先他们的流动偏好是选择经济发展指标，加速地方经济发展。同时，各级地方政府也有着自身的利益，为了维护自身的利益，各级地方政府就会利用占有资源与信息的相对优势，产生运用各种对策对抗国家政策和公民利益的可能，出现"上有政策，下有对策"和侵犯公民与社会权利的事情，实行社区自治、构建社会主义和谐社区目标的确定，意味着政府必须将原来在自己手中的部分资源和利益划分出去，破坏已形成的利益格局和利益机制。最后，地方政府最希望不付出成本或少付出成本，社区组织又能完成政府的行政任务，实现政府的行政管理，因此，只有当地方政府自己的能力比较小，无法管理"大社会"时，才会选择发展社区自治组织，构建社会主义和谐社区的目标。所以，构建社会主义

---

① 杨瑞龙:《阶梯式的渐进制度变迁模型》，《经济研究》2000 年第 3 期，第 4 页。

和谐社区的目标选择主要取决于地方政府的行政能力。一般来说，在制度变迁的初期，地方政府的行政能力强，发展社区自治组织、构建和谐社区的意愿弱，其重点是发展经济，即第Ⅱ种情况，不可能发展社区自治组织，构建社会主义和谐社区。只有在制度变迁中期，初步形成"小政府、大社会"时，当经济发展到一定程度，人均国民收入超过1000美元时，社会矛盾凸显，政府发展社区自治组织、构建社会主义和谐社区的意愿较强，政府能力又有限时，才会发展社区自治组织，构建和谐社区。因此，进入新世纪以来，各级政府都重视发展社区自治组织、构建社会主义和谐社区。

因此说，发展西部城镇社区自治组织，必然要求转变政府职能，转变政府职能的程度取决于地方政府转变职能的意愿和能力。从目前西部城镇社区自治的情况来看，一方面要增强政府转变职能的意愿。因为，从我们课题组对西部城镇政府的调查可以看出，地方政府的许多领导和工作人员都没有转变职能的意愿，甚至认为要进一步加强对社区的领导，社区的"人、财、物"都由西部城镇基层政府统一管理，应通过宣传等形式增强西部城镇基层政府转变职能的意愿。另一方面通过建立健全法律法规，明确规定政府和城镇社区自治组织的利益关系，明确各自的职能，减少政府管理社区的能力，增强社区自治的能力。

三、依法履行好地方政府的社区职能

从西部城镇社区自治的实践看，西部地方党组织和政府高度重视社区自治组织工作，各级政府都成立了社区工作领导小组，领导社区工作，取得了一系列成果，构建了社区管理体制，根据社区规模适度调整了社区结构，加强社区基础设施建设，社区服务功能不断增强，社区自治组织基本健全，社区服务功能不断增强，但政府的社区功能转变不到位，出现"越位"、"缺位"和"错位"现象①。"越位"表现为街道办事处和乡镇政府的行政职能向社区渗透，超越了城镇社区自治组织空间，城镇社区自治组织的功能不能充

---

①　王莹等：《论我国城市社区管理中政府的功能定位》，《北京农业职业学院学报》2006年第6期，第53页。

分发挥。街道办事处和乡镇政府依据法律规定只能对城镇社区自治组织进行指导，但实际上，从城镇社区自治组织的产生，到社区自治组织的经费、工作、考核等都受到地方政府的领导和控制，社区自治组织不能根据社区居民的需求开展工作。政府职能"缺位"主要表现在西部地方政府对社区的投入少，宣传力度不够，法规和制度不健全等。政府职能的"错位"主要是指政府混淆了社区自治工作的主次，以大量的行政工作为主，而忽视社区居民的需求。工作中，既当"裁判员"又做"运动员"。因此，为了更好地转变地方政府的社区职能，必须进一步建立健全法律法规，规范西部地方政府职能，根据地方政府的社区职能，全面履行西部地方政府的职能，构建社会主义和谐社区；根据"契约"原则和市场化原则全面履行地方政府和社区自治组织的共同职能，全面构建社会主义和谐社区。

第十二章　西部城镇社区自治组织发展的主客体

　　深入研究西部城镇社区自治组织发展的主体、客体，有利于调动社区自治主体的积极性，指导社区自治组织深入认识社区自治的对象，为社区提供丰富的社区公共产品，使社区在提高居民生活水平和生活质量上发挥服务作用；充分发挥西部城镇地方政府和自治主体的作用和功能，实现社区自治，构建社会主义和谐社区，进一步构建社会主义和谐西部。从西部城镇社区公共产品的需求和供给出发，西部城镇自治客体存在公共产品短缺、社区公共产品和公共服务投资主体单一等问题。西部城镇社区自治主体包括西部城镇社区自治组织、业主委员会、物业公司、社区居民、驻社区单位、社区非营利组织。与东部地区社区相比，西部城镇社区自治主体存在不能完全处理好社区主体的利益关系、驻社区单位参与性不足、社区中介组织发展滞后、社区居民的认同感与参与率低等问题。提出应建立西部城镇社区公共产品的多元投资体制、理顺西部城镇社区自治组织的主体关系、大力发展社区中介组织、提高驻社区单位和社区居民的参与率、构建解决社区矛盾的良好运行机制，更好地构建社会主义和谐社会。

第一节　西部城镇社区自治的对象

一、西部城镇社区公共产品的需求

西部城镇社区自治的客体即社区自治的对象，指西部城镇"社区的公共

事务，而社区公共事务是多种公共产品的组合"①。西部城镇公共产品的组合
是由构建社会主义和谐社会的需求和西部城镇社区的特点决定的。西部城镇
和谐社区的标准是在坚持以社区居民为本的前提下，构建具有良好的社区居
住条件；优质的社区环境；轻松的文化氛围与良好的社会风尚；健全社区组
织，完善的社区制度和文明公约；良好的参与平台；和谐的民族关系。以社
区居民为本就是要满足社区居民的公共需求。社区居民的公共需求就是社区
居民可以感受的公共产品的组合，相对国家领域的公共产品来说，其实质是
一种半公共产品。根据马斯洛的需求层次理论，结合西部城镇社区的特点，
西部城镇社区居民的需求主要包括：（1）生存需求。生存需求是西部城镇社
区居民的低层次需求，是社区居民生存和发展的基础，主要包括社区居民最
低的生活资料和获取生活资料的机会，也包括人们居住环境的改善。满足社
区居民的生存需求，必然要具备一定的私人产品和公共产品，私人产品由市
场提供，公共产品主要包括最低生活保障、医疗保障、养老保障、就业保障
和社区医院等，居住环境的需求包括设施完善，交通便捷，环境优美，生活
便利的居住环境。在西部城镇社区中，由于西部经济、政治、文化发展滞
后，国有企业比例大，失业下岗工人多；由于西部城镇化的快速发展，大量
农民失去土地，需要就业，而西部第三产业发展滞后，就业机会少，因此最
低生活保障、医疗保障、养老保障和就业保障需求量非常大。（2）安全需求，
包括保护社区居民的生命安全和财产安全，防止意外事件发生的需求。由于
西部地区经济、政治、文化相对滞后，城镇社区贫困人口多，贫富差距大，
城镇化发展中产生了大量失地农民，社会问题和社会矛盾多。因此，在西部
城镇社区，尤其是城乡结合部社区和乡镇社区存在大量的不安全因素。与此
相适应，需要良好的安全设施，优良的治安和消防产品。同时由于西部地区
是我国少数民族最多的地区，少数民族地区的民族关系比较复杂，必然产生
构建和谐民族关系的需求，因此，西部城镇社区的安全需求量更大。（3）交
往需求。在西部城镇社区中，在满足第一层次需求后，社区居民迫切需要社

---

① 陈伟东：《社区自治——自组织网络与制度设置》，中国社会科学出版社 2004 年版，
第 142 页。

区居民之间保持良好的人际关系，居民之间有良好的信任感，对社区有良好的认同感、归属感，民族之间团结和谐的需求，随着西部经济、政治、文化和社会的发展，社区居民交往的需求逐步增加。（4）尊重的需求。社区与社区居民之间、社区居民之间互相关心和尊重对方的权利，民族之间互相尊重对方的传统习惯和习俗，互相尊重对方的文字，社区居民有很强的社区责任感，根据社区制度约束自己的言行，对社区公共事务有共同的认识等，随着改革开放的深入，社区居民物质、文化生活的提高，社区居民尊重的需求越来越迫切。（5）自我实现需求。主要包括社区居民参与社区管理、参与社区决策等的需求，通过社区参与能够体现社区居民的人格魅力，展现社区居民的各种能力，使社区居民得到很好的发展，实现自我价值的需求，这是社区居民的最高需求。随着西部经济、政治、文化和社会的发展，有一部分社区居民，特别是社会知名人士，具有较高层次的离退休人员，他们特别希望通过社区参与实现自己的价值，这些需求逐渐增加。

二、西部城镇社区公共产品的供给

与西部城镇社区居民的需求相适应社区公共产品可以分为三类，一类是社区居民个体需求决定的私人产品，私人产品的排他性和竞争性决定了只能由市场提供。一类是国家公共产品，如社区治安、社区保障服务等产品，由于产品的非排他性和非竞争性决定了只能由政府提供。另外还有一些半公共产品，如社区内的环保、绿化、道路交通、治安秩序、社区教育和社区服务、文化体育设施等，这些产品主要是社区内全体居民需求的产品，我们可以称之为半公共产品。现阶段，西部城镇社区公共产品的需求日益增加。这是因为：

第一，西部城镇社区规模的不断扩大必然要求增加社区公共产品的供给。随着西部城镇化的迅速发展，流动人口的增加，城镇社区人口的增加。城镇社区的地位和作用日益重要，社区公共产品供给进一步扩大，逐步涵盖社区居民衣、食、住、用、行、乐、交往、发展等各个方面，特别是随着西部城镇各项改革的深入，社区承担的公共产品的供给不断增加，比较好的满足了社区居民的需求。但是，随着西部地区经济、政治、文化和社会的发展，西部城镇社区居民的要求也越来越高，原有的社区公共产品的供给已不能涵盖这些需求和内容。如随着西部城镇化的迅速发展，产生了大量失地农民，就业需求和最低生活保障需求必然增加。因此必须进一步加强城镇社区建设，拓展社区公共产品的供给。

第二，西部城镇社区经济、政治、文化和社会的发展要求加大对社区公共产品的投入，提高社区公共产品的供给。改革开放后，特别是"西部大开发"后，随着西部城镇社区经济、政治、文化和社会的发展，西部城镇居民对公共产品的需求日益增长，迫切要求增加社区公共产品的供给，如社区交往平台、社区文化教育、社区参与等。

第三，构建社会主义和谐西部必然要增加社区公共产品的供给。西部城镇社区建设作为构建社会主义和谐西部的一项基础性建设，越来越受到西部地区党和政府的高度重视。但是，根据我们课题组的调查，西部地区许多城镇社区特别是城乡结合部社区、城镇传统街道社区生活环境较差，服务活动很少，居民的社区归属感明显不强和参与率比较低，社区内文体活动和健身场所短缺，社区教育、服务、卫生等功能资源严重不足。社区基础设施较差，难以有效地开展工作。更为重要的是，西部城镇社会在转型过程中，出现大量社会失调现象与各种社会问题，低收入群体与弱势困难群体比较多。这些低收入群体与弱势困难群体都生活在社区，尽管已初步建立了基本生活保障、最低工资保护等制度，但投入不足，相当多低收入群体与弱势困难群体生活仍然困难。弱势困难群体包括失业者、贫困者、老年人、残疾人、失地、失房群体等。弱势困难群体社会资源缺乏，人微言轻，当自身利益被强势群体侵犯时，他们往往束手无策。长此以往，在他们心中就会轻视政府，激进一点的，可能会采取极端手段来寻求利益表达，形成社会的动乱源。在城镇化发展过程中，一些农民失去土地，由于受教育的程度比较低，很难实现再就业，如果大量失地农民不能实现再就业，必然会产生大量的社会问题，为了实现失地农民的再就业，必然要增加农民的就业培训等供给。

改革开放后，西部城镇社区在西部各级党组织和政府的领导下，初步形成了政府、社区单位、特别是房地产公司、社区自治组织和各种中介组织为主体的多元投资主体，向社区提供了大量公共产品，社区公共产品供给有了比较大的发展，基本满足居民的公共产品需求。主要表现在以下几个方面：

第一，西部城镇社区设施比较完善、交通比较便利、环境比较优美、生活比较方便，基本能够满足居民的生活需求。见表12—1。

表12—1　西部城镇社区设施满足社区居民的生活需求状况表

完全能满足	比较能满足	能满足	一般	不能满足
7.5%	24.7%	36.1%	21.7%	10%

从表12—1我们可以看出，西部城镇社区设施比较完善，特别是城市街道社区和新建小区型社区、单位型社区，各种设施比较完善，如社区办公设施、社区居民活动室或俱乐部等都比较完善；这些社区交通便利、环境优美；同时各种商业、餐饮业发达，各级各类的学校比较多，建立了社区图书馆，比较好地满足了社区居民的需求，居民满足感比较强。社区成员认为完全能满足的占7.5%，比较能满足的占24.7%，能满足的占36.1%，一般的占21.7%，合计占90%，只有10%的居民认为不能满足，说明西部城镇社区基本能满足社区居民的基本生活需求。

第二，西部城镇社区的安全设施比较好，基本能满足社区居民的安全需求。改革开放后，西部政府高度重视社区的安全工作，对所有社区都配有治安协管员，安全设施比较好，基本满足了社区居民的安全需求。见表12—2。

表12—2　西部城镇社区安全设施状况表

完全能满足	比较能满足	能满足	一般	不能满足
7.4%	32.3%	33.6%	17.4%	9.3%

从表12—2我们可以看出，西部城镇社区安全设施比较完善，特别是城市街道社区和新建小区型社区、单位型社区，各种安全设施比较完善，社区治安人员供给基本到位，素质比较高，比较好地满足了社区居民的安全需求，居民安全感比较强。社区居民中认为完全能满足的占7.4%，比较能满足的占32.3%，能满足的占33.6%，一般的占17.4%，合计占90.7%，只有

9.3%的居民认为不能满足，说明西部城镇社区基本能满足社区居民的安全需求。

第三，社区居民的邻里关系好。随着西部城镇社区的发展，西部各级政府和社区自治组织高度重视社区文化建设，西部城镇社区居民参与率比较高，社区中各民族相对集中，受传统的民族文化、邻里文化的影响，社区居民对社区的归属感强，有比较强的认同感，特别是民族社区共同的文化、共同的信仰、共同的语言促进社区居民的归属感。因此，社区居民的邻里关系比较好。见表12—3。

表 12—3   西部城镇社区邻里关系表

很好	好	比较好	一般	不好
4.6%	29.3%	30.7%	22.6%	12.8%

从表12—3我们可以看出，西部城镇社区邻里关系比较好，特别是民族社区和单位型社区，各种文化设施比较完善，社区内各民族相对集中，比较好地满足了社区居民的文化需求和民族信仰、民族习惯需求，社区居民邻里关系比较好。调查中认为邻里关系很好的占4.6%，好的占29.3%，比较好的占30.7%，一般的占22.6%，合计占87.2%，只有12.8%的居民认为不好，说明西部城镇社区居民的邻里关系比较好。

第四，能比较好地满足社区居民自我实现的需求。构建社会主义和谐社会以来，西部各级政府坚持"以人为本"，从社区居民的利益需求出发，在满足社区居民的生存需求的基础上，不断提供社区公共文化产品，满足社区居民的文化需求，同时十分关心社区居民的发展，比较好地满足了社区居民自我实现的需求。见表12—4。

表 12—4   西部城镇社区自我实现状况表

完全满足	比较能满足	能满足	一般	不能满足
9%	33.8%	31.3%	18.9%	7%

从表12—4我们可以看出，西部城镇社区各级政府坚持"以人为本"的原则，提供各种条件，比较好地促进人的全面发展，特别是社区组织从社区

居民的利益和发展需求出发，为社区居民的自我实现创造条件，促进了社区居民的自我实现，社区居民反映比较好。调查中认为社区公共产品完全能满足社区居民自我实现的占 9%，比较能满足的占 33.8%，能满足的占 31.3%，一般的占 18.9%，合计占 93%，只有 7% 的居民认为不能满足，说明西部城镇社区提供的公共产品能比较好地满足社区居民自我实现的需求。

第五，能比较好地解决社区居民的社会保障问题。随着西部经济的发展，社会保障事业的发展，西部城镇社区居民的社会保障问题得到了比较好的解决。从调查中可以看出社区居民认为社区比较好地解决了社会保障问题。见表 12—5。

表 12—5　西部城镇解决社区居民社会保障问题状况表

很好	好	比较好	一般	不好
6.6%	34.6%	25.1%	22.4%	11.3%

从表 12—5 可以看出，政府、社区提供的社区社会保障产品基本能满足社区居民的社会保障需求，认为能很好解决社区居民社会保障问题的占 6.6%，解决社区居民社会保障问题好的占 34.6%，比较好的解决社会保障问题的占 31.3%，解决一般的占 18.9%，合计占 88.7%，只有 11.3% 的居民认为解决得不好，说明西部城镇社区提供的公共产品能比较好地解决社区居民的社会保障问题。

西部城镇社区社会保障主要包括就业保障、社会救济、医疗保障、养老保障、社会福利和社会互助。

由于西部城镇社区经济发展相对落后，农村人口比较多，特别是随着西部社会主义市场经济和西部城镇化的发展，产生了大量失业下岗工人和大量失去土地的农民，因此，西部各级政府和社区组织高度重视社区失业下岗工人和农民的培养，实现下岗工人和农民再就业工作，社区居民反映比较好，调查中 88.4% 的社区居民反映比较好。同时西部各级政府和社区自治组织大力开展社会救济和扶贫工作，大力发展医疗保障工作，大力开展养老保障工作，大力开展社会福利和社会互助工作，取得了很好的效果，约 90% 的社区居民反映比较好。

三、西部城镇自治客体存在的问题

改革开放以来，西部各级政府对城镇社区的交通运输、邮电通信、供水、供电、环境保护、基础设施和公共教育等公共设施和公共服务及市政设施进行大量直接投资，在社区自治客体中发挥重要作用，特别是在城镇社区基础设施和公共服务中发挥重要作用。但是，由于西部城镇社区发展比较快，社区居民需求量大，而西部经济发展落后，公共产品供给不足，还不能完全满足社区居民日益增长的多层次需求。主要表现在以下两个方面：

第一是西部公共产品短缺。从我们课题组的调查中可以看出，由于西部地区经济发展滞后，政府财政收入比较少，对社区投入不足，地方政府投入社区公共产品的意愿不够，因此，社区公共产品短缺。西部城镇社区基础设施比较差，办公条件比较差，特别是传统的城市街道社区，有的只有一个20多平方米的办公室，没有社区活动室，没有社区图书馆，有的社区医疗条件、生活条件比较差，有的社区特别是农转非社区交通条件差，不能很好地满足社区居民的需求。从我们的调查问卷中也可以看出，还有10%的社区居民认为西部城镇社区设施、交通、环境、生活等条件比较差，不能满足社区居民的生活需求；还有9.3%的社区居民认为社区安全设施不能满足社区居民的安全需求；还有12.8%的居民认为社区居民的邻里关系不好；还有7%的居民认为西部城镇社区提供的公共产品不能满足社区居民自我实现的需求；还有10%以上的社区居民认为社区社会保障比较差，社区就业保障、社会救济、医疗保障、养老保障、社会福利和社会互助都不能满足社区居民的需求。

第二是社区公共产品和公共服务投资主体单一。西部地区有的基层政府及其行政部门为了自身的利益，为了更好地控制社区，必然垄断社区的公共产品的供给，社区的公共产品的供给缺乏竞争机制。必然造成公共机构提供公共物品并未面临直接的竞争，即低效率运作，仍能持续生产。由于没有竞争对手，公共机构就可能从自己的利益最大化和需求偏好出发，投资生产出多于社会需要但并非是社区需求的公共产品，如不断地扩大机构、增加雇员、提高薪金和办公费用，从而造成大量的浪费，不可能实现社会效益最大化。一些负责社区公共产品提供者准入资格审批的部门或个人，为贪图私利往往指定一个或少数几个私人企业垄断社区内的某项公共产品的供给。这样，垄断者可以很方便地通过提高价格或降低质量的方式获得不当利益，从而损害社区居民的公共利益。

第二节　西部城镇社区自治组织的主体

一、西部城镇社区自治组织的主体及内涵

社区自治组织的主体是指社区"各种利益的相关者，这是由社区公共事务的属性决定的，社区公共事务是公共产品的组合"[①]。这些社区利益相关者通过合作治理社区公共事务和共同享受社区公共产品的过程，实现社区自治，决定了社区自治主体是一个包括开发商、物业公司、业主和业主委员会等社区中介组织、驻社区单位、社区自治组织和社区居民组成的社区共同体。他们既是社区内的利益主体，也是社区治理主体。从西部城镇社区公共产品的组合出发，我们认为，西部城镇社区自治组织的主体是指西部城镇社区各种利益相关者。主要包括社区组织、驻社区单位、社区中介组织、社区居民、业主委员会、物业公司、社区非营利组织等组成的社区共同体。其内涵主要包括：

（一）西部城镇社区自治组织。是代表和维护西部城镇社区居民利益，体现社区居民意志，组织开展与社区有关的活动，了解传递社区居民需求信息，协调社区利益群体的利益关系的重要组织。主要包括：1. 西部城镇社区党组织。是党的基层组织，为党的领导和执政构筑了坚实的群众基础，是贯彻执行党的路线、方针和政策，实现社区居民利益的基层党组织，加强社区基层党组织建设，能为党的领导奠定坚实的群众基础以及为社区发展提供组织资源，是城镇社区自治的核心组织。2. 社区自治委员会。是社区自治组织

---

① 陈伟东：《社区自治——自组织网络与制度设置》，中国社会科学出版社 2004 年版，第 160 页。

的核心，由社区居民选举产生，代表社区居民意志，维护社区居民利益，组织开展社区活动的组织，是社区自治的基础组织。另外还包括社区居民代表大会、社区协商议事会等。

（二）业主委员会。是随着西部城镇住房市场化改革后产生的组织，城镇住房市场化改革使居民住房私有化，到目前为止，西部城镇社区中居民住房绝大部分为私有产权。为了维护业主权益，从20世纪90年代中期，在西部部分城市开始出现业主维权性组织——业主委员会，到目前为止，业委会已经在西部城镇社区普遍成立，并成为社区自治中具有法律地位的一个关键性主体。

（三）物业公司。在西部城镇社区中，虽然还存在大量的单位型社区，但随着城市住房制度改革后，各个社区内的住房维修和管理以及环境卫生、社区安全等"半公共产品"也逐步市场化。相应的物业管理企业也就成为这些事务的承接者进入了社区，受业主的委托，成了社区治理的一个执行性主体。在我们对西部城镇社区的访谈调查中，西部城镇社区的物业公司发展十分迅速。

（四）社区居民。是西部城镇社区自治的主体，没有社区居民的广泛参与，社区自治是不可能实现的，只有社区居民广泛参与社区自治，关心社区公共事务、参加社区公益活动、参与社区决策、监督评估社区组织，充分体现社区自治的主要力量，充分发挥社区居民巨大的参与社区发展、社区建设与社区治理的动力，才能实现社区自治。

（五）驻社区单位。只有使驻社区单位具有强烈的社区责任感，非常关注社区事务、共驻共建社区，才能促进社区的发展，驻社区单位包含社区范围内的行政单位和企事业单位等。在解决社区公共事务、实现社区自治中发挥着非常重要的作用。

（六）社区非营利组织。社区非营利组织主要是指在社区内以社区居民为成员，以社区地域为活动范围，以满足社区居民的需求为目的、由居民自主成立或参加，介于社区主体组织（社区党组织和社区自治组织）和居民个体之间的志愿者组织。从西部城镇社区的实践看，社区非营利组织大致可以分为：一是活动类，主要是组织社区部分居民以消闲或文化娱乐为主，如社区的老年活动；二是权益类，其目的是表达和维护社区居民的合法权益；三是服务类，其功能是为社区居民提供服务，如家政服务等。因此，社区自治组织应以社区利益相关者为主体，充分发挥社区主体的作用，充分调动社区主体的积极性，才能实现对公共事务的有效管理和实现公共利益的最大化。

二、西部城镇社区自治组织主体的现状及存在的问题

（一）不能完全处理好社区主体的利益关系

正确处理好社区自治主体的利益关系是社区自治组织良好运行的前提，要处理好社区各利益主体的关系，社区自治组织必须有相应的责、权、利，必须有一定的资源优势。然而，从我们的调查中可以看出，由于在社区运行中西部城镇社区自治组织没有相应的责、权、利，没有相应的资源，因此，社区利益主体之间的关系不完全协调。如有的社区组织与物业管理公司的关系处理不好，社区居民的合法权益得不到有效保障。见表12—6。

表12—6　社区组织处理社区利益主体关系状况表

很好	好	比较好	一般	不好
6.4%	33.1%	27.3%	18.9%	14.3%

从表12—6可以看出西部城镇社区组织处理社区利益主体比较好，认为很好、好和比较好的占66.8%，认为西部城镇社区组织与利益关系主体关系一般的占18.9%，还有14.3%的社区居民和社区工作者认为不好。这14.3%的社区居民和社区工作者虽然只占少数，但他们往往是矛盾的焦点，如果处理不好，必然不利于构建社会主义和谐社会。

（二）西部城镇社区自治组织与西部地方政府的关系不协调

从西部城镇社区自治的目标出发，政府主要是提供资金投入，提供服务，指导社区自治组织，制定和完善社区发展规划、制定和完善社区自治的法规，向社区提供公共产品和公共服务等。而社区组织的领导人的产生，社区的具体事务应该由社区组织去做。然而，从我们的调查中可以看出，一方面社区自治组织承担了大量的政府行政职能，政府应该做的事没有做或者没

有做好，导致政府工作的缺位。另一方面是社区自治组织应做的事政府去做，如社区工作人员的选举，社区工作的安排、社区组织的考核评价等，导致政府的越位。由于西部地方政府的越位和缺位导致地方政府和社区组织的关系不协调。见表12—7。

表 12—7　西部城镇地方政府与社区自治组织的关系状况表

很好	好	比较好	一般	不好
3.1%	25.6%	24.4%	27.8%	19%

从表12—7我们可以看出，西部城镇地方政府与社区自治组织的关系很好的只占3.1%，认为好的有25.6%，比较好的占24.4%，有27.8%的社区居民认为一般，还有19%的社区居民和社区工作者认为不好，说明西部城镇社区自治组织与地方政府的关系还不协调，不利于构建社会主义和谐社会。

（三）社区中介组织发展滞后

在西部城镇社区发展中，由于西部地区经济、政治、文化发展滞后，各种关系复杂，人们观念相对滞后，社区组织与各种营利性组织和非营利性组织关系比较差，社会中介组织发育不成熟、发展不规范、功能不健全。社会中介组织的发育不成熟给社区的管理工作带来较大困难，已有社区中介组织中专业化的社会中介机构数量少，不能满足社区发展的要求；家政、房产中介、劳务中介等组织虽然数量较多，但很多收费不合理、服务不到位；有的社区，特别是传统街道社区医疗网点少，医疗设备落后，有的社区没有文艺活动室，有的社区虽然有文艺活动室，但是设备陈旧、服务项目少，不能满足社区居民进行文艺活动的需求。

（四）社区居民的认同感和参与率低

在西部城镇社区，一方面由于社区组织并没有完全体现社区居民的意志，代表社区居民的利益，另一方面由于社区居民更多的是获取物质利益，对文化生活、政治生活的需求比较少；再一方面由于"单位制"的影响仍然很大，很多社区居民的物质、文化、政治生活仍然主要依靠单位，同时由于社区居民对社区公共产品的需求不统一，社区提供的公共产品不能满足社区的需求。因此，社区居民对社区的认同感和参与率低，社区居民的参与意识和民主意识不强。大多数居民仍普遍缺乏参与社区公共事务和民主管理的热情和积极性，社区居民的自治观念、参与观念淡薄。再由于"政社"职能不分，一些社区居民甚至包括相当部分的政府官员将"社区"等同于"居民区"，认为两者只是名称的不同，本质上没有根本区别，社区自治组织仍然是政府意志的体现，仍然是政府利益的维护者。因此，长期计划经济体制下形成的对社会生活的行政管理模式在西部城镇社区建设中仍大量存在，社区自治事实上仍然是政府行政管理的代名词。在街道和社区组织的全面管束下，居民一方面缺少参与社区事务决策和管理的途径；另一方面他们早已习惯于有事直接找政府，寻求政府的帮助，等待政府的安排，参与社区活动的积极性、主动性差。只有那些失业下岗工人、社区保障对象，有较高思想政治热情的离、退休干部参与社区事务的热情和积极性比较高，很多人的参与往往带有被动参与的特征，而不是以社区主人翁的精神状态投入到实践中去。目前，社区建设偏重于经济、市政等以"物"为中心的硬件管理，而忽视文化教育、社会服务和公共道德等以"人"为中心的软件管理，造成实际工作中"一手硬，一手软"的状况。

从我们的调查可以看出，西部城镇社区的社区居民参与率极其低下，见表 12—8。

表 12—8　西部城镇社区居民参与社区自治状况表

20%—40%	40%—60%	60%—80%	80%—90%	90%—100%
4.8%	32.7%	27.5%	22.7%	12.3%

从表 12—8 我们可以看出，西部城镇社区居民参与率比较低，参与率达到 90%—100% 的只有 12.3%，参与率达到 80%—90% 也只有 22.7%，参与率达到 60%—80% 的只有 27.5%，也就是说参与率达到 60% 以上的社区只有 62.5%，并且大多数只是参与社区选举，甚至有的社区居民不知道自己所属的社区。其原因主要是社区行政化的影响，社区组织并没有代表社区居民的利益和意愿，社区各利益主体的关系不顺，各利益主体的积极性、主动性得不到充分发挥。

第三节　充分发挥西部城镇社区主客体的作用

一、构建西部城镇社区公共产品的多元投资体制

与国家公共产品相比，"社区公共产品实质上是一种半公共产品"①，这种公共产品主要是满足社区居民的需求。社区公共产品是公共产品的组合，结合西部城镇社区的实际，主要是提供稳定的社区秩序、良好的自然生态环境、便捷的交通、和谐的人际关系、和谐的民族关系、民主的社区氛围、完善的社会保障、良好的医疗条件和医疗保障、便利的公共活动空间、良好的社区教育、良好的卫生条件、畅通的参与渠道、良好的自我实现环境。这些公共产品的供给既是政府的职责，也是社区、物业公司、中介公司的职责，因此，应该建立以政府为主体和以社区、物业公司、中介公司和其他非营利组织的多主体合作供给公共产品的投资模式。目前，西部城镇社区公共产品主体包括地方政府、对口支援城市、驻社区单位、社区组织、社区居民等，它们之所以是社区公共产品的供给主体，根源于它们是社区利益相关者。主要包括：

（一）各级政府是社区公共产品供给的主体

西部城镇社区公共产品的特征，西部地方政府的职能以及西部地区的区情决定了政府在城镇社区公共产品供给中处于主体地位。特别是在西部城镇社区交通设施、社区基础设施建设、社区生态环境保护、社区社会保障等，由于这些公共产品具有高度的非排他性、非竞争性和外溢性，规模大、成本高，适于政府提供。根据城镇社区公共产品的服务范围和受益范围，城镇社区公共产品可以分为地方性公共产品（如西部城镇社区稳定、民族和谐）、社区所有居民受益的公共产品（社区选举、社区考评）和社区部分居民受益的公共产品（如社区保障、社区就业）。由于西部城镇经济发展滞后，西

---

① 陈伟东：《社区自治——自组织网络与制度设置》，中国社会科学出版社 2004 年版，第 142 页。

部城镇社区公共产品的提供仍然需要中央政府的支持。因此，要正确划分中央政府与各级地方政府的职责和权限范围，使其财权与事权相对称。对于关系西部城镇稳定、民族团结的公共产品和资本密集型的公共产品，主要由中央政府提供；对于西部城镇社区居民受益范围和技术密集型的公共产品，主要由当地各级政府提供；对于外溢性受益范围涉及两个以上地区的公共产品，由各受益地区的政府协调共同提供；对于社区成员受益的公共产品，投资不大，又能丰富社区居民的文化生活和政治生活的公共产品，由社区提供。

根据这些划分，政府提供的公共产品主要围绕社区治安、稳定的社区秩序、良好的自然生态环境、便捷的交通、和谐的人际关系、和谐的民族关系、民主的社区氛围、完善的社会保障、良好的医疗条件和医疗保障、便利的公共活动空间、良好的社区教育、良好的卫生条件、畅通的参与渠道、良好的自我实现环境。

（二）西部城镇社区组织是半公共产品的主要供给者

西部城镇社区自治组织在性质上是自我管理、自我教育、自我服务、自我监督的群众性自治组织，根据《中华人民共和国居民委员会组织法》的规定，提供社区公共产品是其最主要的职责。因此，必须充分发挥社区的优势，提供更多的社会治安综合治理产品、社区文化产品、社区教育产品、社区体育产品、社区再就业产品等社区公共产品。服务城镇社区居民，提高社区居民的生活水平，解决社区矛盾，构建社会主义和谐社会。

（三）驻社区单位参与供给

企业经营的目的是为了赚取利润，而准公共产品具有排他性和竞争性的特征，可以通过技术排他和合理收费，这为企业提供准公共产品成为可能。另外，随着西部城镇社区的私营经济的蓬勃发展，他们了解城镇社区对公共产品的需求，充分发挥他们的作用，释放资本效能在投资西部城镇社区公共产品获取资本收益，同时通过竞争，将为城镇社区公共产品的发展提供一定的活力。

二、理顺社区主体关系

（一）正确处理四种关系

在构建和谐社区的过程中，社区自治组织要想发挥好自己的作用，必须处理好以下四方面关系：

1. 处理好西部城镇社区自治组织自身建设与服务社区的关系。西部城镇社区自治组织要真正实现、服务社区居民，首先要搞好自身建设。目前，就西部城镇社区自治组织来看，除少数社区自治组织比较注重健全机构、培养引进人才、开拓服务领域等问题外，大部分社区自治组织忽视自身能力建设，主要根据地方政府的安排维持组织运转，缺乏可持续发展能力。导致大多数城镇社区自治组织经济状况不佳，资源配置能力不强，组织规模偏小，发展后劲不足。这种状况不能不影响其融入社区、服务社区的广度、深度。因此，社区自治组织要想较好地实现社区自治，服务好社区居民，就必须增强自身能力建设。

2. 处理好西部城镇社区自治组织的公益性服务与市场化运作的关系。基于西部城镇社区自治组织的非营利性特征，它们为社区提供的服务大都是无偿或低偿的。但是，由于西部地区政府资助不足，社会捐助十分有限，社区自治组织经费比较困难，有的社区电话费都不够，制约着它们在构建和谐社区进程中发挥应有作用。解决问题的方法，既要靠增加政府和社会的资助、捐助，又要靠社区自治组织增强自身的经济发展功能。由于一些公利性服务具有一定的排他性，社区自治组织在服务社区的过程中，应该把无偿、低偿服务与有偿服务相结合，应该把公益性服务与市场化运作相结合，适当收取一定的费用，提高城镇社区自治组织的能力，更好地服务社区居民。

3. 处理好社区之间的合作与驻社区单位合作的关系。在构建和谐社区的进程中，西部城镇社区自治组织要想发挥较大作用，既需要加强与驻社区单位的合作，取得驻社区单位的支持，也需要加强社区自治组织之间的精诚合作。构建彼此之间相互联系、相互配合，形成有效的互助网络，在社区自治和构建和谐社区进程中最大限度地发挥作用，才能实现社区自治，构建社会主义和谐社区。

4. 处理好社区自治组织与地方政府的关系。在构建和谐社会的进程中，二者要真正形成主导主体关系，合作关系、支持关系。而要做到这一点，首先需要合作双方既要看到自身的优势，更要看到自身的局限性。例如，政府虽然在社会管理中居主导地位，但又不应该也不可能"包办一切"，在解决社会问题，促进社会发展的诸多领域，需要社区自治组织的积极参与。社区自治组织，一方面具有联系社区居民，了解社区居民的需求和实际等多种优势；另一方面也面临着自身掌握的社会资源有限，认同度有待提高等实际困难，因而离不开政府组织的支持、帮助。在认识到各自优势和局限性的基础上，西部地方政府应该充分发挥自己的社区职能，与社区自治组织共同合作，全面履行共同职能。同时为社区自治组织的自治和功能发挥让渡必要的社会空间；社区自治组织应该自觉地接受党的领导与政府的指导、支持与合作，共同履行共同职能，充分利用自治的优势履行自治职能，共同构建社会主义和谐社区。

（二）大力发展社区中介组织

发展社区中介组织有利于改善社区管理和服务；有利于促进社区居民有序参与、扩大社区民主、实现社区自治；促进社区居民的全面发展，促进政府职能转变。然而，西部城镇社区中介组织发展严重滞后，有的社区至今没有一个中介组织，有的社区只有老人社团或自愿者社团，社区中介组织很少，因此必须大力发展社区中介组织。发展社区中介组织必须做到：

1.加大西部地方政府和城镇社区自治组织的扶持力度。社区中介组织的建立和发展，可使政府将大量、具体的社会性事务交由中介组织承接，使政府的角色定位从现在的"全能服务"为主转变为"宏观管理型"为主；促使政府治理效率的进一步提高、降低政府的治理成本，实现建立服务型政府的目标。因此，政府必须突出重点，加快培育发展为社区居民服务的公益性社区中介组织和机构。要根据社区居民的需求，加快发展社区教育、卫生、文化、科技、体育等社区公益事业，重点扶持发展公益类的社区中介组织机构，特别是为社区老年人、少年儿童、残疾人和下岗失业人员服务的社区中介服务机构，使它们成为社区服务的主要力量，充分发挥社区中介机构的作用，为实现社区自治，构建社会主义和谐社区奠定基础。

2.加大政策扶持力度，为社区中介组织机构的健康发展创造良好的环境。对一些基础好、作用突出的社区中介组织和服务实体，社区可以通过委托、奖励、补贴和购买服务等方式，予以资助和扶持，尤其要扶持为弱势群体服务的社区中介组织和服务机构。要维护社区中介组织和服务机构的合法权益，为社区中介组织和服务机构的健康发展创造宽松环境。

三、提高社区居民的参与率

广泛的社区参与是指社区主体——社区组织、社区单位和社区居民依照宪法和法律的有关规定，通过一定的组织或渠道，参与社区政治、经济、文化和社会生活，影响社区公共权力运行，维护自身权利，增进社区福利的过程。狭义的社区参与主要是指社区居民的社区参与，这里的社区参与主要指社区居民的参与。就参与内容而言，社区参与包括参与社区的政治、经济、文化和社会生活，参与结构包括参与主体、参与客体和参与方式三个要素。参与主体即"谁参与"；参与客体即"参与什么"；参与方式即"怎样参与"。从参与主体看，现阶段西部城镇社区居民参与主体可以概括为"一老一小"，即老人和小学生等，"一低一精"，即低保对象和少数精英，而不是大多数社区居民。标志着社区自治的程度和发展水平比较低；从参与客体看，无论主体参与的是社区的重大事务，还是无关紧要的小事，直接影响参与主体的积极性和参与效果，现阶段西部城镇社区居民的参与往往不是社区居民的重要事情，而是一些娱乐活动；从参与方式看，参与主体都是非理性参与，并不是社区居民的主动参与。与实现西部城镇社区自治的要求相比，社区居民参与率明显较低。

影响西部城镇社区居民参与的因素主要是社区组织的行政化，导致社区组织的工作主要是从事政府的行政化工作，没有从社区居民的需求出发，社区居民对社区没有利益认同、价值认同和情感认同，居民的社区归属感比较差。

因此，我们必须从西部城镇社区的实际出发，加强社区自治，从社区居民的需求出发，培养社区居民的参与意识，增强社区居民的认同感、归属感和参与感。大力进行宣传教育，增强社区居民对社区的认同感。改变社区自上而下的工作方式，从社区居民的需求出发，让社区居民从社区参与中获得更多的利益，增强社区居民的利益认同感。

四、构建解决社区矛盾的良好运行机制

西部城镇社区是西部地区社会的细胞，是西部城镇的基本单元，构建社

会主义和谐西部必须从构建和谐社区开始。因为，第一，社区是西部地区地方政府与社会的桥梁。西部城镇社区自治组织是我国西部地区基层的群众性自治组织，西部地区地方政府通过西部城镇社区自治组织这个渠道把党和政府的路线、方针传达给社区居民，政府支持和指导城镇社区自治组织工作，保障城镇社区自治组织依法实行自治，而城镇社区自治组织则全面贯彻党和政府的路线、方针和政策，协助政府把党和国家的政策法规落实到社区居民中，实现政府与社会的桥梁作用。第二，社区是各种社会矛盾的交汇点。现阶段既是西部经济、政治、文化和社会发展的黄金发展期，又是各类社会矛盾和社会问题的凸显期。社会转型、西部城镇化的发展必然要造成利益格局的调整和社会阶层的变化，特别是城镇化的发展，在土地征收过程中各种矛盾的凸显，收入差距的扩大必然会滋生社区居民的不满情绪，竞争的压力必然增加人们的精神压力，价值观念和生活方式的变化会给人们带来许多不适应，人口流动频率的加快会使城镇管理的难度越来越大，这些影响社会稳定的因素虽然都反映在社会，但却都发生在具体的社区，所以必须构建解决社区矛盾的良好运行机制，才能构建社会主义和谐西部。具体包括：

1. 充分发挥社区党组织在解决社区矛盾中的领导核心作用

社区党组织作为党的基层组织，代表社区最广大人民的利益，除此之外，没有自己的特殊利益，与社区居民的利益具有高度的一致性。处在社会变革的第一线，社区党组织依托社区自治组织，能营造和谐安定的社会环境、健康有序的民主环境、文明进步的人文环境，在日常生活中与群众直接发生联系，能更好地协调社区各利益集团的利益关系，通过开展党建和思想政治工作，解决社区问题和社区矛盾，西部城镇社区党组织建设是解决社区矛盾领导核心。

2. 发挥西部城镇社区自治组织在解决社区矛盾中的主要作用。西部城镇社区自治组织是以"社区居民"为本，其目的是体现社区居民的意愿，维护社区居民的利益，提高社区居民的物质、文化生活水平，在日常生活中与社区居民、企业事业单位等利益集团直接发生联系，能够协调好各种利益集团的利益关系，因而加强西部城镇社区自治组织建设是解决社区矛盾的主要方面。

3. 重视志愿服务是解决社区矛盾的关键。志愿服务一般是那些思想政治觉悟比较高的社区居民参加的组织，他们弘扬的"奉献、友爱、互助、进步"的志愿精神，体现了人与人之间的相互关爱、人与社会之间的相互融合，与建立社会主义和谐社会、和谐社区的本质要求是一致的。因此，重视社区志愿服务，充分发挥志愿服务的动力作用，更有利于解决社区矛盾，构建社会主义和谐社区、和谐社会。

总之，充分发挥西部城镇社区自治的主客体作用，能进一步促进社区自治组织的发展，全面构建社会主义和谐社会。

主要参考文献

1. 《马克思恩格斯选集》第 1 卷，人民出版社 1972 年版。

2. 《马克思恩格斯选集》第 2 卷，人民出版社 1972 年版。

3. 《邓小平文选》第 3 卷，人民出版社 1993 年版。

4. 胡锦涛:《在省部级主要领导干部提高构建社会主义和谐社会能力专题研讨班上的讲话》，人民出版社 2005 年版。

5. 孔桂华:《社区建设》，中国劳动社会保障出版社 2008 年版。

6. 陈伟东:《社区自治——自治组织网络与制度设置》，中国社会科学出版社 2004 年版。

7. 李学举:《社区建设工作谈》，中国社会出版社 2003 年版。

8. ［美］道格拉斯·C·诺恩:《制度变迁与经济绩效》，上海三联书店 1994 年版。

9. 盛洪:《现代制度经济学》，北京大学出版社 2004 年版。

10. 顾建健:《现代社区管理规定》，上海人民出版社 2007 年版。

11. 常铁成:《新社区论》，中国社会出版社 2005 年版。

12. 娄成武、孙萍:《社区管理》，高等教育出版社 2004 年版。

13. 杨发仁:《西部大开发与民族问题》，人民出版社 2005 年版。

14. 窦泽秀:《社区行政》，山东人民出版社 2003 年版。

15. 浦兴祖:《中华人民共和国政治制度》，上海人民出版社 1999 年版。

16. 徐永祥:《社区发展论》，华东理工大学出版社 2000 年版。

17. ［德］柯武刚、史漫飞:《制度经济学》，商务印书馆 2000 年版。

18.［美］科斯·诺思:《财产权利用权与制度变迁》,上海人民出版社1994年版。

19.李露亮、李露钢:《制度经济学》,黄河水利出版社2000年版。

20.詹成付:《加强和改进社区服务工作读本》,中国社会出版社2007年版。

21.陈漭、许斌:《社会自治与政府职能的转变》,中国社会出版社2005年版。

22.于燕燕:《社区自治与政府职能转变》,中国社会出版社2005年版。

后　记

　　国家哲学社会科学基金项目:《西部城镇社区自治组织与构建社会主义和谐社会研究》,项目批准号:06BSH017。批准立项后,本课题立项组成员立即开展了研究工作。成立了《西部城镇社区自治组织与构建社会主义和谐社会研究》项目领导小组,进行了具体的分工。制定了课题研究实施方案,在全国哲学社会科学规划办公室、云南省社会科学规划办和曲靖师范学院科技处的统一指导和管理下,由项目负责人荀关玉教授及其项目小组核心成员按照有关规定具体实施。根据项目申报书的设计,进一步研究和规划了本项目研究的重点内容。进一步对研究组成员进行规范要求,进行了具体的分工。经过系统研究,制定了调查提纲、调查研究问卷,研究提纲,先后组织课题组成员到贵阳、遵义、重庆、成都、乌鲁木齐、吐鲁番、敦煌、兰州、西安、咸阳、昆明、曲靖的100多个城镇社区进行调查研究。通过调查进一步认识西部城镇社区自治组织与构建社会主义和谐社会的基本经验、存在的问题、解决的对策。同时收回调查问卷3000份,包括西部地区各级社区,社区居民、社区组织、各级政府组织及其工作人员等各个角度进行调查。通过分析调查问卷,进一步丰富和发展了研究内容,为研究西部城镇社区自治组织与构建社会主义和谐社会研究提供了第一手资料。在系统分析调查资料和系统研究的基础上产生了系统的研究成果。

　　本项目的研究由项目负责人荀关玉提供研究提纲,提出研究思路,研究、写作分工如下:绪论:荀关玉;第一章,荀关玉、杨小冲;第二章:陈燕;第三、四章李建新;第五章:顾永清;第六、七章:杨小冲;第八章:陈惠敏；第九章：许鲁州；第十章：荀关玉；第十一章：荀关玉、许鲁州；第十二章：荀关玉、陈燕。全书由荀关玉统一修改定稿。

　　本课题是在全国哲学社会科学规划办公室的资金支持下完成的，在课题研究过程中得到了云南省哲学社会科学办公室的大力指导和支持，得到了曲靖师范学院领导的大力支持和指导，在调查过程中得到了云南省民政厅、贵州省民政厅、四川省民政厅、新疆维吾尔自治区民政厅、甘肃省民政厅、陕西省民政厅以及有关地（州、市）、县（区）民政部门和社区的支持和帮助，特别是曲靖市民政局的支持和指导，得到了云南省有关专家的指导和帮助。同时曲靖师范学院的部分同学参与了课题组的调查、统计和分析，在此向有关部门的领导和各位同仁深表谢意。

作者

2010 年 11 月 6 日

责任编辑：陈鹏鸣

封面设计：肖　辉

图书在版编目（CIP）数据

西部城镇社区自治组织研究／荀关玉主编．

　－北京：人民出版社，2011

ISBN 978－7－01－010024－1

I.①西⋯　II.①荀⋯　III.①城镇－社区－群众自治－研究－西北地区

②城镇－社区－群众自治－研究－西南地区　IV.①D922.504

中国版本图书馆 CIP 数据核字（2011）第 124025 号

西部城镇社区自治组织研究
XIBU CHENGZHEN SHEQU ZIZHI ZHUZHI YANJIU

荀关玉主编

人 民 出 版 社 出版发行
（100706　北京朝阳门内大街 166 号）

环球印刷（北京）有限公司印刷　新华书店经销

2011 年 8 月第 1 版　2011 年 8 月北京第 1 次印刷
开本：710 毫米 × 1000 毫米 1/16
印张 16.5　字数：262 千字

ISBN 978－7－01－010024－1　定价：35.00 元

邮购地址 100706　北京朝阳门内大街 166 号

人民东方图书销售中心　电话（010）65250042　65289539